国宝高松塚古墳壁画恒久保存対策事業報告書 1

特別史跡
高松塚古墳発掘調査報告
―高松塚古墳石室解体事業にともなう発掘調査―

文　化　庁

独立行政法人 国立文化財機構
奈 良 文 化 財 研 究 所
奈良県立橿原考古学研究所
明 日 香 村 教 育 委 員 会

2017

序

　高松塚古墳は、奈良県明日香村に所在する、7世紀末から8世紀初めに築造された古墳です。昭和47年3月、明日香村を調査主体とする発掘調査により石室に壁画が描かれていることがあきらかとなりました。その重要性から、古墳の管理は同年4月に文化庁に委ねられ、現在まで文化庁が管理をしています。

　高松塚古墳は昭和48年に古墳が特別史跡に、昭和49年に壁画が国宝に、出土品が重要文化財に指定されました。漆喰の上に多数の色彩を用いて四神等をあらわした壁画古墳は、現在、高松塚古墳とキトラ古墳の2例のみです。

　高松塚古墳壁画は、昭和48年に専門家等によって構成された委員会により壁画の現地保存の方針が示されたことを受けて、古墳現地に点検・保存・修理のための施設を設置して保存対策を講じてきました。しかし、石室内は、一時的な安定期はあったものの度重なるカビなどの被害が発生し、壁画の保存環境の悪化が深刻となりました。このため文化庁は、平成16年に「国宝高松塚古墳壁画恒久保存対策検討会」を設置して、美術史学、考古学、保存科学、微生物学等の専門家により壁画保存環境の調査と壁画保存方法の抜本的な検討を進めました。その結果、漆喰の劣化が進行していることやカビなどによる生物被害が抑えられないこと等が指摘され、従来の現地保存を継続することはこれ以上困難との判断のもと、平成17年6月に「石室ごと壁画を取り出し、適切な施設において保存処理・修理を施し、将来的には壁画の保存に最適な環境を確保した上で現地に戻す」恒久保存方針が決定されました。そして、この方針に沿って、石室解体作業を進めることとなりました。

　石室の取り出しに向けた発掘調査は、平成18年10月に開始され、石室取り出し後の平成19年9月まで実施されました。この発掘調査は、石室石材を露出させ安全に取り出し作業を実施するための空間を確保することが第一の目的とされましたが、考古学的な情報、壁画の劣化原因等に関する情報についても最大限に入手することが心掛けられました。石室解体作業は平成19年4月に開始され、同年8月に終了しました。取り出された壁画・石室石材は、順次、高松塚古墳近く（国営飛鳥歴史公園内）に設置した国宝高松塚古墳壁画仮設修理施設に搬送されました。その後、壁画の現状確認、応急処置等を経て、本格的な修理が進められています。

　本書は、国宝高松塚古墳壁画恒久保存対策事業の一環として、平成18年より実施した石室解体作業にともなう発掘調査の報告書です。この調査により築造時の古墳の規模や形態、築造の過程等に係る多くの情報を従来の成果に加えることができました。また、墳丘の後世の掘削や大規模地震による墳丘版築層の損傷等が壁画保存環境の劣化と密接に関係すること等もあきらかになりました。今回の発掘調査の成果を踏まえて、今後の高松塚古墳の保存と活用を図るとともに、これらの成果が、文化財保護や学術研究に大いに活用されることを期待いたします。

　最後になりましたが、調査に参加いただいた独立行政法人国立文化財機構 奈良文化財研究所、奈良県立橿原考古学研究所、明日香村教育委員会をはじめ、調査の実施にご協力いただいた奈良県教育委員会、明日香村、調査にあたりご指導、ご助言をいただいた研究者の皆様、関係諸機関に厚く感謝申し上げます。

平成29年5月31日

文化庁長官

宮田亮平

特別史跡
高松塚古墳発掘調査報告
―高松塚古墳石室解体事業にともなう発掘調査―

目　次

第1章　序　　言
　1　発掘調査に至る経緯 ･･････････････････････････････････ 1
　2　位置と環境 ･･ 4

第2章　調査の方法と経過
　1　調査計画 ･･･ 9
　2　発掘調査概要 ･･･ 15
　3　調査日誌 ･･･ 19

第3章　墳丘の調査
　1　層　序 ･･･ 35
　2　墳丘と周溝 ･･･ 41
　3　版　築 ･･･ 43
　4　暗　渠 ･･･ 57
　5　中世の遺構 ･･･ 58
　6　出土遺物 ･･･ 61

第4章　埋葬施設の調査
　1　石　室 ･･･ 65
　2　目地漆喰 ･･･ 77
　3　石材加工 ･･･ 81
　4　床面の調査 ･･･ 113

5　墓道の調査‥‥‥‥‥‥‥‥‥‥‥‥‥‥‥‥‥‥‥‥‥‥‥‥116

　　　6　出土遺物‥‥‥‥‥‥‥‥‥‥‥‥‥‥‥‥‥‥‥‥‥‥‥‥‥‥120

第5章　壁画保存環境の調査

　　　1　地震による古墳の損傷状況‥‥‥‥‥‥‥‥‥‥‥‥‥‥‥‥‥‥121

　　　2　石室周囲の汚損状況‥‥‥‥‥‥‥‥‥‥‥‥‥‥‥‥‥‥‥‥‥125

　　　3　旧調査区と取合部‥‥‥‥‥‥‥‥‥‥‥‥‥‥‥‥‥‥‥‥‥‥127

第6章　関　連　調　査

　　　1　三次元レーザースキャニングによる石室および遺構面の記録作業‥‥137

　　　2　版築の組成や成因に関する地質学的検討‥‥‥‥‥‥‥‥‥‥‥‥139

　　　3　版築強度試験‥‥‥‥‥‥‥‥‥‥‥‥‥‥‥‥‥‥‥‥‥‥‥‥149

　　　4　地震考古学の所見‥‥‥‥‥‥‥‥‥‥‥‥‥‥‥‥‥‥‥‥‥‥155

　　　5　ムシロ痕跡の植物珪酸体分析‥‥‥‥‥‥‥‥‥‥‥‥‥‥‥‥‥161

　　　6　墳丘下整地土層内炭化物の放射性炭素年代測定と古環境調査‥‥‥163

　　　7　南壁石下検出赤色顔料の自然科学分析‥‥‥‥‥‥‥‥‥‥‥‥‥175

　　　8　石室石材に残存する「朱線」の自然科学分析‥‥‥‥‥‥‥‥‥‥176

　　　9　床面出土ガラス小玉の非破壊分析調査‥‥‥‥‥‥‥‥‥‥‥‥‥177

第7章　考　　　察

　　　1　古墳の構築過程‥‥‥‥‥‥‥‥‥‥‥‥‥‥‥‥‥‥‥‥‥‥‥181

　　　2　墳丘の復元‥‥‥‥‥‥‥‥‥‥‥‥‥‥‥‥‥‥‥‥‥‥‥‥‥192

　　　3　石室の構造と構築過程‥‥‥‥‥‥‥‥‥‥‥‥‥‥‥‥‥‥‥‥198

　　　4　石室石材の加工技術‥‥‥‥‥‥‥‥‥‥‥‥‥‥‥‥‥‥‥‥‥205

　　　5　棺と棺台の復元‥‥‥‥‥‥‥‥‥‥‥‥‥‥‥‥‥‥‥‥‥‥‥209

　　　6　土器からみた古墳の築造‥‥‥‥‥‥‥‥‥‥‥‥‥‥‥‥‥‥‥213

第8章　結　　　語‥‥‥‥‥‥‥‥‥‥‥‥‥‥‥‥‥‥‥‥‥‥‥‥‥‥218

挿　図

Fig.
1　高松塚古墳と飛鳥・藤原京周辺の遺跡‥5
2　高松塚古墳周辺の遺跡‥‥‥‥‥6
3　高松塚古墳周辺の地形‥‥‥‥‥7
4　調査区位置図‥‥‥‥‥‥‥‥10
5　石室解体にともなう
　　発掘調査区設定の模式図‥‥‥11
6　パラソレックス工法による外部覆屋‥13
7　平成18・19年度調査時の
　　外部覆屋と断熱覆屋‥‥‥‥‥14
8　緊急保存対策による
　　冷却管の設置・撤去状況‥‥‥14
9　石室石材の名称‥‥‥‥‥‥‥16
10　石材取り上げ作業の様子‥‥‥17
11　検出遺構平面図‥‥‥‥‥‥‥18
12　調査開始式‥‥‥‥‥‥‥‥‥19
13　地震痕跡の型取り作業‥‥‥‥19
14　ふさぎPC版の取り上げ作業‥‥20
15　現地見学会‥‥‥‥‥‥‥‥‥20
16　版築層の切り取り保存作業‥‥21
17　断熱覆屋の建設風景‥‥‥‥‥21
18　版築層の剥ぎ取り保存作業‥‥22
19　石室周囲の調査風景‥‥‥‥‥22
20　目地漆喰の取り外し作業‥‥‥23
21　天井石4の取り上げ作業‥‥‥23
22　石室の3D測量風景‥‥‥‥‥24
23　外部モニターを取り囲む報道陣‥‥24
24　石材加工痕跡の拓本採取‥‥‥25
25　石材接合面の微生物サンプリング調査‥‥25
26　南壁石下の赤色顔料の科学分析‥‥26
27　覆屋天窓からの俯瞰撮影‥‥‥26
28　床面上残存漆喰の精査‥‥‥‥27
29　水準杭跡の型取り作業‥‥‥‥27

Fig.
30　床石下の基盤面の調査‥‥‥‥28
31　基盤面（地山）の針貫入試験‥‥‥28
32　遺構面保護のための砂撒き作業‥‥29
33　墓道部凝灰岩切石の取り上げ‥‥‥29
34　保存施設を覆う整備用盛土の除去作業‥‥30
35　昭和47年当時の南東斜面‥‥‥‥30
36　古墳壁画保存活用検討会による視察‥‥31
37　中世遺構の検出作業‥‥‥‥‥31
38　南東側調査区完掘状況‥‥‥‥32
39　保存施設の撤去工事‥‥‥‥‥32
40　南西側調査区全景‥‥‥‥‥‥33
41　墓道部東壁の分層風景‥‥‥‥33
42　機械室撤去作業‥‥‥‥‥‥‥34
43　旧調査区西壁面の剥ぎ取り作業‥‥34
44　墳丘土層断面模式図‥‥‥‥‥36
45　東西土層断面図（上・下段調査区）‥‥37
46　機械室西側旧調査区西壁土層断面図‥‥38
47　南北土層断面図
　　（上・下段調査区、墓道部東壁）‥‥39・40
48　周溝SD110検出状況‥‥‥‥‥42
49　下位版築の工程と施工単位
　　（南北断面）（東西断面）‥‥‥‥44・45
50　下位版築頂部検出状況平面図
　　（上段調査区終了時）‥‥‥‥47
51　下位版築内搗棒痕跡面検出状況図‥‥48
52　下位版築内搗棒痕跡面拓影図‥‥‥49
53　天井石・同架構面検出状況平面図‥‥50
54　壁石・同設置面検出状況平面図‥‥51
55　床石・同設置面検出状況平面図‥‥52
56　SX230断面図‥‥‥‥‥‥‥‥53
57　下段調査区調査完了状況平面図‥‥53
58　床石周囲凝灰岩粉末の撒布状況（1）‥‥54

Fig.
59 床石周囲凝灰岩粉末の撒布状況（2）‥55
60 暗渠SD250断面図‥‥‥‥‥56
61 暗渠SD250・251平面図‥‥‥57
62 南東側調査区中世遺構平面図‥‥‥59
63 SX261平・断面図‥‥‥‥‥59
64 SX273平・断面図‥‥‥‥‥59
65 南東側調査区断面図‥‥‥‥‥59
66 高松塚古墳出土土器‥‥‥‥‥62
67 高松塚古墳出土瓦‥‥‥‥‥‥63
68 石室石材名称図（三次元モデル）‥‥65
69 石室SX200外面展開図‥‥‥68・69
70 石室SX200外面展開図
　　（目地漆喰取り外し後）‥‥‥70・71
71 石室SX200断面図（1）‥‥‥‥74
72 石室SX200断面図（2）‥‥‥‥75
73 目地漆喰の施工単位‥‥‥‥‥77
74 天井石2北面の漆喰塗布状況‥‥‥79
75 水準杭配置状況平面図‥‥‥‥82
76 水準杭跡平・断面図‥‥‥‥‥83
77 朱線の残存位置‥‥‥‥‥‥‥86
78 天井石1拓影図‥‥‥‥‥‥89・90
79 天井石2拓影図‥‥‥‥‥‥91・92
80 天井石3拓影図‥‥‥‥‥‥93・94
81 天井石4拓影図‥‥‥‥‥‥95・96
82 東壁石1拓影図‥‥‥‥‥‥‥97
83 東壁石2拓影図‥‥‥‥‥‥‥98
84 東壁石3拓影図‥‥‥‥‥‥‥99
85 西壁石1拓影図‥‥‥‥‥‥‥100
86 西壁石2拓影図‥‥‥‥‥‥‥101
87 西壁石3拓影図‥‥‥‥‥‥‥102
88 南壁石拓影図‥‥‥‥‥‥‥‥103
89 北壁石拓影図‥‥‥‥‥‥‥‥104
90 床石1拓影図‥‥‥‥‥‥‥‥105
91 床石2拓影図‥‥‥‥‥‥‥‥106
92 床石3拓影図‥‥‥‥‥‥‥‥107

Fig.
93 床石4拓影図‥‥‥‥‥‥‥‥108
94 石材加工痕跡の三次元画像（1）‥‥110
95 石材加工痕跡の三次元画像（2）‥‥111
96 天井石架構面出土凝灰岩片‥‥‥112
97 床面漆喰の残存状況と棺台の痕跡‥‥114
98 南壁石下の赤色顔料検出状況‥‥‥115
99 墓道SX210‥‥‥‥‥‥‥‥117
100 凝灰岩方形切石SX205平・断面図‥‥119
101 ガラス小玉‥‥‥‥‥‥‥‥‥120
102 上位版築頂部地震痕跡平面図‥‥‥122
103 上位版築下層地震痕跡平面図‥‥‥123
104 石室直上版築内地震痕跡平面図‥‥‥124
105 ムシ捕獲状況図‥‥‥‥‥‥‥126
106 墳頂部旧調査区検出状況‥‥‥‥129
107 取合部上面の閉塞状況（1）‥‥‥130
108 取合部上面の閉塞状況（2）‥‥‥130
109 取合部上面の閉塞状況（3）‥‥‥131
110 取合部上面の閉塞状況（4）‥‥‥131
111 旧調査区・保存施設検出状況平面図‥132
112 保存施設・整備用盛土断面図‥‥133・134
113 上・下段調査区南壁土層断面図‥‥‥135
114 高松塚古墳の石室
　　（三次元モデルによる鳥瞰図）‥‥‥138
115 スメクタイトのX線解析パターン‥‥139
116 版築土に見られる斑状粘土‥‥‥139
117 長石（標本）‥‥‥‥‥‥‥‥140
118 版築土内の塊状粘土の検出状況‥‥141
119 主要鉱物の風化変質にともなう
　　鉱物名称の変化‥‥‥‥‥‥141
120 版築層の区分‥‥‥‥‥‥‥‥142
121 版築内凝灰岩片のプレパラート（1）‥‥145
122 版築内凝灰岩片のプレパラート（2）‥‥145
123 版築内凝灰岩片のプレパラート（3）‥‥146
124 版築内凝灰岩片のプレパラート（4）‥‥146
125 版築内凝灰岩片のプレパラート（5）‥‥147

Fig.
126 二上山凝灰岩のプレパラート（1）‥ 147
127 二上山凝灰岩のプレパラート（2）‥ 148
128 墳丘部におけるボーリング・
　　 資料採取地点 ‥‥‥‥‥‥ 149
129 墳丘版築土の粒度分布 ‥‥‥‥ 149
130 上位版築層の一面せん断試験結果と
　　 強度定数 ‥‥‥‥‥‥‥‥ 150
131 下位版築層（天井石・壁石周囲）の
　　 一面せん断試験結果と強度定数‥ 151
132 下位版築層（床石周囲）の
　　 一面せん断試験結果と強度定数‥ 151
133 ベンダーエレメント試験による高松塚古墳
　　 墳丘版築土のS波速度特性 ‥‥ 151
134 針貫入試験機の構造と諸元 ‥‥‥ 152
135 針貫入試験による高松塚古墳
　　 墳丘版築の強度分布 ‥‥‥‥ 153
136 墓道部東壁における針貫入試験
　　 による換算一軸圧縮強さ分布 ‥‥ 154
137 石室南側の盛土に生じた
　　 地割れ・亀裂 ‥‥‥‥‥‥ 155
138 石室の北縁に沿って生じた亀裂 ‥ 155
139 石室の石材に生じた亀裂 ‥‥‥ 155
140 墳丘南側の盛土に
　　 生じた地層の変位 ‥‥‥‥‥ 156
141 カヅマヤマ古墳の石室の地滑り跡 ‥ 158
142 カヅマヤマ古墳の墳丘盛土に
　　 刻まれた地割れ ‥‥‥‥‥‥ 158
143 スガ町古墳群の墳丘を引き裂く
　　 地割れ ‥‥‥‥‥‥‥‥‥ 159
144 高松塚古墳版築層の植物珪酸体 ‥ 162
145 墳丘下整地土内炭化物の採取位置 ‥ 164
146 暦年較正結果 ‥‥‥‥‥‥‥ 166
147 高松塚古墳採取試料の
　　 植物珪酸体分布図 ‥‥‥‥‥ 167
148 高松塚古墳整地土中の植物珪酸体 ‥ 168

Fig.
149 高松塚古墳整地土から
　　 出土した炭化種実 ‥‥‥‥‥ 170
150 高松塚古墳整地土出土炭化材の
　　 走査型電子顕微鏡写真 ‥‥‥ 173
151 蛍光X線測定風景 ‥‥‥‥‥‥ 175
152 顕微鏡による観察風景 ‥‥‥‥ 175
153 床石上にて観察した赤色部分
　　 （A–C、3ヵ所） ‥‥‥‥‥ 175
154 Bの拡大部 ‥‥‥‥‥‥‥‥ 175
155 測定スペクトル図 ‥‥‥‥‥‥ 175
156 蛍光X線測定風景 ‥‥‥‥‥‥ 176
157 北壁石下面の朱線と近傍石材の
　　 測定スペクトル図 ‥‥‥‥‥ 176
158 高松塚古墳出土ガラス破片資料 ‥ 178
159 高松塚・キトラ古墳
　　 出土ガラス小玉 ‥‥‥‥‥ 178
160 飛鳥池遺跡出土
　　 ガラス小玉とガラス片 ‥‥‥‥ 178
161 三角形ダイアグラム ‥‥‥‥‥ 179
162 高松塚古墳出土
　　 ガラス小玉およびガラス片 ‥‥ 180
163 調査区内検出土層平面図 ‥‥‥‥ 182
164 高松塚古墳土層断面図 ‥‥ 183・184
165 高松塚古墳の構築過程 ‥‥‥‥ 187
166 平野塚穴山古墳墳丘土層図 ‥‥‥ 191
167 墳丘復元図 ‥‥‥‥‥‥‥‥ 193
168 7世紀後半以降における
　　 終末期古墳の墳丘（1）‥‥‥‥ 196
169 7世紀後半以降における
　　 終末期古墳の墳丘（2）‥‥‥‥ 197
170 壁石の傾斜状況 ‥‥‥‥ 202・203
171 高松塚古墳の木棺と棺台の
　　 想像復元図 ‥‥‥‥‥‥‥ 213
172 平成18・19年度調査以前に
　　 出土した土器 ‥‥‥‥‥‥ 214

表

Tab.		
1	高松塚古墳石室解体事業における作業体制	9
2	石室石材の取り上げ順序と重量	16
3	捕獲したムシの内訳	126
4	各試料の主な構成鉱物	140
5	各版築層の構成粒子割合	144
6	各版築層の主な構成鉱物	144
7	墳丘版築土の土粒子密度と含水比	149
8	南海トラフから発生した地震の年表	157
9	高松塚古墳の版築層における植物珪酸体分析結果（定性分析）	161
10	測定試料および処理	163
11	放射性炭素年代測定および暦年較正の結果	165
12	試料1gあたりの植物珪酸体個数	167
13	高松塚古墳整地土から出土した炭化種実一覧	169
14	高松塚古墳出土炭化材の樹種同定	172
15	朱線測定結果の積分強度比	176
16	高松塚古墳出土ガラスの科学組成	177
17	高松塚古墳ガラスとキトラ古墳ガラスの平均値	178
18	各遺跡から出土したガラス小玉の大きさ	180
19	高松塚古墳石室石材法量計測値	199
20	高松塚古墳出土土器観察表	215

図　版

PL.		
1	上段調査区（1）	調査の開始
2	上段調査区（2）	地震痕跡（1）
3	上段調査区（3）	地震痕跡（2）
4	上段調査区（4）	下位版築頂部
5	上段調査区（5）	搗棒・ムシロ痕跡
6	上段調査区（6）	完掘状況
7	下段調査区（1）	搗棒・ムシロ痕跡
8	下段調査区（2）	墓道部（1）
9	下段調査区（3）	墓道部（2）
10	下段調査区（4）	天井石0.1m上方の地割れ
11	下段調査区（5）	天井石架構面
12	下段調査区（6）	石室周囲の版築層（1）
13	下段調査区（7）	石室周囲の版築層（2）
14	下段調査区（8）	石室全景（1）
15	下段調査区（9）	石室全景（2）
16	下段調査区（10）	石材取り上げ工程（1）
17	下段調査区（11）	石材取り上げ工程（2）
18	下段調査区（12）	目地漆喰（1）
19	下段調査区（13）	目地漆喰（2）
20	下段調査区（14）	目地漆喰（3）
21	下段調査区（15）	目地漆喰（4）
22	下段調査区（16）	目地漆喰（5）
23	下段調査区（17）	目地漆喰（6）
24	下段調査区（18）	石材目地（1）
25	下段調査区（19）	石材目地（2）
26	下段調査区（20）	天井石側面
27	下段調査区（21）	天井石側面下端の加工
28	下段調査区（22）	天井石上・側面目地の加工
29	下段調査区（23）	梃子穴（1）
30	下段調査区（24）	梃子穴（2）
31	下段調査区（25）	梃子穴（3）
32	下段調査区（26）	朱線（1）

PL.				PL.			
33	下段調査区（27）	朱線（2）		61	壁画保存環境（8）	石材の汚損状況（4）
34	下段調査区（28）	床石周囲の版築（1）		62	壁画保存環境（9）	石材の汚損状況（5）
35	下段調査区（29）	床石周囲の版築（2）		63	壁画保存環境（10）	石材の汚損状況（6）
36	下段調査区（30）	床石周囲の版築（3）		64	壁画保存環境（11）	石材の汚損状況（7）
37	下段調査区（31）	床石周囲の版築（4）		65	壁画保存環境（12）	石材の汚損状況（8）
38	下段調査区（32）	水準杭（1）		66	壁画保存環境（13）	目地の隙間（1）
39	下段調査区（33）	水準杭（2）		67	壁画保存環境（14）	目地の隙間（2）
40	下段調査区（34）	水準杭（3）		68	壁画保存環境（15）	石材の損傷状況（1）
41	下段調査区（35）	水準杭（4）		69	壁画保存環境（16）	石材の損傷状況（2）
42	下段調査区（36）	床石（1）		70	壁画保存環境（17）	石材の損傷状況（3）
43	下段調査区（37）	床石（2）		71	壁画保存環境（18）	石材の損傷状況（4）
44	下段調査区（38）	棺・棺台痕跡（1）		72	壁画保存環境（19）	地震痕跡と根（1）
45	下段調査区（39）	棺・棺台痕跡（2）		73	壁画保存環境（20）	地震痕跡と根（2）
46	下段調査区（40）	石材加工痕跡（1）		74	壁画保存環境（21）	ムシ（1）
47	下段調査区（41）	石材加工痕跡（2）		75	壁画保存環境（22）	ムシ（2）
48	下段調査区（42）	石材加工痕跡（3）		76	壁画保存環境（23）	ムシ（3）
49	下段調査区（43）	石材加工痕跡（4）		77	墓道部凝灰岩切石の調査（1）	
50	下段調査区（44）	床石下の調査（1）		78	墓道部凝灰岩切石の調査（2）	
51	下段調査区（45）	床石下の調査（2）		79	平成20・21年度調査（1）	古墳南斜面
52	下段調査区（46）	床石下の調査（3）		80	平成20・21年度調査（2）	保存施設
53	下段調査区（47）	床石下の調査（4）		81	平成20・21年度調査（3）	中世遺構
54	壁画保存環境（1）	取合部（1）		82	平成20・21年度調査（4）	墓道部（1）
55	壁画保存環境（2）	取合部（2）		83	平成20・21年度調査（5）	墓道部（2）
56	壁画保存環境（3）	取合部（3）		84	平成20・21年度調査（6）	南西側調査区
57	壁画保存環境（4）	取合部（4）		85	平成20・21年度調査（7）	南東側調査区
58	壁画保存環境（5）	石材の汚損状況（1）		86	平成20・21年度調査（8）	機械室撤去後（1）
59	壁画保存環境（6）	石材の汚損状況（2）		87	平成20・21年度調査（9）	機械室撤去後（2）
60	壁画保存環境（7）	石材の汚損状況（3）				

付　図

1	石室展開図（目地漆喰取り外し前）		13	南壁石展開図
2	石室展開図（目地漆喰取り外し後）		14	北壁石展開図
3〜6	天井石1〜4展開図		15〜18	床石1〜4展開図
7〜9	東壁石1〜3展開図		19	墓道部凝灰岩方形切石展開図
10〜12	西壁石1〜3展開図			

例　言

1. 本書は国宝高松塚古墳壁画恒久保存対策の一環として実施した石室解体事業にともなう発掘調査報告書である。

2. 高松塚古墳については、これまで5次にわたり発掘調査が実施されているが、本書ではそれぞれの調査を以下のように呼称する。

    昭和47年調査　　　　　：壁画発見時の石室および墳丘の発掘調査
    昭和49年度調査　　　　：保存施設建設にともなう墓道部の発掘調査
    平成16年度調査　　　　：国宝高松塚古墳壁画恒久保存対策検討のための発掘調査（飛鳥藤原第137次調査）
    平成18・19年度調査：石室解体事業にともなう発掘調査（飛鳥藤原第147次調査）
    平成20・21年度調査：仮整備のための墳丘南側の調査および墓道部の再調査（飛鳥藤原第154次調査）

3. このうち、本書は平成18・19年度と20・21年度の調査の成果をとりまとめたものである。調査期間は以下の通りである。

    平成18・19年度調査：平成18年10月2日〜平成19年9月7日（墓道部補足調査：平成20年2月13日〜2月20日）
    平成20・21年度調査：平成20年7月1日〜平成21年6月11日

4. 発掘調査は文化庁の委託を受けた（独）国立文化財機構 奈良文化財研究所都城発掘調査部（平成18年度当時は、（独）文化財研究所 奈良文化財研究所）が、奈良県立橿原考古学研究所、明日香村教育委員会と共同で実施した。

5. 調査参加者は以下の通りである（所属はいずれも当時）。

    平成18・19年度調査：松村恵司・廣瀬　覚・肥塚隆保・高妻洋成・降幡順子・脇谷草一郎・玉田芳英・箱崎和久・豊島直博・小田裕樹・石村　智・青木　敬・加藤雅士・石田由紀子・長谷川透（以上、奈良文化財研究所）、岡林孝作（橿原考古学研究所）、相原嘉之（明日香村教育委員会）があたり、今西康宏（龍谷大学大学院生）、戸根比呂子（京都大学大学院生）、藤原麻里（奈良女子大学大学院生）の協力を得た。

    平成20・21年度調査：廣瀬　覚・番　光・木村理恵・降幡順子・脇谷草一郎・田村朋美・金田明大（以上、奈良文化財研究所）、水野敏典・青柳泰介（橿原考古学研究所）、相原嘉之（明日香村教育委員会）があたり、藤村　翔・蜂谷由佳子（立命館大学大学院生）、松吉祐希（早稲田大学大学院生）、濱田晃子（奈良女子大学大学院生）、永見恵子（橿原考古学研究所補助員）の協力を得た。

6. 関連調査として、各年度を通じて、墳丘の土質・地盤調査を三村　衛（京都大学防災研究所・当時）・吉村　貢（ソイルアンドロックエンジニアリング株式会社）・北田奈緒子（（財）地域地盤環境研究所）、地震痕跡の調査を寒川　旭（（独）産業技術総合研究所・当時）の諸氏に依頼して実施した。また、石室および遺構面の三次元計測と写真測量を（株）共和、ムシロ痕跡の植物珪酸体の分析を（株）古環境研究所、墳丘下整地土内炭化物の年代測定や古環境調査を（株）パレオ・ラボ、遺構図の一部のデジタルトレースおよびデジタル画像の作成を（株）パスコにそれぞれ委託した。

7. 本書の執筆分担は以下の通りである。

    第1章　　1　建石　徹／文化庁　　2　廣瀬　覚
    第2章　　1・2　松村　　3　松村・廣瀬
    第3章　　1　廣瀬・青柳泰介　　2　青木　敬・水野敏典

　　　　　　　3　廣瀬　　4・5　廣瀬・水野
　　　　　　　6-（1）　若杉智宏　　6-（2）　石田由紀子
　　第4章　　1　相原嘉之　　2　岡林孝作
　　　　　　　3-（1）　松村・青木　　3-（2）　青木・廣瀬　　3-（3）　廣瀬
　　　　　　　4-（1）　岡林　　4-（2）　廣瀬
　　　　　　　5-（1）　岡林　　5-（2）・6　廣瀬
　　第5章　　松村・廣瀬
　　第6章　　1　廣瀬・枡谷健太　　2　北田奈緒子　　3　三村　衛
　　　　　　　4　寒川　旭　　5　杉山真二　　6　佐々木由香ほか
　　　　　　　7　高妻洋成・降幡順子　　8　降幡・廣瀬・青木　　9　高妻・降幡
　　第7章　　1-（1）　廣瀬・青柳　　1-（2）　廣瀬　　1-（3）　青木・廣瀬
　　　　　　　2　青木・水野　　3　相原　　4　廣瀬
　　　　　　　5　岡林　　6　玉田芳英
　　第8章　　松村

8．遺構写真の撮影は、井上直夫・中村一郎・岡田 愛が担当した。本書掲載の写真の大半は井上・中村・岡田によるものであるが、各調査担当者が撮影したものも一部含んでいる。
9．調査終了後の製図・編集作業には、藤原麻里、牧村幸代、増田朋子、稲田登志子、蜂谷由佳子、濱田晃子の協力を得た。
10．高松塚古墳の埋葬施設の呼称については、一般的に横口式石槨が用いられているが、本書では国宝高松塚古墳壁画恒久保存対策検討会の方針に従い「石室」に統一した。
11．遺構図の座標系は、平面直角座標第Ⅵ系（世界測地系）によるが、石室周囲については石室中心点を原点（NS・EW 0）とする局地座標を併用した。NS・EW 0の世界測地系座標値は、X=-170,564.105、Y=-17,805.464である。高さは、東京湾平均海面を基準とする海抜高であらわす。
12．本書の編集は、奈良文化財研究所長 松村恵司、同 都城発掘調査部長 玉田芳英の指導のもと、廣瀬 覚がおこなった。

第 1 章　序　　言

1　発掘調査に至る経緯

　高松塚古墳に関する記録は、江戸時代の文献や絵図等にも見受けられるが、近代以降においてこの古墳が再び注目されたのは、昭和44年4月のことであった。地元住民が古墳の南側で生姜の貯蔵用に掘った穴の底に凝灰岩の切石を見つけたことにより、この地が古墳であることが再び認識されるようになった。

　昭和47年3月、『明日香村史』刊行事業の一環として、明日香村を事業主体として明日香村教育委員会と橿原考古学研究所（現・奈良県立橿原考古学研究所）による古墳の発掘調査がおこなわれた。この調査により、凝灰岩切石組の石室が確認され、3月21日には石室内に描かれた極彩色の大陸風壁画が発見された。わが国初の大陸風極彩色壁画古墳の発見は、「世紀の大発見」として大々的に報じられ、現在につながる古代史・考古学ブームの火付け役ともなった。同様の大陸風極彩色壁画古墳は、同じく明日香村阿部山で昭和58年に発見されたキトラ古墳を加えても、わが国で2例のみであり、律令国家成立期における葬送儀礼や東アジア世界との交流を考える上できわめて貴重な存在となっている。

　江戸時代およびそれ以前に遡る高松塚古墳の沿革や周辺の歴史的環境、これまでの発掘調査の概要については、平成16年度発掘調査の報告書に詳しい[1]。ここでは壁画発見以降の高松塚古墳の保存管理、および石室解体・発掘調査に至る経緯について振り返る。

　高松塚古墳の管理は、その重要性に鑑み、壁画発見の翌月に文化庁に委ねられ、その後、現在まで文化庁による管理がなされてきた。昭和48年4月には古墳が特別史跡に、さらに昭和49年4月には壁画（天井・東壁・西壁・北壁の四面）が絵画として国宝に、出土品が考古資料として重要文化財に指定された。

　壁画の保存対策については、文化庁により設置された「高松塚古墳応急保存対策調査会」（昭和47年4月～11月）およびそれを発展的に引き継いだ「高松塚古墳保存対策調査会」（昭和47年12月～）により検討がおこなわれた。文理を横断する様々な分野の専門家からなるこれらの調査会で、壁画の保存について多角的な議論が交わされた。この中では、遺跡の現地保存を原則とし、すでに壁画の保存修理に関する多くの経験を有していたイタリアやフランスの専門家の意見なども参考にされ、昭和48年10月には、壁画を現地で保存し修理する方針が固まった。

　壁画は発見当初からすでに脆弱な状態であることが指摘され、特に漆喰層は深刻な状態と判断された。このため、漆喰の剥落止めや強化等の修理作業や壁画の点検作業を石室内で安全におこなうための準備空間として、また石室内環境が外気の影響を受けないための緩衝空間として、昭和51年3月には石室南側の墓道部を利用して保存修理施設が設置された。以降、この施設を用いて壁画の修理・保存管理がおこなわれた。

　昭和51年度に始まる本格的な壁画の修理作業は、大きく三期に分けて実施された（第1次修理：昭和51年度、第2次修理：昭和53年度～55年度、第3次修理：昭和56年度～60年度）。修理の初期からカビなどの生物被害への対策はおこなわれていたが、昭和55年頃には石室内に大量のカビが発生し、その処置に追わ

第1章　序　言

れるようになった。その後の一連の修理作業により、壁画発見時からの大きな懸案であった漆喰の剥落を食い止めることには一定の成功をおさめた。第3次修理終了後、カビなどの発生は漸減し、沈静化した。昭和62年3月には、壁画発見以降、第3次修理終了までの経緯をまとめた報告書[2]が、文化庁の編集により刊行された。

　保存施設と石室を連結する小空間は「取合部（とりあいぶ）」とよばれ、修理や点検の際にはこの空間に監視者を置き、石室内作業を客観的に監視することで作業や作業者の安全が確保されてきた。昭和55年頃から、墳丘土が露出している取合部天井の崩落が断続的に確認されたが、これに対処するため、平成13年2月、この崩落止め工事が実施された。この際のカビ対策が不充分であったことを直接的なきっかけとして、取合部および石室内に大量のカビが発生するなど、それまでの十数年間、微妙な均衡の中で比較的安定してきた壁画の保存環境が変化し、カビなどの生物被害による壁画の汚染が著しくなった。

　相次ぐ生物被害の拡大を受け、平成15年3月、文化庁に「国宝高松塚古墳壁画緊急保存対策検討会」が設置された。この検討会では、現状を客観的に把握するための科学的調査が実施され、いくつかの対策がなされた。平成16年6月には、これに続く検討の場として「国宝高松塚古墳壁画恒久保存対策検討会」が設置された。平成16年度の発掘調査はこの中の検討に資するためにおこなわれたものである[3]。

　平成16年6月には、壁画発見30年を契機として、壁画の現状と最新の分析手法（非破壊・非接触法）による壁画の技法・材料研究の成果を公表することを目的とした写真集[4]が刊行されたが、これに掲載された写真から、壁画の劣化が報道機関により指摘され、壁画の保存管理について文化庁に厳しい批判が寄せられた。

　一方、壁画の生物被害への対応中の平成14年1月には、作業者による壁画の損傷事故が起きていたが、当時は公表されず、平成18年4月に報道機関により公表され、文化庁の姿勢や対応についてのきわめて厳しい批判がなされた。これらについては「高松塚古墳取合部天井の崩落止め工事及び石室西壁の損傷事故に関する調査委員会」による報告書に詳しい[5]。

　高松塚古墳壁画は、発見以来、現地保存の方針のもと、漆喰の強化と生物被害対策を中心とする保存管理がおこなわれてきたものの、狭隘、高湿な石室での作業には困難がともなった。また、ダニやムカデなどのムシが石室を出入りし、石室内にカビが持ちこまれ、さらにそれらの死骸が新たなカビの栄養源になるなど、カビを中心とした食物連鎖が石室および周辺に生じていることがあきらかとなり、抜本的な保存方針の見直しが検討された。

　その結果、墳丘内の土中環境において壁画を現地保存するこれまでの保存方針では壁画の劣化を食い止めることはきわめて困難との判断がなされ、苦渋の選択ではあったが、平成17年6月27日の「国宝高松塚古墳壁画恒久保存対策検討会（第4回）」において、壁画を石室（石材）ごと墳丘から取り出して安全な環境が確保された施設で修理をする方針（解体修理方針）が決定された。

　解体修理方針の決定にあたっては、以下の5つの案について検討がなされた。
　　第1案　施設・機器更新をおこない、現状で保存する
　　第2案　墳丘ごと保存環境を管理する
　　　①　覆屋のみを設置する

②　墳丘を地盤から隔絶して管理する

第3案　石室のみ保存環境を管理する

①　墳丘の外観を残し地盤から隔絶して管理する（パイプルーフ工法）

②　墳丘を解体し地盤から隔絶して管理する（オープンカット工法）

第4案　石室を取り出して壁画を修理する

第5案　壁面を剥ぎ取り保存施設で管理する

これらのうち第1案から第3案は壁画を移動しない方法、第4案・第5案は壁画を移動する方法である。「国宝高松塚古墳壁画恒久保存対策検討会」において議論が重ねられ、最終的に第4案が採用された。その際にはこの案の

・環境制御ができること

・取り出した石室と壁画を適切な環境で修理できること

・修理にともなう科学調査などにより、壁画の劣化原因が究明されることが期待されること

などの利点が評価された。修理を終えた後、将来的にはカビなどの影響を受けない環境を確保した上で石室と壁画を現地に復旧することとされた。

第1案は、環境制御ができないこと、狭隘な石室内での作業を継続しなくてはいけないことなどの理由から、第2案は、環境制御ができないこと、狭隘な石室内での作業を継続しなくてはいけないこと、きわめて巨大な覆屋の設置が必要となり、風致保全の観点からも認められ難いことなどの理由から、第3案はきわめて大規模な墳丘の掘削をともなうこと、長期にわたり石室が露天にさらされること、狭隘な石室内での作業を継続しなくてはいけないことなどの理由から、第5案は、平成16年度より作業が開始されていたキトラ古墳壁画の取り出しで採用された方法であったが、当該壁画の取り出しにおいては漆喰層がキトラ古墳壁画と比べても格段に脆弱化しており剥ぎ取りが困難であるなどの理由から、いずれも有効な策ではないとの判断がなされた。

石室ごと壁画を取り出すという、世界的にも類例が少ない難事業を遂行するにあたっては、1年10ヵ月あまりの準備期間を要した。この間、発掘計画および石材・壁画の取り上げ、輸送方法を慎重に検討するとともに、準備期間や解体作業中の環境管理、生物被害への対応などについても対策を講じた。また発掘調査開始までの間、生物被害の拡大を制御するための緊急対策として、平成17年9月から古墳への雨水や直射日光を遮断するための覆屋を建設するとともに、墳丘の上下に冷却管をめぐらせて、石室内の温度上昇、カビ等の発生を制御するよう努めた。

これらを受け、石室解体にともなう発掘調査を実施した。この発掘調査は、石室解体作業が安全に実施できる状態に石室を露出することを最終的な目的とするものであったが、そこに至る過程として、解体作業で失われる墳丘部分の充分な考古学的調査をおこなうとともに、壁画保存環境の劣化原因（石室内へのムシの侵入経路や版築層の損傷など）を究明[6]することも必須の課題とし、具体的には以下の諸点を当該発掘調査の主たる目的とした。

①　中世の盗掘坑の再調査と昭和47年時発掘坑の埋め戻し状況の調査

②　石室の構築と墳丘の築成方法に関する調査

③　壁画保存環境の劣化原因に関する調査

第1章　序　言

④　石室解体作業に必要なデータの収集と環境の整備

　発掘調査は平成18年10月2日に開始され、平成19年9月7日をもって無事完了した。石室解体作業終了後、古墳現地は、10年程度と見積もられた壁画の修理期間、築造当時の形状に復元（仮整備）する計画であったが、未調査であった墳丘南側をどのような姿で復元するかが課題として浮上し、これに対応するため、平成20年7月1日から21年6月11日にかけて再び発掘調査を実施した。この間、保存修理施設の撤去工事と発掘調査を並行しつつ、墳丘南側に関する情報などを収集し、また保存修理施設撤去にともない露出する墓道部の再調査などをおこなった。

　本書は、国宝高松塚古墳壁画恒久保存対策事業の一環である石室解体にともなう発掘調査（平成18・19年度、20・21年度の2次にわたる）の正式報告書である。

（建石　徹）

2　位置と環境

　高松塚古墳は、奈良県高市郡明日香村大字平田字高松に所在する。墳丘下整地土出土の土器や石室の構造から、終末期古墳のなかでも新しい時期の築造で、概ね7世紀末から8世紀初めに位置づけられる。

　この時期、王宮は狭隘な飛鳥盆地を離れ、飛鳥の北西に広がる藤原の地に移る。藤原京は、中央に宮室である藤原宮を置き、その周囲約5.3km四方に条坊をめぐらせた我が国で初の中国式都城であり、和銅三年（710）三月に平城京に遷るまで都として機能した（Fig. 1）。

　高松塚古墳は、藤原京南郊の丘陵上に位置し、周囲には天武・持統天皇陵（野口王墓古墳）や真の文武天皇陵説が有力な中尾山古墳が存在する。かつては、藤原京の中軸延長線上に位置する天武・持統天皇陵を基点に、菖蒲池古墳や中尾山古墳、壁画古墳の高松塚古墳やキトラ古墳が南北に並ぶ状況が「聖なるライン」とよばれ、飛鳥の奥津城と藤原京造営との密接な関係が推察されてきた。しかしながら、これらの古墳はもとより厳密に一直線上に位置するわけではなく、調査の進展にともない、天武・持統天皇陵を除く各古墳については、藤原京中軸延長線上には位置しないことが明確になってきている。

　これに対して、近年では、高取川左岸の真弓丘陵上に位置する牽牛子塚古墳やマルコ山古墳、束明神古墳などとともに、藤原京南西の丘陵地に所在する古墳を一体的に捉え、その分布範囲を皇族ないしは上級官人の計画的葬地として評価する向きが強まっている[7]。ただし、飛鳥西方の檜前盆地周辺には、檜前大田・門田、観覚寺、森カシタニといった集落遺跡、檜隈寺、呉原寺などの寺院、苑池とみられる平田キタガワ遺跡なども存在している。藤原京の南西部を陵園区のように評価する場合でも、古墳の周囲には同時代の性格の異なる遺跡が混在している点を十分留意しておく必要があろう（Fig. 2）。

　高松塚古墳はその檜前盆地を西に望む丘陵上に築かれている。詳細にみると、高松塚古墳の立地する丘陵は、南東から北西に向かって細長くのびる幾筋もの細尾根に分岐しており、その尾根の間を縫うように細い谷が複雑に入り組む。高松塚古墳はその中でも比較的安定して長くのびる尾根の南西斜面に築かれているが、古墳の載る尾根から小さく派生して突き出す別の尾根が南西側にも存在しており、この尾根が高松塚古墳の南への眺望を遮っている。むしろ高松塚古墳は、この南西側の尾根に沿って北西方向に開口する谷の最も奥まった場所を意図的に選び、その谷を見下ろすように築かれているといえる（Fig. 3）。他の飛鳥の多くの古墳と同様に、谷奥の南斜面を好んで選地する風水思想の影響が看取される。

4

2 位置と環境

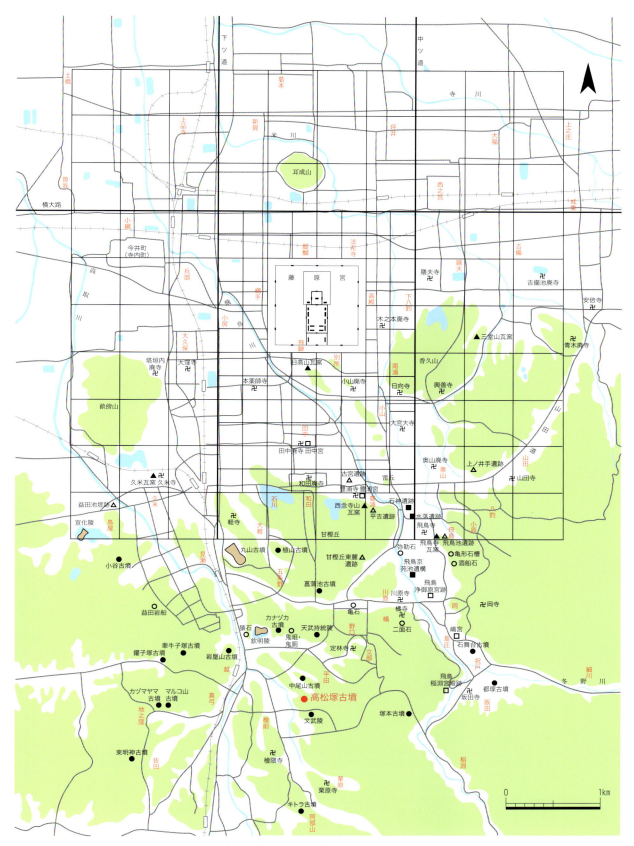

Fig. 1 高松塚古墳と飛鳥・藤原京周辺の遺跡　1:40000

第1章 序言

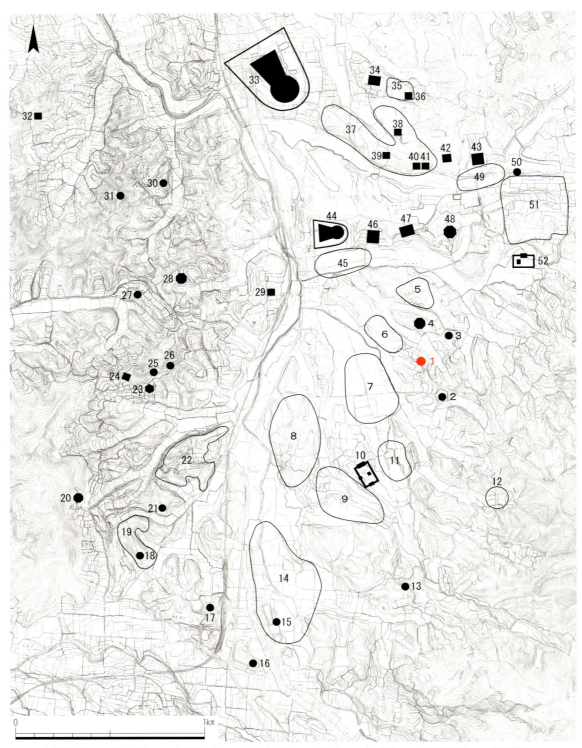

1.高松塚古墳　2.塚穴古墳　3.火振山古墳　4.中尾山古墳　5.平田クルマゴエ遺跡　6.南平田遺跡　7.御園遺跡
8.檜前・上山遺跡　9.檜前大田遺跡　10.檜隈寺跡　11.檜前門田遺跡　12.呉原寺　13.キトラ古墳　14.観覚寺遺跡
15.稲村山古墳　16.鳥ヶ峰古墳　17.松山呑谷古墳　18.佐田1号墳　19.森カシタニ遺跡　20.束明神古墳　21.出口山古墳
22.佐田遺跡群　23.マルコ山古墳　24.カヅマヤマ古墳　25.真弓ミヅツ古墳　26.真弓テラノマエ古墳　27.真弓鑵子塚古墳
28.牽牛子塚古墳　29.岩屋山古墳　30.沼山古墳　31.益田岩船　32.小谷古墳　33.五条野丸山古墳　34.植山古墳
35.五条野内垣内遺跡　36.五条野内垣内古墳　37.五条野向イ遺跡　38.五条野城脇古墳　39.五条野向イ古墳
40.五条野宮ヶ原1号墳　41.五条野宮ヶ原2号墳　42.菖蒲池古墳　43.小山田古墳　44.平田梅山古墳　45.平田キタガワ遺跡
46.カナヅカ古墳　47.鬼の俎・雪隠古墳　48.野口王墓古墳　49.川原下ノ茶屋遺跡　50.亀石　51.西橋遺跡　52.定林寺跡

Fig. 2　高松塚古墳周辺の遺跡　1:20000

Fig. 3 高松塚古墳周辺の地形 1:2500

　平成20・21年度調査では、高松塚古墳の下を横断し、古墳東側へと回り込む開析谷を検出したが、この開析谷は上述の北西向きに開口する谷の本筋へ接続するものと推測される。基盤面造成時に埋め立てられるものの、あえて開析谷をかすめるような場所に古墳が築かれていることからすると、開析谷および谷全体が石室石材などの構築資材を運搬する通路として利用された可能性も考えられる。

　高松塚古墳の一筋北側の尾根上には、上述の中尾山古墳が位置する。中尾山古墳は、対角長約30mの八角墳であり、一辺90cm四方の狭い石室内部には骨蔵器が納められたとみられることからも、真の文武陵とみる説が有力である。中尾山古墳の載る尾根は、平面杏仁形を呈する長さ300m、幅60m程の小丘で、さらに一筋北側を走る幅広の尾根と高松塚古墳の載る尾根とが形作る懐の深い谷の奥部に位置し、あたかも両尾根が古墳の載る小丘を包み込むような景観を呈する。古墳はその小丘のほぼ中央の平坦面上に築かれており、南西斜面に築く高松塚古墳とは選地のあり方が異なる。高松塚古墳との距離は

第1章 序　言

200mほどであり、樹木が茂っていなければ、高松塚古墳の背後の尾根筋から中尾山古墳は間近に目視できる位置関係にある。『延喜式』諸陵寮には、文武陵すなわち檜前安古岡上陵は「兆域東西三町南北三町」とあるが、中尾山古墳が真の文武陵であるとすると、高松塚古墳はその「兆域」の南端に接するような位置に築かれたことになる。

(廣瀬　覺)

---

1) 奈良文化財研究所『高松塚古墳の調査－国宝高松塚古墳壁画恒久保存対策検討のための平成16年度発掘調査報告－』2006年。
2) 文化庁編『国宝 高松塚古墳壁画－保存と修理－』第一法規出版、1987年。
3) 前掲1)。
4) 文化庁監修『国宝 高松塚古墳壁画』中央公論美術出版、2004年。
5) 高松塚古墳取合部天井の崩落止め工事及び石室西壁の損傷事故に関する調査委員会『高松塚古墳取合部天井の崩落止め工事及び石室西壁の損傷事故に関する調査報告書』2006年。
6) 壁画の劣化原因については、平成20年度・21年度の2年間にわたる「国宝高松塚古墳壁画劣化原因調査検討会」において調査検討がおこなわれ、自然的、人為的なさまざまな因子が複合的に作用した結果、壁画劣化の進行を招いたことが指摘された。高松塚古墳壁画劣化原因調査検討会『高松塚古墳壁画劣化原因調査報告書』2010年。このなかでは本発掘調査の成果が各所で参照された。
7) 河上邦彦「凝灰岩使用の古墳－飛鳥に於ける終末期後半の古墳の意義－」『末永先生米寿記念献呈論文集』707～723頁、1985年。前園実知雄「大和における飛鳥時代の古墳の分布について」『末永先生米寿記念献呈論文集』735～763頁、1985年。金子裕之「山に昇る魂－藤原京の葬送地－」『季刊明日香風』第50号、11～16頁、1994年など。

第2章　調査の方法と経過

1　調査計画

（1）調査の体制

　文化庁による古墳壁画の恒久保存対策の策定を受け、平成18年度に（独）文化財研究所（現・国立文化財機構）内に古墳壁画保存対策本部を設置した。この対策本部は、鈴木規夫 東京文化財研究所長を本部長、田辺征夫 奈良文化財研究所長を副本部長とし、三浦定俊 東京文化財研究所企画情報部長と岡村道雄 奈良文化財研究所企画調整部長を総括・調整役として、その下に両研究所の考古学、保存科学、遺跡整備、壁画の養生・修復、環境、生物を専門とする研究員を配置したもので、高松塚古墳壁画とともに、当時、壁画の剥ぎ取り作業が進行中であったキトラ古墳も対象に、壁画古墳の調査、保存、整備、活用に向けて総合的に対処することを目的とした。

　その上で、高松塚古墳の石室解体事業は、Tab.1のような体制のもとで作業を遂行した。各分野の専門家を配置することで、発掘調査、壁画やその保存環境の状態維持、石材の取り出し作業、カビ等の微生物による汚損状況に対するサンプリング、発掘調査終了後の整備計画等に万全を期した。東京・奈良の両文化財研究所員に加えて、石室解体作業には、石造文化財の修復に豊富な経験・実績を有する飛鳥建設株式会社の左野勝司氏に協力を要請した。また、石室解体事業にともなう発掘調査（平成18・19年度調査）は、文化庁の委託を受けた奈良文化財研究所都城発掘調査部を中心としつつ、奈良県立橿原考古学研究所、明日香村教育委員会にも協力を依頼し、三者共同で調査を遂行した。平成20・21年度の仮整備にともなう発掘調査も、引き続き三者の共同調査として実施した。

Tab. 1　高松塚古墳石室解体事業における作業体制

発掘調査班	石室解体班	整備班	壁画養生・修復班	環境・生物調査班
班長 松村恵司 （奈文研都城発掘調査部 考古第一研究室長）	班長 肥塚隆保 （奈文研埋蔵文化財センター 保存修復科学研究室長）	班長 高瀬要一 （奈文研文化遺産部長）	班長 川野邊 渉 （東文研修復技術部 修復材料研究室長）	班長 石崎武志 （東文研保存科学部長）
廣瀬 覚 （奈文研都城発掘調査部 特別研究員）	左野勝司 （飛鳥建設株式会社）	内田和伸 （奈文研文化遺産部 主任研究員）	早川典子 （東文研修復技術部 修復材料研究室研究員）	佐野千絵 （東文研保存科学部 生物科学研究室長）
岡林孝作 （奈良県立橿原考古学研究所 主任研究員）	高妻洋成 （奈文研埋蔵文化財センター 主任研究員）		森井順之 （東文研修復技術部 修復材料研究室研究員）	木川りか （東文研保存科学部 主任研究員）
相原嘉之 （明日香村教育委員会 文化財課主事）	降幡順子 （奈文研埋蔵文化財センター 保存修復科学研究室研究員）		加藤雅人 （東文研修復技術部 伝統技術研究室研究員）	吉田直人 （東文研保存科学部 化学研究室研究員）
				犬塚将英 （東文研保存科学部 物理研究室研究員）

※所属は当時（奈文研：奈良文化財研究所　東文研：東京文化財研究所）

第2章　調査の方法と経過

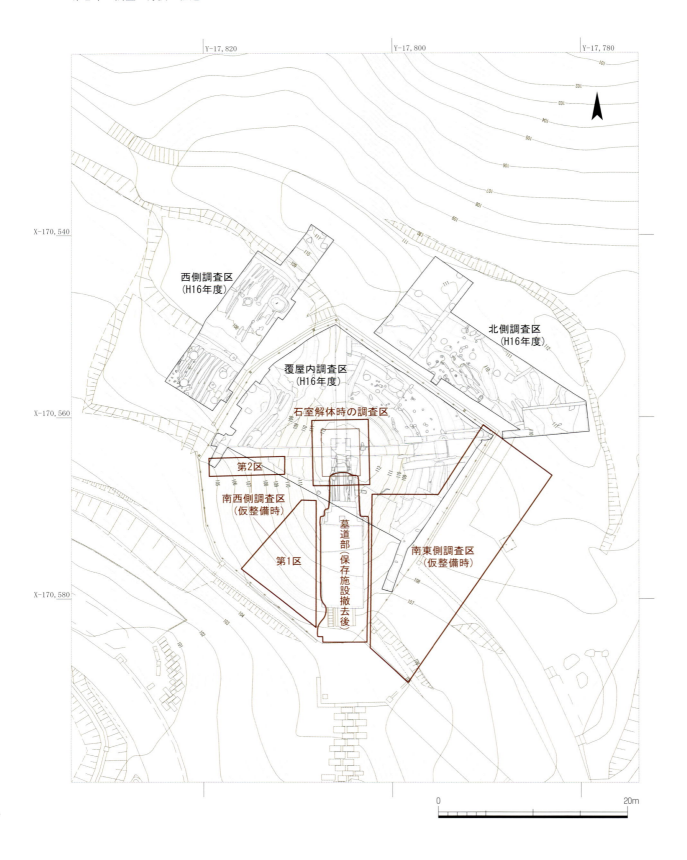

Fig. 4　調査区位置図　1：400

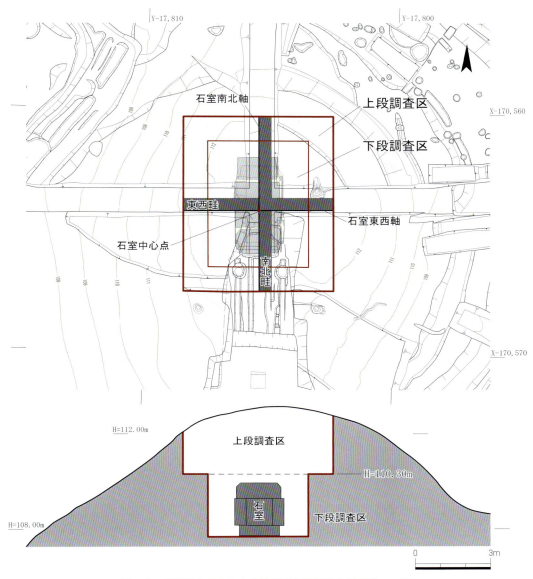

Fig. 5 石室解体にともなう発掘調査区設定の模式図　1:150

（2）　調査区の設定

　石室解体事業にともなう発掘調査（平成18・19年度調査）では、調査や解体作業の安全性を確保することを第一とする一方で、特別史跡である墳丘の掘削を最小限にとどめることが求められた。そのため、調査区の設定や発掘方法について、既存の情報をもとに慎重に検討を重ねた。しかしながら、昭和47年・49年度調査では、石室の内法寸法（奥行 265.5cm、幅 103.5cm、高さ113.4cm）、および一部の石材の厚さ（南壁石 45〜49cm、天井石1 61.8cm、床石1 47.6cm）があきらかにされているのみであり[1]、石室や個々の石材の位置関係に関する正確な情報を欠いていた。

　こうした状況を踏まえて、平成17年度にトータルステーションおよび三次元レーザースキャニングによる石室の詳細な測量調査を実施した。その結果、保存施設や取合部、石室内面の正確な座標と標高があきらかになるとともに、主軸が北で西に約1.6°の振れをもつことや、昭和47年・49年度調査時に

用いられた標高が実際より29cm高い、といった石室に関する正確な位置情報が得られた。

　これらの測量成果や石室解体事業の内容を踏まえた上で、発掘調査区を以下のように設定して、調査を進めることとした（Fig. 5）。

　①掘削深度が4.7m以上に達するため、上・下2段掘りの調査区とする。
　②下段調査区は、石室の外周に1m幅の解体作業用スペースを確保する。石室の位置や規模を踏まえ、南北5.2m×東西4.0mの矩形の調査区とする。
　③石材牽引用のレールクレーンを設置するため、下段調査区の外周に幅1mのテラスを設ける。したがって、上段調査区は、南北7.2m×東西6.0mの矩形の調査区とする。
　④上段調査区は、天井石上面の標高110.0mより0.3m高い110.30mまで掘り下げ、そこを底面とする。すなわち、掘削深度は上段調査区が1.6～2.2m、下段調査区が2.5mほどとなる。
　⑤石室の露出に備えて、上段調査区の掘削終了後に調査区上に温湿度管理の可能な断熱覆屋を建設し、下段調査区の調査は断熱覆屋内でおこなう。
　⑥上・下段調査区ともに、中央に十字の土層観察用の畦を設け、北東、北西、南東、南西の4区に区分して掘り下げる。畦は記録作成をおこなったのち、段階的に撤去し、さらに下部を掘り下げる。

　後述するように、平成18・19年度調査は、若干の工程の変更はあったものの、概ね計画通りに進行し、石室解体作業も無事に完了した。

　古墳の仮整備事業にともなって実施した平成20・21年度調査は、築造当初の墳丘形状に関するデータ収集を目的に、これまで未調査であった古墳南側を対象とした（Fig. 4）。平成16年度調査区に接続させるかたちで南東側調査区（276㎡）を設けるとともに、南西側調査区として保存施設脇に第1区（58㎡）、東西畦南側に第2区（16㎡）を設定した。保存施設の撤去にともなう調査では、工事によって露出する墓道部に対して、平成18・19年度調査と一体的に記録を作成する必要から再調査を実施することとした。保存施設が置かれた2階部分と機械室にあたる1階部分とに分け、それぞれの躯体撤去後に土層壁面の観察を中心に調査・記録をおこなった。

（3）　覆屋の建設と作業環境

　発掘調査は、緊急保存対策で敷設された防水・断熱シートを除去して実施するため、壁画が雨水や日射の影響を受けぬように覆屋の建設が必要となった。平成16年度調査の際には、建設用枠組足場にメッシュシートを張り、屋根にはトタン波板を用いた仮設覆屋を建設して発掘調査に臨んだが、この仮設覆屋は台風や積雪に耐える強度がなく、継続的な使用が困難であった。このため、平成17年9月にパラソレックス工法を用いた新仮設覆屋に建て替えた（Fig. 6）。

　パラソレックス工法の覆屋は、屋根を蛇腹状に伸縮させることができ、これにより風速36m以上の強風や30cm以上の積雪にも耐える強度をもっている。規模は平成16年度調査時の覆屋を踏襲し、東西20.33m、南北17.25m、棟高11.8mとした。屋根には遮光シートを張り、壁面は通気性のあるメッシュシート張りとした。

　石室解体にともなう平成18・19年度の発掘調査は、この新覆屋内で調査を実施した。平成18年10月2日より外部覆屋内で上段調査区の掘り下げに着手し、同年12月末に上段調査区の調査を終了した。

1　調査計画

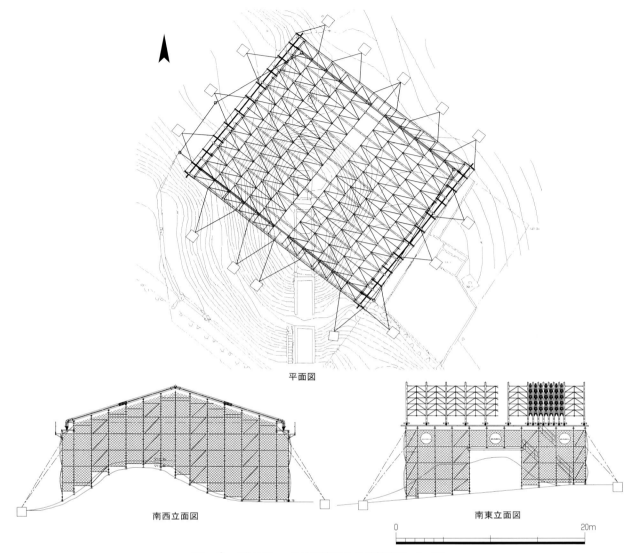

Fig. 6　パラソレックス工法による外部覆屋　1：400

　平成19年1月には、壁画のある石室内の環境維持のために、室温10℃、湿度90%に空調管理が可能な断熱覆屋を墳丘上に建設し、1月末より断熱覆屋内の人工照明下で下段調査区の発掘調査を開始した。
　断熱覆屋内は、発掘調査、および石材の取り上げをおこなうエリアと、取り上げた石材の梱包・回転作業をおこなうエリアとに分かれており、厳密に環境が制御された前者への入室に際しては、防護服、防塵マスク、ヘルメット、ゴム手袋の着用が義務づけられた。発掘に使用した主な道具は、版築層を1層ずつ剥ぐための手グワと手ガリ（草削り）で、掘削土を業務用電気掃除機で吸引し、土嚢に入れて人力で覆屋外に搬出した。また、下段調査区の掘削深度が2.5m以上におよぶため、垂直に掘り下げた調査区の壁面に土止め支保工を設置し、作業者の安全を確保するとともに、検出した石室の倒壊を防ぐ安全対策を講じた。石室周囲の幅1m（支保工設置後は0.8m）の狭隘な空間が作業スペースとなり、壁画へ振動を与えぬように細心の注意を払いつつ作業を進めた。以上のように、通常の発掘調査とは大きく異なる断熱覆屋内の特殊な環境下で、最終的に7ヵ月以上の長期にわたって調査・作業を継続した。

第2章　調査の方法と経過

外部覆屋全景　南から　　　　　　　　　　　　　外部覆屋 屋根細部　北東から

断熱覆屋と空調装置　東から　　　　　　　　　　断熱覆屋内部　北から

Fig. 7　平成18・19年度調査時の外部覆屋と断熱覆屋

冷却管が張りめぐらされた墳丘　北から　　　　　冷却管の撤去作業　南東から

Fig. 8　緊急保存対策による冷却管の設置・撤去状況

2　発掘調査概要

（1）　上段調査区

　高松塚古墳の墳丘は、平成17年9月から生物被害の拡大を抑制するための緊急保存対策の一環で、冷却管およびその埋設土で覆われていた。このため、冷却管と埋設土を除去した上で、旧表土面に南北7.2m×東西6.0mの上段調査区を設定した。平成18年10月2日より掘り下げを開始したが、まもなく、版築内を縦横に走る地割れや亀裂が姿を現し、墳丘が巨大地震によって損傷している様子があきらかとなった。また、墳頂部近くから、江戸時代の絵図に描かれた「高松」の可能性がある大木の根の腐朽痕跡を発見した。上段調査区の掘り下げが進み、その最終段階近くで、版築層理面に直径4㎝ほどの搗棒、およびムシロ状編み物の圧痕が遺存することがあきらかになった。

　上段調査区の掘り下げは、前述のように標高110.30mまでを予定していたが、掘削予定深度に達する直前に、調査区中央部分から硬質で白色味がかった版築の高まりが山状に姿を現した。石室構築と一体的に施された第一次墳丘（下位版築）にあたると判断されたため、同版築の掘り下げを断熱覆屋完成後の下段調査区の調査時に着手することとし、その周囲を予定していた標高110.30mまで掘削したところで、上段調査区の調査を終えた。土層観察用の畦は、この掘り下げ停止面で一旦撤去した。畦の撤去に先立ち、土層断面を剥ぎ取り保存するとともに、畦そのものも一部、柱状（幅1m、奥行0.7m、高さ約2.5m）に切り取って保存することとした。切り取った畦はウレタンと鉄骨で固定して墳丘外に搬出した。さらに、上位版築内で検出した地震痕跡については、その形状を立体的に記録・保存するために、地割れを良好に検出した2面に対してシリコンによる型取りをおこなった。

（2）　下段調査区

　上段調査区の調査完了後、周囲に室温10℃、湿度90%に環境制御可能な断熱覆屋を建設して、平成19年1月29日より調査を再開した。上段調査区壁面沿いに1mのテラスを控えとして残し、南北5.2m×東西4.0mの下段調査区を設定した。外周のテラスには鉄板を敷き、石材を吊り上げるためのレールクレーンの基礎を置いた。なお、断熱覆屋とレールクレーンの設置に先立ち、その基礎となる調査区四周の版築層に対して針貫入による強度試験を実施し、クレーン設置の安全性を確認した。

　下位版築の調査では、版築を一層ごと剥ぎ取るように掘り下げて、搗棒やムシロ状編み物の圧痕の確認作業をおこなった。特に標高110.10〜110.40m付近の版築層理面では、搗棒痕跡が明瞭に検出されたため、その面の写真測量および拓本採取をおこなった。また、天井石の0.1m上方で版築層を水平に削り整え、地震によって生じた版築内の地割れが石室から外側へと放射線状に走る状況を観察し、記録した。

　天井石検出以後は、天井石架構面、壁石設地面を把握しながら、版築を掘り下げ石室を検出した。この2面とその間に挟まれる4面において、凝灰岩の粉末が飛散する状況を確認した。

　検出した石室は、壁石の厚さや幅が不揃いで不安定な状態にあり、石室全体を露出させると倒壊する恐れが生じたため、壁石周囲に版築を畦状に掘り残し、解体工程に沿って順次、畦を取り除くことにし

第2章　調査の方法と経過

Tab. 2　石室石材の取り上げ順序と重量

取り上げ日	石材	壁画	重量	取り上げ日	石材	壁画	重量
4/5	天井石4		1,130kg	6/13	西壁石2	白虎・月像	750kg
4/17	北壁石	玄武	1,215kg	6/15	南壁石		835kg
4/25	天井石3	星宿	1,430kg	6/22	東壁石1	男子群像	825kg
5/10	西壁石3	女子群像	515kg	6/26	西壁石1	男子群像	840kg
5/17	東壁石3	女子群像	685kg	8/20	床石4		780kg
5/28	天井石2	星宿	1,530kg	8/20	床石3		1,015kg
5/30	天井石1		1,400kg	8/21	床石1		1,140kg
6/7	東壁石2	青龍・日像	655kg	8/21	床石2		1,100kg

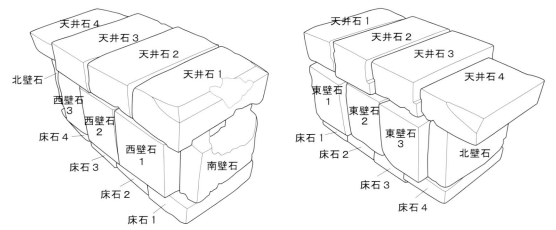

Fig. 9　石室石材の名称

た。石材間に充填された目地漆喰も、石室内の環境変化に留意して、各石材の解体作業の開始直前に取り外すことにした。その過程で、目地漆喰は下から上まで一度に充填するのではなく、周囲の版築施工と連動して段階的に積み上げている状況があきらかとなった。また、各石材の外面に残るノミやチョウナによる加工痕跡の拓本を採取したほか、要所で石室や遺構面に対する三次元レーザー測量と写真測量を実施し、解体前の石室の形状を記録した。

　石室の解体作業は天井石4に始まり、北壁石→天井石3→西壁石3→東壁石3→天井石2→天井石1→東壁石2→西壁石2→南壁石→東壁石1→西壁石1→床石4→床石3→床石1と進み、床石2の取り上げをもって無事に終了した（Tab. 2、Fig. 9）。天井石、壁石の取り上げ後の調査では、床石上面、とりわけ石室内の床面部分の精査をおこなった。また、床石周囲の版築に対しても遺構の有無、ムシロ状編み物や搗棒の痕跡の確認に留意しつつ掘り下げを進めた。その結果、床面上で棺台の痕跡を発見するとともに、床石周囲の版築面上において床石上面の加工に用いた水準杭とみられる遺構を検出した。水準杭跡の一部は先端が空洞化していたため、内部にシリコンを流し込んで型取りをした。なお、床石周囲の版築層の調査では、計14面におよぶ凝灰岩粉末の撒布面を確認したが、これは湿気抜きの目的で意図的に凝灰岩の粉末を撒布したものと推測された。床石取り上げ後の調査では、調査区北半の版築を掘り下げ、基盤面である地山の開削状況の調査をおこなった。予想に反して床石下の版築が厚く、最終的に下段調査区の掘削深度は2.8m前後、上段調査区と合わせると深さ5.4m（墳頂下5.8m）前後に達した。

左上：北壁石（玄武）　左下：西壁石3（女子群像）　右：天井石2（星宿）
Fig. 10　石材取り上げ作業の様子

　以上の平成18・19年度調査の記録作業は、通常の写真撮影、実測作業に加えて、日々の調査の進行状況をビデオカメラで撮影・記録するとともに、随時、3D・写真測量、拓本採取をおこない、情報収集と記録作業に万全を尽くした。

　なお、墓道部に置かれた凝灰岩方形切石SX205については、保存施設解体に先駆けて平成20年2月に設置状態と保存状態を記録し、取り上げ作業を実施した。取り上げ後、赤外線調査を実施したが、墨書等は確認できなかった。

（3）　平成20・21年度調査

　南東側調査区→墓道部北側（保存施設撤去部分）→南西側調査区（第1・2区）→墓道部南側（機械室撤去部分）の順で調査を実施した（Fig. 4）。南東側調査区では平成16年度調査で確認した周溝SD110の南半部を検出するとともに、墳丘南端で暗渠SD250を新たに確認した。また、周溝SD110の検出過程で小穴、土坑、素掘溝等の中世遺構を検出した。

　墓道部の調査では、再露出した墓道壁面の再実測をおこなうとともに、平成18・19年度調査と同様に、版築層に対して針貫入による強度試験を実施した。南側の機械室撤去部分では、墳丘裾の版築層南端、および墳丘下の整地土、基盤層の調査と記録作業を実施した。機械室北壁については、旧発掘区壁面に

第2章　調査の方法と経過

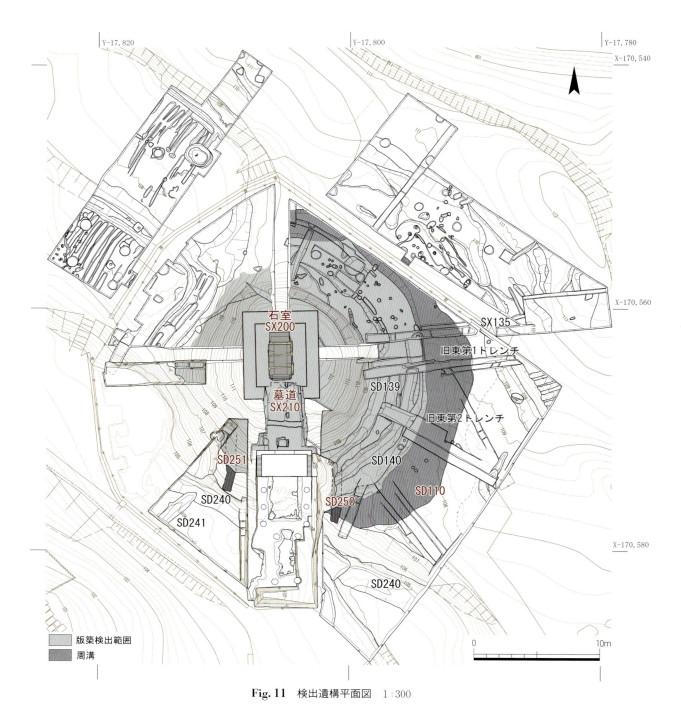

Fig. 11 検出遺構平面図　1:300

沿ってコンクリートが直接打設されており、このコンクリート壁を撤去すると墓道部が崩落することが懸念された。仮整備の外観上は支障をきたさないことから、機械室北壁は撤去せずに埋め戻した。南西側調査区では、南東側で検出したSD250と対となる西側の暗渠SD251を検出した。しかし、南西側では地滑りや谷水田の開削により、墳丘本来の形状は大きく失われていた。

（松村恵司）

1）橿原考古学研究所編『壁画古墳高松塚 調査中間報告』便利堂、1972年。猪熊兼勝「特別史跡高松塚古墳保存施設設置に伴う発掘調査概要」『月刊文化財』第143号、30〜35頁、1975年。

3 調査日誌

平成18・19年度調査（石室解体にともなう調査）

平成18年10月

10.2 石室解体作業に向けた発掘調査（上段調査区）開始。午前中準備、午後開始式。墳頂部冷却管設置時の盛土の除去作業に着手。

10.3 冷却管理設盛土の除去作業を継続。

10.4 墳丘封土（平成16年度調査検出面）の再検出作業に着手。

10.5 墳丘封土の再検出。南区で昭和47年調査区の西辺を確認。

10.6 墳丘封土の再検出作業継続。昭和47年調査区の東半部が現れる。

10.7 墳丘および覆屋内の3D測量を実施。

10.10 掘り下げ前の墳丘をビデオ、写真撮影。上段調査区と土層観察用畔の設定。

10.11 昭和47年発掘区の掘り下げ、内部に遮水用ポリプロピレン布（以下、PP布）が現れる。写真撮影。

10.12 北側畔直下で根の腐朽痕を検出。江戸時代の絵図に描かれた「高松」の根か。

10.13 覆屋内に基準点を増設、墳丘上の地区割りをおこなう。PP布の敷設状態を平面実測。14時より記者発表。

10.16 北東区の蜜柑畑段差を直線に整形し、封土断面を観察。PP布を切断し、旧調査区の掘り下げを続行。

10.17 北区の掘り下げ、北区の封土内で10条ほどの亀裂を平面的に確認。

10.18 旧調査区内を掘り下げ、南西隅でふさぎ用凝灰岩2石が顔を出す。

10.19 旧調査区の埋め戻し状況を精査。14時から地震痕跡についての定例記者発表。

10.20 北東区旧蜜柑畑断面を分層し、実測。北西区で上位版築上面が現れる。

10.23 断面実測を継続。北西区は、上位版築上面を追求、石室中心近くに幅20～30cmの地割れが弧状に現れる。

10.24 旧蜜柑畑断面の実測・写真撮影後に、上位版築面を全面的に検出。

10.25 北区、亀裂の精査、3D測量と写真測量。（独）産業技術総合研究所・寒川氏、地震痕跡を調査。

10.26 北区の地震痕跡の清掃。写真測量を継続。午前中、寒川氏再来。14時より記者発表。

10.27 14時から「高松」の根について定例記者発表。取合部の写真撮影。

10.30 旧調査区の土層断面（南畔）の分層と実測。

10.31 旧調査区土層断面の実測完了。

11月

11.1 北区、地震痕跡の型取り作業開始、シリコンを全面に塗布する。南区、旧調査区の写真・ビデオ撮影。同平面実測に着手。

11.2 地震痕跡の型取り作業継続。旧調査区平面実測を完了。14時から定例記者発表。旧調査区の亀裂より現れたムシを捕獲。

11.3 型取り作業継続。南2区の土層畔の形状を3D測量。

11.4 地震痕跡型取り作業終了。

11.6 旧調査区の掘り下げを再開し、塞ぎPC版、PC版庇、保存施設の天井が現れる。調査中に埋戻土の亀裂からムシ3匹が出現。松田・百橋検討会委員視察。

11.7 PC版周囲の精査、写真撮影。河上検討会委員視察。北2区の掘り下げ再開。

11.8 北2区、版築の掘り下げ継続。白色の下層単位が顔を出し、亀裂や地割れが続くことを確認。南畔東西両面の土層剥ぎ取り作業。

11.9 南畔を撤去しPC版の全面検出。北区の掘り下げ

Fig. 12 調査開始式

Fig. 13 地震痕跡の型取り作業

も順調に進む。

11.10　PC版検出状況写真撮影。13時、川村元文化庁長官視察。14時からPC版検出状況について記者発表。北区の掘り下げを継続。

11.11　PC版検出状況の3D・写真測量を実施。

11.13　北区、地震痕跡の写真撮影。南区、PC版周囲の粘土を外し、凝灰岩の全形を検出。丸太組のチェーンブロックで塞ぎPC版を取り上げ。PC版の両端に蜘蛛の巣あり。

11.14　南区、PC版周囲のふさぎ凝灰岩の配列状況を写真撮影、実測、3D測量。記録後に凝灰岩を外し、凝灰岩裏面や下部で黒色のカビ、クモの巣、ダニ、ワラジムシなどを確認。北区、地震痕跡の3D・写真測量。14時、近藤文化庁長官視察。

11.15　PC版周囲の下部に詰められたふさぎ凝灰岩片を検出、平面実測、写真撮影。清掃中にクモ・ゲジ・ゴミムシ・ヤスデ・アリ等を捕獲。PC版庇の切断作業に着手。北区は地震痕跡の平面実測。

11.16　北区の平面実測完了。PC版庇をコアドリルで切断。チェーンブロックで吊り上げて搬出。

11.17　PC版庇下部の梁部分の切断作業。PC版庇北背後の壁面に昭和49年度調査の分層ラインが残り、一面に黒色のカビが繁茂。14時から定例記者発表。

11.20　北区、畦の分層作業。旧調査区内清掃時にアリ・ゲジ各1匹を捕獲。

11.21　南区、封土の掘り下げを開始。北東区で中世盗掘坑の残余部を検出、土師器小皿が出土。北区、黄白色の版築面で亀裂が顔を出し始める。旧調査区の3D測量。NHK毛利解説委員、現地取材。

11.22　南区上位版築上面で亀裂の検出作業。北区、下層地震痕跡の型取りを開始。

11.24　南区地震痕跡の検出ならびに平面実測を完了。北区、型取り作業継続。14時から定例記者発表、南区の地震痕跡を中心に発表。

11.25　北区下層の型取り完了。南区地震痕跡の3D測量。

11.27　北西区、土層断面の分層、実測。南区、上層地震痕跡面の写真撮影。終了後、掘り下げ再開。

11.28　南区、下層地震痕跡面の検出作業。北西区、北・西畦の分層。発掘調査風景をNHKが取材、撮影。

11.29　南区、引き続き下層地震痕跡の検出作業。北西区土層断面の実測。見学会用足場の組立作業。

11.30　見学会用足場の組立作業完了。南区、下層地震痕跡の清掃。北西区、引き続き土層断面実測。

12月

12.1　現地見学会。来訪者802名。

12.2　現地見学会。降雨のため開始が1時間早まる。来訪者1148名。

12.3　南区下層地震痕跡の3D・写真測量。

12.4　見学会用の足場撤去。南区下層地震痕跡の写真撮影と平面実測。北区の掘り下げを再開。20cmほど下げた面で、石室を覆う硬質の白色（下位）版築層が現れる。

12.5　北区の土層断面の分層と実測を継続。南区下層地震痕跡の型取り作業開始。

12.6　北区、下位版築層検出完了、土層断面の分層と実測を継続。南区下層地震痕跡の型取り。NHK4名、発掘作業風景の撮影。

12.7　北区の下位版築層検出状況の写真撮影、土層断面の分層と実測・土層注記。南区下層地震痕跡の型取り。下段調査区を設定。

12.8　上段調査区の整形作業。14時から定例記者発表、下位版築層の検出状況について。南区、下層地震痕跡型取り作業継続。

12.9　南区、下層地震痕跡の型取り作業完了。畦下端の3D測量。

12.11　南区の掘り下げ再開。北畦の東西両面の土層剥ぎ取りを開始。

12.12　南区掘り下げ。北畦の東西面の土層剥ぎ取り終了。

Fig.14　ふさぎPC版の取り上げ作業

Fig.15　現地見学会

12.13 南区を掘り下げ、レベルを上段調査区掘削計画底面の110.30mに揃える。北畦の撤去作業に着手。

12.14 北畦撤去作業を継続中に下位版築直上の層理面でムシロ目の痕跡を検出、写真撮影。東西畦南面の実測。

12.15 上段調査区の完掘状況と東西畦土層断面の写真撮影。北畦のムシロ痕跡精査。14時から記者発表。

12.16 南区、下位版築層の3D・写真測量。

12.18 東西畦北面の土層剥ぎ取り着手。東西畦南面の実測と注記。

12.19 東西畦南面の注記完了。東西畦北面の土層剥ぎ取り終了、引き続き南面着手。北畦のムシロ痕跡の精査。

12.20 東西畦南面の土層剥ぎ取り終了。版築層切り取り保存のため、東畦掘り下げ。

12.21 東西・南北畦クロス部分の土層転写。10時半よりムシロ痕跡の記者発表。上段調査区四周壁面の版築層の分層・実測に着手。

12.22 西畦を撤去しながら、ムシロ痕跡の精査。東畦、切り取り作業に着手。定例記者発表。

12.23 東畦の切り取り作業、鉄骨の枠を組み、ウレタンを一部に吹き付ける。

12.24 東畦の切り取り作業、底面の縁切りとウレタンの全面吹き付け。

12.25 東畦の切り取り作業、版築をクレーンで吊り上げ、4tユニックで奈文研・藤原地区に運搬。西畦のムシロ痕跡の検出作業を続行。

12.26 東西畦、地震痕跡とムシロ痕跡を確認しつつ撤去作業を続行。

12.27 上段調査区の完掘状況の全景写真・ビデオを高所作業車を使用して撮影、3D・写真測量。10時半から定例記者発表。

12.28 3D測量を継続。関村長、現場視察。環境班の指導で年末年始の養生をおこなう。土嚢と断熱材で発掘区を覆い、ビニールシートで被覆。

平成19年1月

1.5 レールクレーンの足場整形。東西畔部分の下位版築層の土層転写作業。

1.8 断熱覆屋建設工事のための資材搬入。上段調査区四周壁の実測、土層注記完了。

（断熱覆屋建設工事のため、発掘調査中断）

1.29 断熱覆屋が完成、下段調査区の調査開始。14時半から発掘再開の記者発表。

1.30 北東・北西隅の上位版築部分を掘り下げ、下位版築上面を検出。その後、1層ずつムシロ・搗棒痕跡の有無を確認しながら下位版築を掘り下げ。

1.31 北区、2～3層掘り下げたところで、部分的に明瞭なムシロ・搗棒痕跡を確認。南西区、西辺に沿ってサブトレンチを設定し、下位版築上面を追う。

2月

2.1 北区、壁面の分層をおこないながら、白色版築を1層ずつ掘り下げ。14時から定例記者発表、発掘調査の進展状況・コンパネのカビ発生について。覆屋内、報道代表撮影。

2.5 北区、ムシロ・搗棒痕跡をメモ写真撮影・略測。旧調査区内養生に用いる土嚢製作を開始。砂2㎥を搬入し、乾燥の後、薬剤と調合。使用する土嚢袋も天日干しにする。

2.6 北区、掘り下げおよび断面実測。旧調査区養生用の土嚢製作を継続。土嚢袋にも薬剤を染み込ませ乾燥、土嚢内に砂を詰め始める。

2.7 北区で同一面に揃え、竹べらを用いて丁寧に搗棒痕跡を検出。旧調査区養生用土嚢製作を継続。

2.8 北区全面に搗棒痕跡を検出、写真・ビデオ撮影。

2.9 搗棒痕跡の写真測量。11時から報道代表撮影。午後から搗棒痕跡の拓本採取開始。14時から定例記者発表。

Fig. 16 版築層の切り取り保存作業

Fig. 17 断熱覆屋の建設風景

2.10　断熱覆屋の高所に防カビ剤を塗布。
2.11　Bゾーン扉上部の外気侵入孔を塞ぐ工事を実施。
2.12　北区の搗棒痕跡面の3D測量。
2.13　北区の搗棒痕跡の拓本採取継続。取合部の仮養生施設を撤去し、覆屋内と環境を一体化。旧調査区壁面から天井石1上面の封土残存部に黒カビが散布するのを確認、ビデオ・写真撮影。
2.14　取合部の清掃と観察、3D測量。生物班による取合部の微生物調査と防カビ処置。報道代表撮影。
2.15　北区の搗棒痕跡の拓本採取終了。取合部壁面の黒カビの痕跡写真・ビデオ撮影。NHK撮影。
2.16　南区の掘り下げに着手。取合部を防カビ処理し、空間を土嚢で充填する。天井石・南壁石の西側面で灰白色のカビを発見、サンプリング。14時から定例記者発表。
2.19　天井石1上の旧調査区西壁を精査し、墓道北端の掘り込みラインを確認。南区、南端に向かって下位版築層を検出、墓道の西肩を平面検出。3D測量。
2.20　墓道西肩の写真・ビデオ撮影、平面実測。実測終了後、南区の掘り下げを再開。
2.21　南区の掘り下げ。下段調査区外周壁面の分層・実測に着手。13時より定例報道代表撮影。
2.22　南区、搗棒面の検出・清掃後、写真・ビデオ撮影。西側墓道埋戻土を2層ほど掘り下げ、天井石1南西隅が現れる。天井石1西側面に沿って亀裂が生じており、その内部で黄緑・黒色のカビを確認。写真撮影後、サンプリング、エタノール消毒。
2.23　南区搗棒痕跡面3D、写真測量。終了後、拓本採取を開始。北区搗棒痕跡面を部分的に切り取って保存。
2.26　南区搗棒痕跡の拓本採取。北区、下位版築を階段状に掘り下げる。ビデオ、写真撮影。
2.27　搗棒痕跡の実測・写真・ビデオ撮影。終了後、版築を天井石10cm上方（L=110.10m）で切り揃える作業に着手。断熱覆屋の隙間を発泡ウレタンで充填。
2.28　天井石10cm上方（L=110.10m）で検出した地震痕跡の平面実測。南西側の墓道埋戻土を掘り下げ、第2面で良好な搗棒痕跡を検出。針貫入試験、地震痕跡の写真測量を実施。15時から地震痕跡の記者発表。

3月
3.1　地震痕跡の写真・ビデオ撮影。撮影後に掘り下げを再開し、14時20分、ついに天井石3の西辺の一部を検出。続いて天井石4を検出し、規模を確認する。墓道埋戻土を掘り下げるが黒カビが顕著。
3.2　版築土を亀裂に沿って外側から掘り、亀裂内の状況を観察しながら天井石の検出を進める。カビのサンプリング調査、約20ヵ所。天井部全長が3.85mであることが判明。
3.3　天井石検出現況の写真・ビデオ撮影。L=109.70mまで天井石周囲の版築を掘り下げる。18時から写真測量。
3.4　天井石の写真撮影。天井石周囲の版築に生じた亀裂を平面実測。天井石3東面に亀裂を発見。
3.5　9時から石室天井石検出についての記者発表。報道関係者、交代で覆屋内入室。天井石2東面に新たな亀裂を発見。写真撮影・ビデオ撮影後に、畦沿いに幅40cmのサブトレンチを入れて、天井石架構時の作業面を確認。終日、土層断面実測。
3.6　南畦土層断面の写真・ビデオ撮影。南畦剥ぎ取り作業。畦の両脇にサブトレンチを設定し、掘り下げ。
3.7　南畦撤去。東西畦、実測・写真・ビデオ撮影後、剥ぎ取り作業。畦の両脇のサブトレンチで天井石と壁石の関係が徐々にあきらかになる。
3.8　北畦、東西面の剥ぎ取り後にムシロ痕跡を含めた白色版築層を切り取って保存。南東区、天井石架構面の検出作業。墓道埋戻土から凝灰岩粉末散布面が現れ、壁面では掘削工具痕を検出。写真・ビデオ撮影。
3.9　北畦を撤去。東西畦、土層断面の写真・ビデオ撮

Fig.18　版築層の剥ぎ取り保存作業

Fig.19　石室周囲の調査風景

影。南区、天井石架構面の検出。天井石1・2、東・西面を検出。東西畦の剥ぎ取り作業着手。14時より定例記者発表。

3.10 天井石架構面の検出作業。東西畦、剥ぎ取り作業継続。

3.12 東西畦土層剥ぎ取り後、交点部分を残して畦外し。天井石2東面の合欠部近くで新たな亀裂を発見。

3.13 土層観察用畦の交点部分の土層剥ぎ取り後、清掃。10時半から検討会作業部会委員の現地視察。午後2時より奈文研本部にて作業部会開催。畦の完全撤去と石室表面の清掃、天井石架構面の全検出。3D・写真測量。

3.14 天井石架構面の写真・ビデオ撮影。9時から報道代表撮影。明日香村村議・村長、現況視察。天井石4の北東隅に新たな亀裂を発見。

3.15 天井石架構面の精査と平面実測。墓道部掘り下げ、明瞭な搗棒痕跡が連続する。取合部石室前面の掘り下げ。

3.16 天井石架構面、取合部床面の精査。天井石目地漆喰の細部写真撮影。14時から定例記者発表。

3.19 天井石架構面の精査。天井石上面目地漆喰の平面実測。

3.20 建設当初の取合部床面を検出。壁面の崩落、カビ発生状況を調査。壁石上面から55cmまで掘り下げ、壁石の外表面を検出。目地漆喰の実測調査継続。

3.21 終日実測作業。

3.22 壁石の検出、版築と石材の間には根や黒カビが付着。東西・北畦沿いにサブトレンチを設けて掘り下げ。

3.23 畦際のサブトレンチの掘り下げ続行。西畦北際で凝灰岩粉末が濃密に分布する面を確認。墓道部と取合部の精査。東西・北畦剥ぎ取り。14時から定例記者発表。

3.24 剥ぎ取り作業継続。壁石設置面の検出。墓道部の土掘具痕の実測。

3.25 壁石検出状況の3D・写真測量。

3.26 サブトレンチ内凝灰岩粉末撒布面検出状況を写真・ビデオ撮影。北区、壁石設置面の検出作業。

3.27 北区、壁石設置面の検出作業。壁石と目地漆喰との関係を断面観察。

3.28 北区壁石設置面の写真・ビデオ撮影。9時半より解体前石室検出状況の記者発表。北区、3D測量。

3.29 版築層の断面実測。南区の壁際を壁石設置面まで掘り下げ。

3.30 天井石4と目地漆喰の写真・ビデオ撮影と実測図作成。版築層の断面実測と目地漆喰の細部検出。

3.31 天井石4関係の実測図完成。下段調査区周囲4壁の版築層断面実測。

4月

4.1 天井石4の目地漆喰取り外し。天井石3西面合欠部と天井石4東面下端南隅に亀裂を確認。天井石4の3D・写真測量。

4.2 天井石4、目地漆喰取り外し後の実測、拓本採取、写真・ビデオ撮影。版築層土層注記。

4.3 朝8時半から解体作業開始式。報道多数押し寄せ、取材攻勢。天井石4加工痕跡の細部写真・ビデオ撮影。

4.4 取材攻勢続く。天井石4・天井石3目地内の漆喰外し。16時より発掘に関する記者発表。

4.5 解体作業開始。報道攻勢極限に達する。8時半の朝礼後に解体作業に着手。11時50分、**天井石4が無事に取り上がる**。発掘班・養生班・生物班が協力して、天井石4下の滅菌とカビの除去作業をおこなう。天井石4下の設置面を3D・写真測量。

4.6 天井石4下の設置面、写真・ビデオ撮影。同面にムシロ痕跡有り、北畦を残しつつ掘り下げ。保存修理施設にて取り上げ後の天井石4を観察。北畦・墓道部の土層剥ぎ取り作業。黒カビで真っ黒に覆われた北壁外面、エタノール湿布処置。

4.8 下段調査区壁面の土留め工事。

Fig. 20 目地漆喰の取り外し作業

Fig. 21 天井石4の取り上げ作業

第2章　調査の方法と経過

4.9　北畦、剥ぎ取り後に写真・ビデオ撮影。北畦土層実測後に畦の撤去作業開始。

4.10　北畦、北壁石に密着する版築を外し、床石付近で明瞭な搗棒痕跡が現れる。石室、目地漆喰を中心とした実測を継続。北畦最下層の剥ぎ取り作業。

4.11　北壁石の黒カビ、写真・ビデオ撮影。北壁石の実測、北畦外し。北壁石上端部・天井石3北面の漆喰を取り外す。16時から記者発表。北壁石北西隅を中心に複雑に走る亀裂を発見。北壁石の3D・写真測量。

4.12　北壁石の仕口・亀裂などの細部写真・ビデオ撮影。北壁石と東・西壁石3間の目地漆喰を実測。

4.13　北壁石下端・床石と版築の関係を写真・ビデオ撮影。北区壁石設置面上の地震痕跡を実測。午後から北壁両脇の目地漆喰取り外し、3D・写真測量。16時から北壁の規模や構造に関する記者発表。取材攻勢再開。

4.14　北壁石の実測、拓本採取。図面関係終了。

4.16　北壁石目地漆喰取り外し後の写真・ビデオ撮影。北壁石表面の加工痕跡の観察と写真撮影。北壁石下端に詰められた小石を外す。

4.17　北壁石無事に取り上げ成功。北壁石取り上げ後に、カビの発生状況などを写真・ビデオ撮影。北壁下の堆積土の除去とエタノール洗浄。

4.18　天井石3関係の実測、写真・ビデオ撮影。東・西壁石3北面のカビ落としとエタノール洗浄をおこなったところ、両北面の上端部に朱線を発見。

4.19　保存修理施設にて北壁石を観察、下面に朱線を確認。東・西壁石3の内面北辺にも朱線を発見。天井石3周辺の目地漆喰外し。

4.20　天井石3の目地漆喰取り外し後の実測、3D・写真測量。10時30分より朱線について記者発表。

4.23　天井石3、目地漆喰取り外し後の写真撮影・測量。天井石3関係の実測、拓本採取。16時から天井石3に関する記者発表。

4.24　天井石3北面の拓本採取。ならびに実測を終了。細部写真・ビデオ撮影。

4.25　天井石3、無事に取り上げ成功。取り上げ後の写真・ビデオ撮影、カビのサンプリングと滅菌処置。石室周囲に支保工設置。

4.26　天井石3、保存修理施設へ無事搬出。東・西壁石3背面の土手外しに着手。現況写真・ビデオ撮影。

4.27　東・西壁石3背面土手を外し壁石設置面を検出。東・西壁石3関係目地漆喰の実測作業。保存修理施設にて、天井石3の観察。

5月

5.1　東・西壁石3の目地漆喰の状況を写真・ビデオ撮影、実測、3D・写真測量。

5.2　東・西壁石3の目地漆喰取り外しに着手。合欠の輪郭を明確に検出する。目地漆喰取り外し後の実測図作成。

5.7　東・西壁石3、実測を継続。目地内の漆喰を写真撮影後、取り外す。天井石2周囲の目地漆喰を精査。西壁石3北面の拓本採取。

5.8　目地漆喰取り外し後の東・西壁石3の写真・ビデオ撮影、3D・写真測量。西壁石3の採拓と実測を終了。

5.9　壁石設置面上の凝灰岩粉末を除去し、遺構の有無を精査。床石4の東西対称位置で小穴を検出。東西畦北面沿いのサブトレンチで、床石上面から6cm下にバラス混じり面を確認。西壁石3の取り上げのために、床石西面沿いに深さ6cm、幅30cmの溝を掘る。天井石1・2の実測作業を進める。10時半から西壁石3に関する記者発表。

5.10　西壁石3の取り上げ成功。取り上げ後のカビの状況を写真・ビデオ撮影。

5.11　朝礼後、西壁石3の搬送、保存修理施設へ無事に到着。西壁石3取り上げ後の現況を写真・ビデオ撮影。天井石2の実測を継続。

5.14　天井石1・2の実測を継続。西壁石3取り上げ後

Fig.22　石室の3D測量風景

Fig.23　外部モニターを取り囲む報道陣

の写真・ビデオ撮影。東壁石3の細部写真撮影。東壁画面の擦痕を観察、棺搬入時の傷か。

5.15　天井石2上面の拓本採取。東壁石3の取り上げのために、床石東面沿いに深さ6cm、幅30cmの溝を掘る。南区、取合部周辺の壁石設置面の検出作業。天井石2の目地漆喰、取り外しに着手。

5.16　天井石1・2間の目地漆喰取り外し後の撮影。10時半から壁画面に残る木棺・棺台痕跡に関する記者発表。

5.17　東壁石3、取り上げ成功。解体作業の合間に保存修理施設で、これまでに取り上げた石を見学し、天井石4と北壁石で新たに朱線を確認。東壁石3の取り上げ後の写真撮影。

5.18　東壁石3、保存修理施設へ搬入。搬出状況を見学し、施設で取り上げた石の確認作業。東壁石3取上げ後の写真撮影。天井石1・2の目地漆喰取り外しと精査、実測作業。14時から記者発表。

5.21　目地漆喰取り上げ後の天井石周りの撮影、実測作業。

5.22　東・西壁石2北面、目地漆喰取り外し後の天井石周り、床石の3D・写真測量。天井石周りの実測を継続。

5.23　天井石1・2間、合欠下段の目地漆喰取り外し。南壁石・盗掘孔の写真撮影。天井石1・2東西面の拓本採取。天井石2上面の加工痕跡の実測。天井内面の中世盗掘時の刃物痕と地震の亀裂の新旧関係を観察。16時から天井石1・2について記者発表。

5.24　天井石1・2間上面の加工痕跡の実測。南壁石上端の目地漆喰取り外し。天井石2北面の目地漆喰をダイヤモンドワイヤーソーで切断して取り上げ。丸棒で押込んだ漆喰塊もあわせて切断。東西畦剥ぎ取り着手。天井石1南・上面の拓本採取。

5.25　東西畦の土層剥ぎ取り。南壁石写真撮影。天井石加工痕跡の細部写真撮影。

5.26　軽量アルミ板による南半部の土留め工事。

5.27　土留め工事、解体準備作業。

5.28　天井石2、無事に取り上げ搬出に成功。取り上げ直後の写真撮影。天井石1北面の3D・写真測量。

5.29　保存修理施設で取り上げ後の天井石2を観察。天井石1北面、東・西壁石2上面の目地漆喰取り外し後の写真撮影。その後、天井石1の実測。

5.30　天井石1、無事取り上げ成功。取上げ後の現況を写真撮影。17時半より天井石1取り上げに関する記者発表。

5.31　保存修理施設にて天井石1の観察。南壁石上面の目地漆喰を取り外し、仕口細部の写真撮影。東・西壁石2の実測作業を継続。東壁石2北面の拓本採取。東西畦南面沿いのサブトレンチで、新たな凝灰岩粉末散布面が現れる。

6月

6.1　東西畦を壁石設置面まで撤去。東・西壁石2と南壁石の実測作業を継続。南壁石下面の目地漆喰精査。東・西壁石2の3D・写真測量。

6.4　南壁石関係の実測作業を継続。東・西壁石2の写真撮影。東・西壁石背面の土手の撤去に着手。

6.5　南壁石の写真撮影。東・西壁石1の背後の土手を撤去し、壁石設置面を検出。東・西壁石1・2間の目地漆喰を取り外す。東・西畦南面剥ぎ取り作業。

6.6　東壁石1・2間、目地漆喰取り外し後の実測、写真撮影、および3D・写真測量。南壁石漆喰の実測、3D・写真測量。10時半から記者発表。

6.7　東壁石2が無事に取り上がる。東壁石1北面の目地漆喰とカビの状況を写真撮影。

6.8　東壁石2を無事に搬送。東壁石1北面、カビの状況を写真撮影。南壁石西面の目地漆喰を取り外し、下端に梃子穴を確認。南壁石・西壁石1南面とも漆喰接合面には、黒と赤紫のカビが密生する。西壁石2上面の拓本採取。南壁石関係の実測を継続。

Fig. 24　石材加工痕跡の拓本採取

Fig. 25　石材接合面の微生物サンプリング調査

6.11　南壁石の実測作業。南壁石東面の目地漆喰取り外し。黒いカビが東壁石１南面を中心に顕著に付着。南壁石南面下端の目地漆喰を取り外し、中央付近に連続して並ぶ５個の梃子穴を発見。

6.12　南壁石の実測。南壁石下端の梃子穴の写真撮影。東西畦南面の実測。南壁石関係の３Ｄ・写真測量、拓本採取。16時から西壁石２、南壁石についての記者発表。

6.13　南壁石の実測完了。南壁石の拓本採取。寒川旭氏、地震痕跡の現況を見学。西壁石に沿って取り上げ用のジャッキベース設置のための溝を掘る。南壁石の写真撮影。17時45分夕礼、**西壁石２を無事に取り上げ**。

6.14　西壁石１南面のカビの状況を写真撮影。14時に西壁石２、保存修理施設へ搬出。施設にて取り上げた西壁石２の観察。西壁石の拓本採取。

6.15　**南壁石を無事に取り上げ**、15時に保存修理施設へ搬出。南壁石下と東・西壁石１南面のカビの状況を写真撮影。15時半、保存修理施設に搬入された石の観察。16時半から解体後の記者会見。床石１の上面で赤色顔料の滴が見つかる。床石の亀裂からガラス玉を発見。

6.18　西壁石１北面の実測作業。床石上にこぼれた赤色顔料の写真撮影。床石１・２の目地で新たにガラス玉を発見。

6.19　東・西壁石１の実測。東壁石１北面、西壁石１上端部の拓本採取。東・西壁石１南面の３Ｄ・写真測量。

6.20　東・西壁石１南面と床石の細部写真撮影。赤色顔料、成分分析により水銀朱であることが判明。東・西壁石１の拓本採取終了。

6.21　東・西壁石１の外面と下端の小石詰め状況の写真撮影。10時半から赤色顔料についての記者発表。

6.22　**東壁石１の取り上げ**、無事に保存施設へ。取り上げ後の接地面の写真撮影。実測作業継続。16時半より解体関係記者発表。

6.25　修理施設にて取り上げ後の東壁石１を観察。赤色顔料の写真撮影。西壁石１南面の拓本の採り直し。高塩文化庁次長、現場を視察し激励。

6.26　**西壁石１の取り上げ、無事に終了**。壁画のある12石の取り上げが完了。接地面のカビの状況の写真撮影。16時45分から取り上げ後の記者会見。

6.27　床石の実測作業。東・西壁石下の版築土の精査。修理施設にて西壁石１の観察。

6.28　床面の漆喰残存状況の斜光写真撮影。床面上の漆喰を精査したところ棺台の南東隅らしき痕跡が現れる。北区の版築をバラス面まで掘り下げる。

6.29　バラス面の検出作業を継続。地盤の強度調査のため針貫入試験を実施。16時から記者発表。

7月

7.2　床面上の精査継続。北区のバラス面を水洗。北側の水準杭痕跡２穴、ともに凝灰岩の粉末が混入し、人工的な穴であることを確認。南区の版築面を精査し、小穴風の落ち込みを数ヵ所確認、バラス面まで掘下げ開始。

7.3　南区のバラス面検出作業。小穴風落ち込みを断ち割ったところ大部分が穴（水準杭）であることが判明。実測作業、床面上漆喰の精査継続。

7.4　水準杭の平面、断割実測、写真撮影。15時から報道に現場を公開。バラス面の３Ｄ・写真測量。

7.5　バラス面の全景写真撮影。その後、北区のバラスを剥ぎ精査するも、新たな小穴は見つからず。

7.6　バラス面下で小穴の精査。新たな柱穴は見つからず。10時半から記者発表。床面上の漆喰、精査を継続。調査区全面掘り下げ再開。

7.9　凝灰岩粉末撒布第２面を全面検出。床面上漆喰の精査継続。岸本作業部会委員、13時から現場見学。第２撒布面完掘後、写真撮影、３Ｄ・写真測量。

7.10　９時から報道に第２撒布面検出後の状況と床面精査作業風景を公開。10時から寒川氏、第２撒布面上の地震痕跡の調査。北畦際のサブトレンチを掘り下げ、

Fig. 26　南壁石下の赤色顔料の科学分析

Fig. 27　覆屋天窓からの俯瞰撮影

深さ7cmほどで新たな撒布面が現れる。地震痕跡実測終了後に北区の第3撒布面の検出に着手。東西畦際は3～4cm下で新たな撒布面が顔を出す。

7.11　床面上の漆喰精査。調査区全体に渡って第3撒布面を検出。13時半から青木文化庁長官視察と激励。

7.12　撒布面の枚数を確認するために、東西畦、北畦の両脇にサブトレンチを設定して掘り下げ。版築1層ごとに作業面が現れる予想外の展開となる。第3撒布面の3D・写真測量。

7.13　第3撒布面写真撮影。10時半から記者発表。13時半から15時半まで、恒久保存対策検討会による現場視察。サブトレンチの掘り下げ。床石3・4の東接合面で合欠を検出。床石は南から組まれていることが判明する。

7.14　発掘区北半、アルミ矢板設置工事。版築針貫入試験を実施。

7.17　サブトレンチを掘り下げ、撒布面の枚数が14面であることを確認。北畦際で床石4側面の厚さが30cm、西畦際で床石3側面の厚さが44.3cmであることが判明。床面の精査で、ガラス玉と琥珀片を取り上げる。

7.18　サブトレンチの掘り下げ。西畦際で床石2の厚さが46.5cmであることが判明。水準杭跡の断割を開始。水準杭跡の断割と撒布面断面の写真撮影。

7.19　南区、水準杭跡の断割後の写真撮影、実測作業。北区、第4撒布面の検出。水準杭跡を半裁した状態で、ブロック状に取り上げることに成功、空洞が下位まで続くことを確認。

7.20　北畦両脇のサブトレンチを床石下の地山面まで掘り下げることにする。15時半から記者発表。

7.23　水準杭跡の空洞と畦土層断面の実測作業。撒布面を第5面に向かって掘り下げる。リングライトを使用して小穴内部を再撮影。空洞型取りの準備作業。床石1・2合欠部にムカデ発見。北畦際断割で地山の褐砂層、西畦際で鉄錆を帯びた硬質粗砂層を確認。

7.24　第5撒布面を全面検出。水準杭跡の空洞に型取り用のシリコンを流し込む。第5撒布面の3D・写真測量。

7.25　第5撒布面の全景写真撮影。凝灰岩粉末の散布状況と地割れの実測後、第6撒布面の検出に着手。東西畦南側のサブトレンチを地山まで掘り下げる。

7.26　第6撒布面の検出を完了し、写真撮影。凝灰岩粉末の散布範囲を平面図に記録後、南区から第7撒布面の検出作業を開始。

7.27　第7撒布面の検出完了後、写真撮影。凝灰岩分布状況の平面記録。大西文化庁文化財部長視察。16時から発掘関係記者発表。報道、覆屋内発掘作業風景の取材。第8撒布面の検出作業に着手。

7.30　第8撒布面の検出完了後、写真撮影、3D・写真測量。

7.31　第8撒布面の実測後に、凝灰岩粉末を取り除いて、小砂利の散布状況を検出し、写真撮影。その後、全面にわたって第9撒布面の検出作業に着手。床面漆喰の精査は、床石2の亀裂を清掃し、ガラス玉を露出させる。

8月

8.1　第9撒布面の検出作業。南区は南に向かって凝灰岩粉末の撒布が希薄となる。北区は凝灰岩粉末が厚く堆積、写真撮影。床面の亀裂に落ち込んだガラス玉を取り上げる。

8.2　第10撒布面検出作業。写真撮影、3D・写真測量。

8.3　第10撒布面の写真撮影。10時30分よりガラス玉取り上げに関する記者発表。第11撒布面の検出作業に着手。

8.6　第11撒布面の検出作業を続行。写真撮影後、第12撒布面の検出作業に着手。

8.7　第12撒布面の検出作業を継続。検出完了後、写真撮影。その後、第13撒布面の検出作業に入り、17時に検出を完了。

Fig. 28　床面上残存漆喰の精査

Fig. 29　水準杭跡の型取り作業

8.8　第13撒布面の写真撮影。10時半より第14撒布面の検出作業に着手。同時に北区の水準杭跡を断ち割る。棺台痕跡の寸法を検討。第14撒布面の検出終了後、3D・写真測量を実施。

8.9　第14撒布面の写真撮影。10時から日本考古学協会高松塚・キトラ古墳問題検討小委員会メンバーの現地視察（菅谷・木下・佐古・西藤・橋本の各氏）。発泡スチレン製断熱材で棺台を作成。床石に載せ、木棺のレプリカを置いて、写真撮影をおこなう。

8.10　西畦南脇、東畦南北両脇、南畦西脇のサブトレンチの掘り下げ。14時半から記者発表。棺台と木棺レプリカを設置し公開撮影後、棺台痕跡に関する記者発表。第14撒布面の散布凝灰岩の除去後に、下から明瞭な搗棒痕跡が現れる、写真撮影。南区の搗棒痕跡の3D・写真測量。北東区は凝灰岩が散布する第15面が新たに現れる。北西区は床石際に三角堆積する茶色粘土層の平面検出に着手。

8.13　北区の精査。10時から第15撒布面の完掘状況と土層観察用畦の写真撮影。第15撒布面実測後、北東区も茶色粘土層を検出。床石立面図、調査区外壁土層図などの実測作業。畦の土層剥ぎ取り作業。

8.14　土層断面の剥ぎ取り。あわせて南東区の搗棒痕跡のシリコン型取り。剥ぎ取り後に撒布面を確認しながら畦を撤去するも、水準杭の痕跡は見つからず。一部、畦をブロックで取り上げる。床石立面・調査区外壁の土層断面等の実測を急ぐ。

8.15　北畦を撒布面単位で掘り下げ撤去。やはり水準杭の空洞は見つからず。床石関係の実測に集中。

8.16　南西区搗棒痕跡シリコン型取り完了。良好な搗棒痕跡を切り取り保存。掘り下げを再開し、床石の下端を検出する。床石側面の黒カビと合欠部分の漆喰の写真撮影。合欠部分の目地漆喰の3D・写真測量。

8.17　床石側面の漆喰を取り外す。漆喰は粉状化し、固体での取り上げ不能。全体を清掃後に写真撮影。実測図の完成後、床石側面の拓本採取。

8.18　床石の最終3D・写真測量。

8.19　床石取り上げの打合せ。解体班、最終確認。床石の針貫入試験、湿度分布調査など。

8.20　朝礼後、床石4石の取り上げ、無事に成功。床石3の北面に漆喰が塗布されており、塗った刷毛目が残る。写真・ビデオ撮影後、13時から床石3の取り上げ、無事に終了。床石2の北面にも漆喰が刷毛状工具によって塗布される。黒カビが床面より目地に噴出。

8.21　朝礼後、床石1の取り上げに着手、成功。床石1の北面にも刷毛状工具によって漆喰が塗布、目地には黒カビが噴出。午後から床石2をオクトパスで取り上げ、石室石材16石の取り上げが無事に完了する。床石の下は階段状に段差が造成されており、炭化した植物の細根がアメーバー状に伸びる。18時半から記者発表。

8.22　床石下の畦設定のための測量。京大三村氏他、床石下基盤層・地山の調査。床下段差の実測作業。生物班の依頼で床石下の炭化した細根を採取する。

8.23　床石下の段差、3D・写真測量。その後、畦を設定し、床下の土色が識別できるまで削り込む、写真撮影。午後から床石4下の茶色粘土を掘り下げる。

8.24　床石4下の緑色微砂を検出し、写真撮影。緑色微砂の下面には良好な版築面が存在する模様。14時から発掘関係記者発表。

8.27　床石2・3下、緑色微砂層を掘り下げ、淡褐版築面を検出する。床石1下の茶褐土を剥ぎ、淡褐版築土面を検出する。床石下がフラットになり、版築の大きな単位の観察が可能となる。写真撮影、3D・写真測量。

8.28　床石下基盤面の実測。十字畦の脇に25cm幅のサブトレンチを設定し、地山面まで掘り下げる。

8.29　サブトレンチ掘り下げ状況の写真撮影。その後、壁際に25cm幅のサブトレンチを設定し掘り下げに着

Fig. 30　床石下の基盤面の調査

Fig. 31　基盤面（地山）の針貫入試験

手。北東区を地山面まで掘り下げたところ、東西80cm、南北70cmの土坑を検出。畦を設定して西半部を掘り下げるも顕著な遺物の出土は無し。

8.30 京大三村氏ほか、地山の地質学的調査、床石下の版築・地山の針貫入試験を実施。午後から寒川旭氏、地山面の地震痕跡の調査。南区の壁際の凹凸の精査の結果、深い搗棒痕跡であることが判明。北東区土坑の東半部を掘り下げるもやはり顕著な遺物は無く、土坑の性格は不明。16時から搗棒痕跡と土坑の写真撮影。

8.31 埋め戻し用の養生砂4㎡搬入。北西区の地山面を検出。上面に土掘具痕が残る。11時から写真撮影。午後から工具痕の掘り下げと土坑畦の撤去。15時から最終記者発表。記者全員、覆屋内入室し取材。16時から写真撮影。

9月

9.1 地山面の3D・写真測量。

9.3 実測作業。南畦西脇サブトレンチ南端で地山と考えた層が誤認で、下から硬質の砂礫層が現れる。直上の明茶粘土が版築状に分離。サブトレンチ南端で小土坑を発見。

9.4 南畦西脇トレンチ南端の土坑の掘り下げ、顕著な遺物無し。四周の壁面を清掃し、10時半から最終写真撮影。午後から土層剥ぎ取り作業。実測の仕上げ。断熱覆屋内の3D測量を実施。

9.5 土層剥ぎ取り成功。サブトレンチ内搗棒痕跡の平面実測。細部写真撮影、土層注記。図面類全て完了。

9.6 ベルコンをセットし、砂入れ作業を開始。4㎡を1時間で入れ終わる。砂入れ作業を報道に公開。

9.7 ベルコン・発電機・動力噴霧器などを搬出し、現場の撤収を完了する。

墓道部凝灰岩切石取り上げのための調査

平成20年2月

2.13 墓道部凝灰岩切石の3D測量。

2.15 調査開始。

2.18 切石周辺の堆積土の除去。

2.19 切石および周辺の記録作業。

2.20 切石を取り上げ、無事に修理施設へ。

平成20・21年度調査（仮整備のための発掘調査）

平成20年7月

7.1 墳丘南東側の伐採・清掃に着手。トータルステーションによる測量、調査区の設定。

7.2 南東側の清掃、南西斜面の伐採・清掃。保存施設内墓道部凝灰岩切石設置面の3D測量。南東側およびインターロッキング部分の3D測量。調査開始前写真撮影（墳丘南正面・東側、墳丘南西斜面）。

7.3 墳丘東側のインターロッキングを重機で除去。

7.4 インターロッキング下のコンクリート基礎を重機で除去。保存施設2F天井上の整備土に畦設定。

7.7 11時から発掘開始についての記者発表。上段調査区南西隅から整備土の除去開始。

7.8 雨天のため作業中止。室内で図面等整理作業。

7.9 インターロッキングの除去で生じた廃材を搬出。整備土の除去を継続、保存施設天井で断熱材が現れる。16時から降雨。

7.10 整備土の除去を進める。断熱材は保存施設天井に直接載る。墳頂部南西では昭和47年当時の表土面を検出。

7.11 南西側整備土の掘り下げを一旦停止し、壁面分層、全体清掃。13時半から写真撮影。保存施設入口西の掘り下げ。

7.14 保存施設西の掘り下げ。南西斜面整備土の土層断面実測。南東側整備土の掘り下げ着手。

7.15 引き続き土層断面実測および注記。東側、埋戻土と整備土の除去。保存施設天井上、南では断熱材を敷いた際のものとみられる掘方を確認。

7.16 保存施設上の整備土東西畦、同南西側の土層剥ぎ

Fig. 32 遺構面保護のための砂撒き作業

Fig. 33 墓道部凝灰岩切石の取り上げ

第2章　調査の方法と経過

取り。保存施設入口東側の整備土の掘り下げ。

7.17　平成16年度西畦南側の埋戻土、整備土の除去作業に着手。保存施設入口東、西脇を清掃。整備土東西畦南面の清掃、分層。全景および細部の写真撮影。

7.18　保存施設整備土の除去および旧墳丘表土面の検出状況についての記者発表。

7.22　墳丘南西側、昭和47年当時の地表面検出。保存施設入口の西側で整備土をさらに掘り下げ、機械室天井を検出。

7.23　保存施設の東西で整備土を除去し、旧調査区の堀方を検出。南北畦の分層、割付、実測に着手。

7.24　保存施設の東・西でさらに整備土の掘り下げを進める。保存施設南北畦の土層断面実測。

7.25　保存施設東側の掘り下げ、東畦の実測。機械室東側の天井を検出。

7.28　西畦の分層、実測。保存施設東側の整備土の掘り下げ。降雨のため16時に撤収。

7.29　西畦、東畦土層断面実測。南北畦土層注記完了。機械室天井との関係を写真撮影。

7.30　南北畦、土層剥ぎ取り作業。西畦の撤去に着手。東畦実測。

7.31　北畦の撤去。墳丘北側および周辺の3D測量。東畦の実測完了。

8月

8.1　東畦の剥ぎ取り。西畦の実測終了。

8.4　東畦の撤去。西畦、剥ぎ取り作業。

8.5　引き続き東畦撤去作業を継続、旧調査区のプランがあきらかとなる。南北畦東面土層断面実測。午後から西畦の撤去を開始。

8.6　西畦、南北畦撤去。

8.7　保存施設全景写真撮影。午後より南東区南半の表土剥ぎ開始。中世の瓦器包含層がすぐに出現。平成16年度の南東トレンチを検出、再掘し土層を確認。旧調査区等の平面実測に着手。

8.8　南東区南半の掘削。中世包含層を南に向かって面的に検出。上面で近年のものらしき土坑5基を検出。

8.11　保存施設、墳丘南半の3D測量実施。南東区現代遺構の写真撮影、断面実測。掘り下げを再開、黄褐色土中から多くの瓦器片が出土。南側の崖面で、旧表土層およびその下の地山を確認。

8.12　南東区、版築よりも一層上の橙色土上面に炭化物が面的に広がる。崖面を精査し、地山、旧地表、整地土を分層。14時から、調査の進捗状況の記者発表。

8.13　午前、古墳壁画保存活用検討会による現地視察。

8.18　南東区北側の掘削に着手。平成16年度断割トレンチ、昭和49年度旧東第1トレンチを再検出。

8.19　昨日に引き続き、南東区の掘削。旧東第1トレンチの東端を検出。両者の壁面を利用して土層の状況を確認。

8.20　旧東第1トレンチを東へ延長。東トレンチ南壁沿いに畦を設け、その南側部分の黄褐色土を除去する。

8.21　南東区北端、東第1トレンチ沿いの畦際東に断割を入れる。その後、機械室東脇の旧調査区内埋戻土の掘り下げに着手。

8.22　旧東第1トレンチ東端の地山部分を断割、分層、南壁実測。機械室堀方内の東西畦南壁を分層、実測。南東区南側の黄褐色土、崖面下の堆積土を除去。

8.25　南東区を掘り下げ、壁沿いの側溝を南へ延長。地山面および堆積土の状況を確認。

8.26　南東区、中央の残土を除去し、旧東第2トレンチの延長部分を検出。

8.27　午前、高松塚古墳壁画劣化原因調査検討会による現地視察。旧東第2トレンチの再掘。南東区北東隅の褐色土を掘り下げ地山面を検出、白色シルトの地山面に素掘溝数条が走る。

8.28　南東区北東隅の掘り下げ、地山面を追う。瓦器片少量出土。旧東第2トレンチの壁面を分層。

8.29　整備土東西畦の実測、土層注記。東第2トレンチ

Fig. 34　保存施設を覆う整備用盛土の除去作業

Fig. 35　昭和47年当時の南東斜面

3 調査日誌

以北の暗褐色土の残りを掘り下げ。一部で整地土らしき黄褐色土が見え始める。降雨のため14時で撤収。

9月

9.1 東西畦土層断面の写真撮影。終了後、東西畦撤去。東第2トレンチ南壁沿いに新しい畦を設定。

9.2 東西畦の撤去作業継続。旧東第2トレンチ沿いに新たな畦とサブトレンチを設定。サブトレンチを掘り下げるとすぐに瓦器・土師器片を含む暗褐色土が詰まった竪穴状遺構が現れる。14時頃から降雨、15時に撤収。

9.3 南東区中央の精査をおこない、遺構の確認作業を進める。小穴や竪穴風のプランがいくつか見られる。14時半頃から降雨、15時で作業終了。

9.4 中世遺構の検出作業再開。竪穴状遺構や小穴群が掘り込まれる層からも瓦器片が出土することを確認。

9.5 南東区中央を清掃し、写真撮影。保存施設東脇部分の畦以北を掘削。14時半頃から降雨、15時半撤収。

9.8 機械室東脇の埋土除去。南東区中央部分の遺構を半裁、竪穴状遺構は畦を残し、掘り下げ。

9.9 引き続き南東区中央の遺構の掘り下げ。機械室東脇堀方北端の土層断面の実測・注記・写真撮影。

9.10 南東区中央で、新たに小穴2基を検出。機械室東脇北端の埋戻土および土嚢除去、北東隅の壁面にバラスが集中する場所を検出。

9.11 午前、中世遺構の写真撮影。南東区北東隅、地山の高まりに沿って走る中世溝を検出し、掘り下げに着手。

9.12 南東区北側で中世遺構の検出作業。中世溝の埋土内から瓦器片が出土。さらに溝内で土坑1基を検出。

9.16 調査区内の清掃。掘り残しおよび新検出のピットを半裁、段下げ。中世遺構面全景撮影。

9.17 中世遺構の撮影継続。南東区南崖面下の溝掘削に着手。東第1トレンチ北壁断面、南東区中央平面実測。

9.18 中世遺構の実測。竪穴状遺構を断ち割り、橙色のベース面を検出、瓦器等中世土器が多く出土。

9.19 台風接近にともなう降雨のため発掘調査中止。

9.22 南東区墳丘南東部分、旧表土および木竹による撹乱層の掘削着手。平成16年度調査区から延びる中世溝を南西に追いつつ撹乱層除去、須恵器片出土。土層断面実測後、中世遺構を完掘。

9.24 墳丘南東斜面の検出作業。版築上の撹乱層を除去しつつ、SD139・140の続きを追う。中世遺構の小穴群を全て完掘、個別に写真撮影。機械室東掘方壁面で、暗渠の掘方西端と思われる落ちを確認。

9.25 中世遺構実測完了。12時前に空撮。墳丘南東斜面の掘り下げ、旧東第2トレンチ延長部分の断割、整地土中より藤原宮期の杯B蓋片が出土。

9.26～9.30 雨天のため作業中止。

10月

10.1 周溝の検出作業に着手。西側から版築、東側から整地土を追いながら、中世土器を含む堆積層を除去。

10.2 中世堆積土を掘り進め、整地土面を追う。

10.3 中世堆積層の除去および全面の精査、周溝プランの検討。中央畦北面土層断面実測。

10.4 周溝検出状況の写真撮影。終了後南側から周溝埋土の掘削開始。墳丘南端に接して掘方を検出、堆積土下に礫の存在を確認。暗渠と認定。

10.6 周溝埋土の掘り下げ継続。崖面および南畦断面を再精査、周溝の断面、プランを検討。南側で暗渠より崩落した礫群が出現。

10.7 暗渠の精査、転落石の除去。南側の周溝埋土を完掘。調査区中央の周溝検出に着手。

10.8 調査区中央および北側の埋土を掘削。劣化原因調査検討会作業部会委員視察。

10.9 北側で周溝の検出作業を進める。写真撮影後、南側畦の撤去、周溝の平面実測。

10.10 古墳周溝をほぼ掘り上げる、平面実測。

10.11 実測作業。13時、和田劣化原因調査検討会委員

Fig. 36 古墳壁画保存活用検討会による視察

Fig. 37 中世遺構の検出作業

視察。

10.15　写真撮影に向け全面清掃。北端の区域は周溝の検出と炭化物小穴の記録作業。

10.16　暗渠先端の礫群の清掃。高所作業車での全景撮影。11時、猪熊保存活用検討会委員視察。

10.17　完掘状況3D測量。保存施設外装の除去作業開始。暗渠先端礫群、中央畦北面付近清掃。13時、中央畦西半全景と版築付近の細部撮影。14時から記者発表。

10.18　墳丘南東側の平面および暗渠南端礫の実測。

10.20　調査区南半および暗渠周辺の清掃。開削面、暗渠、墳丘裾と周溝を写真撮影。調査区壁面土層図、平面図実測開始。9時30分、河上保存活用検討会委員視察。

10.21　午前中に南東トレンチ、旧東第2トレンチ北面、北畦南面を撮影後、土層断面実測。15時、三村保存活用検討会委員視察、暗渠周辺土壌サンプリング。

10.22　平面図ほぼ完成、土層注記着手。

10.23　暗渠の断面・平面実測。調査区外壁、各畦土層注記。機械室西脇開削面の版築、暗渠、整地土ラインの3D測量。午後、旧東第1トレンチ北面実測。14時白石保存活用検討会委員、14時30分佐古劣化原因調査検討会委員視察。

10.24　降雨のため11時より作業開始。実測、暗渠断面の礫洗浄。

10.27　土層注記、平面図レベリング。午後、北側から遺構面保護のため砂撒き開始、16時までに記録作業および北半の砂撒き完了。

10.28　南東区南半の砂撒き。撤収作業。

10.29　埋め戻し作業。

（保存施設撤去のため発掘中断）

11月

11.25　発掘調査再開（保存施設撤去作業、一部併行）。南西斜面の整備土の除去。

11.26　PC版の搬出等、解体工事の片付け。上段調査区の埋戻土、土砂崩落の恐れを考慮し、上部を除去。

11.27　ガラ、敷鉄板、機械室西脇の階段の搬出。南西斜面整備土の除去を継続。生姜穴2基を確認。

11.28　南西斜面の掘り下げ。午後から保存施設西脇の埋戻土を除去。

12月

12.1　南西斜面の掘り下げ。保存施設東脇の埋戻土を除去。

12.2　南西斜面掘り下げ。墓道部旧調査区内の清掃。14時から保存施設撤去・墓道部再露出状況の記者発表。

12.3　南西斜面掘り下げ。13時30分から杉山劣化原因調査検討会委員、東文研木川氏墓道部サンプリング実施。南西斜面裾、旧水田面を検出。

12.4　機械室東脇で配水管を検出、写真撮影。その後、撤去作業。整備土除去再開。墓道部東の裏込土除去。

12.5　雨天のため作業中止。

12.8　南西斜面整備土の重機掘削。墓道部、東壁裏込土の残りを完全に除去。午後、墓道部床面に敷かれていたバラス・砂を撤去。遺構面は残存しておらず、凝灰岩切石の設置面のみが島状に残る。

12.9　午前中、整備土観察用の畦を実測。午後、降雨のため作業中止。

12.10　南西斜面裾の旧水田面の検出作業。墓道部再検出状況、取合部脇のふさぎ凝灰岩設置部分等を写真撮影。

12.11　南西斜面の畦撤去。三村保存活用検討会委員視察。

12.12　南西側から旧墳丘斜面・機械室の全景撮影。旧水田面上の現代遺構の検出。

12.15　昭和47年地表面を3D測量。南西側調査区第1区旧水田部の掘削を開始。

Fig. 38　南東側調査区完掘状況　　　Fig. 39　保存施設の撤去工事

3 調査日誌

12.16　第1区、堆積土の除去。斜面中央でバラスのまとまりを確認、暗渠の見込み大。11時、猪熊保存活用検討会委員視察。

12.17　墓道部東壁の清掃を開始。第1区、生姜穴内部を完掘。第2区を設定。15時頃、降雨のため作業中止。

12.18　引き続き墓道部東壁の清掃。第1区、斜面堆積土を除去。暗渠の精査開始。14時30分、降雨のため作業中止。

12.19　墓道部東壁清掃継続。第1区、暗渠の精査。第1区西側に地滑りが生じていることが判明。

12.22　墓道部東壁の壁面清掃継続。第1区、西壁沿いの地滑りによる堆積土の除去。

12.24　第1区、地滑り内の堆積土を除去し、地山を検出。第2区の掘削開始。東壁の清掃完了、分層に着手。西壁清掃開始。

12.25　墓道部西壁の清掃および東壁の分層。第1区は暗渠の清掃を残しほぼ完掘。第2区、堆積土の除去を継続。13時半、NHK年始番組取材。降雨のため午後は養生作業。

平成21年1月

1.6　第2区、斜面裾部および地山面を検出。第1区、西壁の清掃および分層。東壁、土層断面実測。

1.7　第2区斜面裾部、地山の検出完了。第1区、水田による削平面の清掃。

1.8　第1区、西壁を再分層。第2区の斜面上半を北壁に沿って断割。墓道部、西壁の清掃と東壁の分層。

1.9　第1区、西壁の土層断面実測。第2区、斜面上部北壁沿いの断割、分層。墓道部西壁の清掃を継続。14時半より、文化庁第三専門調査会視察。

1.13　墓道部、西壁の清掃と東壁の分層。第2区、堆積土および土壌化した版築土を除去し、完掘。第1区、東壁に沿って整地土の断割を開始。

1.14　墓道部、西壁の清掃と東壁の分層。第1区、東壁沿いの断割を継続。

1.15　第1区、土層断面の実測および注記。墓道部床面を清掃。

1.16　南西区、墓道部の完掘状況を3D測量。第1区、東・西壁写真撮影、実測。機械室東側、旧調査区掘方の再掘。墓道部東面の分層。

1.19　第1区、遺構平面図作成。機械室東脇を掘り下げ。墓道部東壁の分層。15時、和田劣化原因調査検討会委員視察。

1.20　墓道部東壁の清掃と写真撮影。河上保存活用検討会委員視察。

1.21　墓道東壁の実測開始。第1区、暗渠の礫を清掃。機械室東脇掘り下げ。

1.22　第1区、暗渠の礫を清掃。機械室東脇掘り下げ。墓道部東壁実測、西壁分層。

1.23　墓道部西壁の実測、機械室東側の暗渠再検出。猪熊保存活用検討会委員視察。15時より記者発表。

1.24　墓道部、東壁実測、西壁分層。

1.26　墓道部底面をレーダー探査、東壁実測、西壁分層。第2区、北壁を分層。機械室東脇の暗渠およびその周辺を清掃。

1.27　墓道部東壁実測完了、西壁は分層継続。写真撮影に向けた清掃。

1.28　高所作業車による全景撮影。終了後、墓道部西壁南端の分層および清掃。

1.29　墓道部西壁の南端部分を分層、東壁土層注記。機械室南側からの全景、および墓道部西壁・底面の写真撮影。午後、墓道部西壁割付。第1区、暗渠の礫を写真測量。

1.30　墓道部東壁土層注記、西壁実測。降雨のため15時に作業終了。

1.31　墓道部東壁の土層注記、西壁実測。

2月

2.2　南西区、完掘状況の3D測量補足。三村保存活用検討会委員ほか、墓道部東壁針貫入試験、土壌サンプル

Fig. 40　南西側調査区全景

Fig. 41　墓道部東壁の分層風景

採取。墓道部東壁土層注記、西壁実測。機械室東脇掘り下げ。白石保存活用検討会委員視察。

2.3　墓道部東壁土層注記完了。西壁は実測継続。機械室東脇掘り下げ。寒川旭氏、墓道部の地割れ、南西斜面地滑りの調査。午後、降雨のため作業中止。

2.4　墓道部西壁実測。第2区、北壁割付。機械室東脇を掘り下げ。第1区、墳丘外の平坦面清掃後、旧表土ラインの検出状況を撮影。寒川氏、昨日に引き続き地震痕跡の調査。午後、第1・2区平面実測。墓道部東壁清掃。11時、木下保存活用検討会委員視察。

2.5　墓道部東壁剥ぎ取り。機械室東脇掘り下げを継続。第1・2区の平面・墓道部西壁の実測、注記。

2.6　墓道部平面中央で旧断割状の方形ピットを検出、実測。西壁の土層注記。第2区北壁東半、実測開始。機械室東脇・前面掘り下げ。

2.9　墓道部平面実測の補足、第2区北・西壁土層断面図、第1区暗渠平面図作成完了。

2.10　墓道部西壁の土層注記完了、平面砂撒き。切石設置面付近に土嚢を敷いて養生。第1区平面、斜面上方から写真撮影。第1区土層注記後、東壁沿いの断割埋め戻し。15時、降雨のため作業終了。

2.12　整備担当業者による埋め戻し作業開始。第1・2区調査終了部分砂撒き。

2.13　引き続き埋め戻し作業。第1・2区平面・セクション、土層注記等補足。

（機械室撤去工事のため発掘中断）

5月

5.18　機械室撤去後の発掘調査開始。旧調査区埋戻土の重機掘削。南西隅に掘らしきプランが現れる。測量、基準杭、レベル等の確認作業。

5.19　旧調査区の再掘および清掃。

5.20　旧調査区の再掘。旧調査区南端とみられる掘方を検出。

5.21　機械室基礎の掘方を再掘、基礎のパイルを検出。壁面の成形に着手。

5.22　降雨のため、作業中止。

5.25　旧調査区内の埋土を完全に除去。東・西壁の清掃。

5.26　旧調査区内の清掃、壁面分層。

5.27　9時半から写真撮影、3D測量。

5.28　3D測量。南東隅に断割区を設定し、掘り下げ。10時前、降雨のため作業中止。

5.29　調査区南東隅の断割を継続。南壁沿いにも断割を拡張、旧表土上面まで完掘。

6月

6.1　断割内旧表土面の3D測量。測量終了後、断割区内の写真撮影。

6.2　土層断面実測。11時、和田劣化原因調査検討会委員視察。

6.3　東・西壁の土層断面実測。断割区内の壁面沿いを、地山が露出するまで掘り下げ。掘り下げ部分を土層断面図に追加。芦屋市教育委員会・森岡秀人氏見学。

6.4　東壁北隅・西壁・北壁東端下部の土層断面実測。11時、佐古劣化原因調査検討会委員視察。

6.5　西壁土層注記および図面修正。東壁北側版築部分の実測。白石・猪熊保存活用検討会委員、文化庁松村鑑査官視察。15時から記者発表。

6.8　西壁の剥ぎ取り。北壁、東壁北東隅実測。剥ぎ取り開始前に西壁炭化物層内の土器片を回収し、炭化物サンプル採取。南側の整地土断割北壁からも炭化物サンプリング。午後から東・南壁再写真撮影。

6.9　西壁、剥ぎ取りで荒れた壁面を再成形。炭化物層から顔を出した遺物を回収したところ、表面が黒化した榛原石であることが判明。調査区南側は砂撒きと埋め戻し。北壁東側実測完了。奈良芸術短期大学・前園実知雄氏見学。

6.11　旧調査区北壁東側、および東壁北半の版築層部分の土層注記。仮整備のための発掘調査全作業終了。

Fig. 42　機械室撤去作業

Fig. 43　旧調査区西壁面の剥ぎ取り作業

第3章　墳丘の調査

1　層　序

調査開始前の状況　　高松塚古墳は、高取山から北西方向に派生する細長い丘陵の南斜面に築かれている。周辺は早くから開墾を受けており、昭和47年調査の時点ですでに、北東斜面には蜜柑畑の開削がおよび、南西側にも谷水田が迫っていた。ただし墳丘は、尾根筋に対して南西斜面が瘤状に迫り出す形状をとどめており、円墳状の高まりを確認することができた。しかしながら、昭和49年に古墳南側の墓道部を利用して壁画保存施設が建設され、これを覆うように厚く整備用の盛土がなされた結果、古墳は本来の形状を離れ瓢箪形に姿を変えた。この整備用盛土は古墳南側を中心としつつ、墳丘北斜面にも薄く広がっており、それらを除去すると昭和49年当時の地表面が現れる。

　近年まで、高松塚古墳の墳丘は竹林と化していたが、緊急保存対策の一環で平成15年度に墳丘上の竹や樹木はすべて伐採され、墳丘は防水断熱シートで覆われた。その後、平成16年度の発掘調査に際して、日照や降雨の影響を避けるための仮設覆屋が墳丘上に建設されることとなった。仮設覆屋は、平成17年9月に天井の開閉が可能なパラソレックス製の新覆屋に建て替えられ、同時に、墳丘上には石室内を低温に保つための冷却管が全面に張りめぐらされた。

旧調査区　　石室解体にともなう発掘調査では、冷却管やその埋設土を除去するところから作業を開始した。さらに、平成16年度調査時の埋戻土を除去し、墳丘封土面の検出作業を進めた。その過程で、調査区南半において昭和49年度の旧調査区を検出し、これを再掘した。

　旧調査区は、厚さ20cm前後の単位の橙・黄橙色の粘質土で埋め戻されており、途中に遮水用のポリプロピレン布が敷かれていた。上面から約1.5m下には石室南端を覆うようにPC（プレキャスト・コンクリート）版が保存施設天井から庇状にのび、埋戻土を受ける構造となっていた。PC版と旧調査区壁面との間には幅0.2mほどの隙間があり、それを塞ぐために粘土や凝灰岩が充填されていた。その庇状のPC版の下部が、保存施設前室と石室とをつなぐための取合部とよばれる狭い空間となる。取合部床面には天井や壁面からの崩落土が堆積していた。

　保存施設本体は、昭和49年度の旧調査区におさまるよう建設され、2階部分が墓道部に、1階部分はその南側に設置された。仮整備工事にともなって保存施設が撤去されたことにより、旧調査区の壁面が再露出した。平成20・21年度調査では、墓道部や古墳南側の土層の再分層と記録作業を実施し、後述のように墳丘の構築過程に関する重要な知見を得た。

墳丘封土　　墳丘の上部は木竹の根により深さ0.4m前後まで攪乱されており、これを除去すると本来の土質を保った墳丘封土が現れる。第3節において詳述するように、墳丘封土は上から順に、①赤褐色・橙色の砂質土を厚さ5～10cm単位で盛り上げた版築状盛土（総厚1m前後）、②黄褐色・褐色粘質土を厚さ5cm単位で積み上げた上位版築（総厚0.8m前後）、③白色・褐色・淡黄色砂質土を厚さ3～5cm単位で積み上げた下位版築（総厚3m前後）の三者に大別されるが、版築層は土の色調や性状、工程の差により

第3章　墳丘の調査

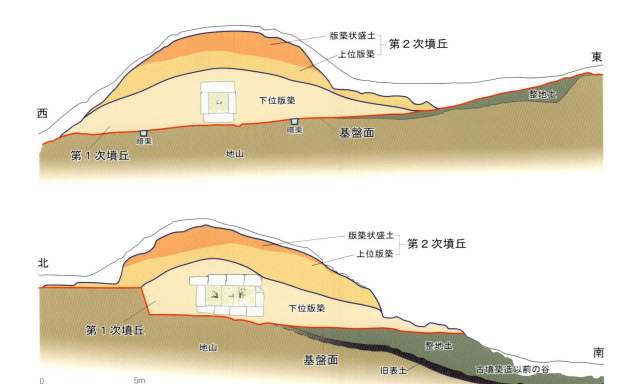

Fig. 44　墳丘土層断面模式図　1:200

さらに細別される（Fig.45・47）。下位版築層は土師器・須恵器の小片を一定量包含しており、石室の東脇からは布目を残す瓦片も1点出土した。上位・下位の版築層理面には、直径4cmほどの搗棒の痕跡や、ムシロ目の圧痕が明瞭に観察できる。また、下位版築および墓道埋戻土には、石室石材に由来する凝灰岩粉末を撒布した面が含まれる。

　後述のように、高松塚古墳の墳丘構築過程は、間に葬送儀礼の執行を挟んで第一次墳丘と第二次墳丘に分かれる。上述の層序との関係については、下位版築が第一次墳丘、上位版築と版築状盛土が第二次墳丘に対応する（Fig.44）。

　なお、墳丘封土内には、地震による地割れや亀裂が縦横無尽に走る。亀裂内部には軟質土が充満し、それに沿って下部にまで木の根が侵入する。また、南西側の斜面では幅10m、奥行き2mにわたって墳丘が基盤面ごと地滑りを起こしており、大規模な地震によって南西斜面が弧状に崩落した状況があきらかとなった。

基盤面　墳丘の大部分は、丘陵斜面の地山を開削した平坦面の上に築かれている。地山は検出位置によって様相が異なり、古墳北側では白色のシルト、墳丘下では黄褐色粗砂や風化した閃緑岩を大量に含む砂礫土、古墳南側では橙色の花崗岩バイラン土が広がる。

　石室解体終了後の床石下の調査では、下段調査区の北半で地山の開削面を平面検出するとともに、東西南北の畦沿いに断割を入れて、墳丘下の基盤面の様相を確認した。下段調査区北半では、地山の開削面に幅15cmほどの鍬（鋤）先状の掘削痕が多数認められた。また調査区北東側で径70cm、深さ35cmの円形土坑1基（SX230）、南・東側の断割内部で小土坑3基（SX231～233）を確認した。いずれも地山上に

1　層　序

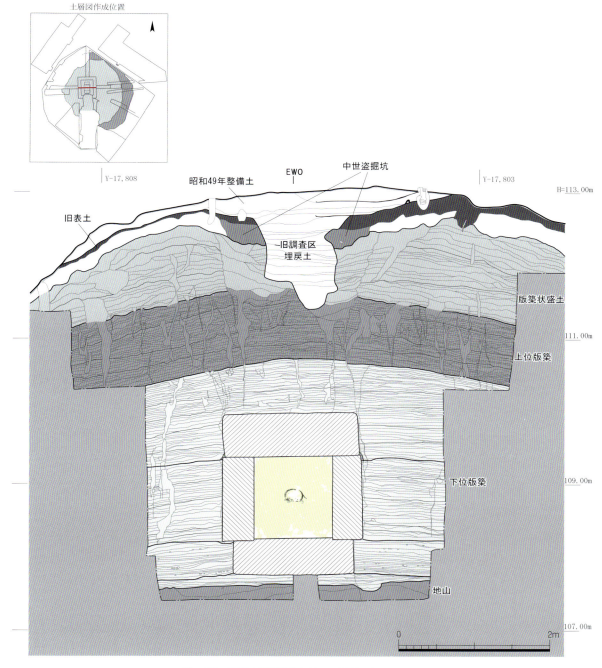

Fig. 45　東西土層断面図（上・下段調査区）　1:50

掘り込まれるが、遺物等の出土はなくその性格は不明である（Fig. 56・57、PL. 51）。

　地山面は下段調査区内で4°前後の角度で南に傾斜しており、調査区南端で10°近くに傾斜を増す。また東西断面からは、地山面は西方向にも傾斜していることがうかがえる。地山面は概ね平坦に削り出されているものの、丘陵本来の形状に起因して、南西方向に緩やかに傾斜する。

旧表土と整地土　　古墳南東側では、墳丘封土下に7世紀代の土器片を含む遺物包含層と暗灰色粘土の旧表土層が広がる。古墳南から南東側にかけては、古墳築造以前に小規模な谷が入り込んでおり、旧表土はその谷部分を中心に遺存する。その上部を淡褐色や青灰色を呈する粘質の遺物包含層が厚く覆って

第3章　墳丘の調査

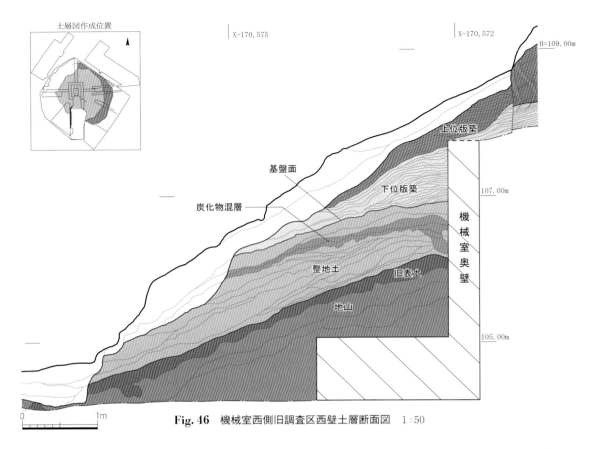

Fig. 46 機械室西側旧調査区西壁土層断面図　1:50

おり、最終的に谷を平坦に埋め立てる。したがって、この遺物包含層は古墳の基礎造成にともなう人工的な整地土と理解できる。整地土は、古墳東側にもおよんでおり、墳丘の南から東にかけての裾部は整地土上に版築を施して築かれている。また、古墳南端で検出した２条の石詰暗渠SD520・521も整地土の上面から掘り込まれており、その上部を版築が覆う。

　なお、旧調査区西壁面において、整地土上層に焼土や炭化物を大量に含む層を確認した（Fig.46）。この炭化物層の広がりは局所的であり、約５m離れた東壁面には確認できない。また、西壁北端ではこの炭化物層が幅15cm、深さ20cm以上にわたって小穴状に落ち込む部分があった。古墳の築造開始に先立つ祭祀の痕跡である可能性も考慮して自然科学分析をおこなったところ、炭化材に混じってイネ・コムギなど穀物の炭化種実が検出された。とりわけ、イネは大量のプラント・オパールをともなっており、稲藁もあわせて燃やされたとの興味深い所見が得られた（第6章6）。しかしながら、これをそのまま祭祀の痕跡とみるには、炭化物層が整地土上面より２層ほど下層に位置しており、同層の形成時には未だ基礎造成が完了していない点が難点となる。少なくとも炭化物層は、稲藁以外の炭化材や土師器・須恵器の細片、榛原石等を含むことから、それ自体が祭祀の一次的な痕跡とは考えがたい。基礎造成の開始以前に丘陵上に存在した何らかの生活残滓が基盤面の造成にともなって掻き出され、整地土中に混入したものとみておくのが穏当であろう。

　なお、検出した炭化種実を用いて、放射性炭素年代を測定した結果、高い確率で７世紀中葉から８世紀前葉の暦年代範囲におさまることが判明し、考古学的に推定される古墳の築造年代とも整合する結果が得られた。

周溝埋土　　周溝SD110は、削平により本来の形状をとどめておらず、東半のみ残存する。平成16年度の調査時に、北側の周溝埋土より奈良時代後半段階の土器片が出土したが、南東側では埋没時期を示すような土器の出土はなかった。緩斜面上に掘り込まれていることに加えて、深さも0.4mほどであることから、南東側では周溝内に安定的に埋土が滞留するような状況にはなかったことが推測される。ただし南東側の周溝内側の立ち上がり部分には断面三角形状に黄褐色粘質土が厚く堆積しており、比較的早い段階に墳丘からの崩落土によって墳丘裾が埋没した状況がうかがえた。

中世以降の堆積　　その後、古墳南東側は瓦器片を含む灰色の粘質土によって広く覆われる。この中世の堆積層は大きく2ないし3層に分かれるが、含まれる瓦器片は概ね12世紀後半から13世紀前半にかけてのものである。平成16年度の調査では、古墳北側で竪穴状遺構2基を検出しており、尾根筋に沿って中世遺構が展開する可能性が見込まれる。古墳南東側の瓦器片を含む堆積は、遺構の展開する尾根上からの流出土とみられる。ただし、後述するように、古墳南東側でも中世段階に一定の土地利用があったようで、地山や堆積土の上で小穴群や浅い土坑、中世溝SD139などを検出した。

　なお、墳頂やや北寄りには大木の根の痕跡とみられる直径0.75mほどの陥没があった。この陥没は、昭和47年調査時の測量図にも記録されており、根は早くに腐朽していたものと考えられる。発掘の結果、根は一定の太さを保ったまま、地震の亀裂に沿って深さ1.2mにまで達していることが判明した。かなりの大木であったと推測され、江戸時代の絵図において墳丘上に描かれた「高松」の根の跡である可能性も考えられる。また、墳頂付近では、土層観察用の畦内で中世の盗掘坑の北端がわずかに遺存する状況を確認した。

　墳丘南西斜面では、平成20・21年度調査中に生姜穴3基を確認した。生姜穴は、昭和に入って掘られた生姜や芋の貯蔵穴で、壁画発見の端緒となった墓道部の方形切石も生姜穴の掘削時に発見されている。平成16年度の調査でも墳丘西裾で1基を検出しており、墓道部のものと合わせて、高松塚古墳の南西斜面には5基の生姜穴が掘られていたことになる。

（廣瀬・青柳泰介）

2　墳丘と周溝（Fig.48、PL.85）

墳丘の構築過程　　高松塚古墳では墳丘の構築開始に先駆けて、かなり大掛かりな基礎造成をおこなっている。すなわち、北側では丘陵斜面を平坦に開削するとともに、南側では逆に谷を埋め立てて平坦面を拡張しており、それを基盤面として墳丘が構築される。前述のように、墳丘封土は上から版築状盛土、上位版築、下位版築の三者に大別されるが、工程に即して整理すると、石室を構築しながら施工される下位版築はいわゆる第一次墳丘に相当し、墓道の埋め戻しと一体的に施される上位版築、および墳丘上面を覆う版築状盛土は第二次墳丘の積土として理解できる[1]。

　下位版築は、後に詳述するように石室の構築過程に沿って4つの工程に分かれるが、最終的に石室上部を覆うように土饅頭状に版築を施すことにより、第一次墳丘が完成する。第一次墳丘の高さは、最高所で約3mを測る。盛土の範囲は南北16m前後、東西20m前後で、第2次墳丘の規模より一回り小さい。傾斜角度は20°前後であるが、南斜面は15°前後と緩斜面となっている。昭和49年度調査の所見では、第一次墳丘完成時に天井石の南端を意識的に露出させ、それを目印に墓道部が掘削されたと推測されて

第3章 墳丘の調査

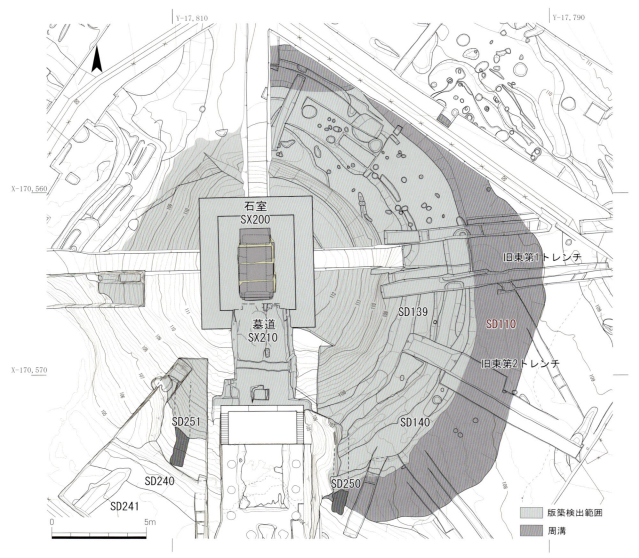

Fig. 48 周溝SD110検出状況　1：200

いる[2]。今回、墓道部に直交する下段調査区南壁や墓道部南端の土層を検討した結果、墓道東西脇の下位版築層は内側にも8〜15°前後で傾斜する状況があきらかになった。したがって、第一次墳丘の南側では、墓道掘削に備えてあらかじめ積土が控えられ、U字形に窪む形状を呈していたものと考えられる。

その窪地部分を利用して墓道が掘削され、石室内の漆喰の塗布や描画、葬送儀礼が執りおこなわれた後、墓道部の埋め戻しと一体的に上位版築が積み重ねられる。さらにその上部に版築状盛土が施されることにより第二次墳丘が完成するが、墳丘裾は最終的に周溝の掘削と一体的に成形される。高松塚古墳では、キトラ古墳の墳丘北側で発見されているような堰板の痕跡は確認できなかったが、掘削成形がなされる以前に墳丘外縁部に堰板が存在した可能性も否定できない。なお、墳丘表面や周辺部からの石材の出土はなく、貼石や敷石等による墳丘外装は当初から存在しなかったと判断できる。

規　模　平成16年度調査の結果、墳丘規模は、上段直径が17.7m（50大尺）、下段が直径23m（65大尺）の2段築成の円墳であることが推定されたが、平成20・21年度調査では、後述するように周溝SD110が南東側でも墳丘裾を取り巻く状況を確認し、平成16年度調査の復元の妥当性を裏づけることができた。

墳丘裾の標高は、南が106.2m前後、北が109.2m前後、東が108.4m前後、西が107.0m前後となる。墳丘裾からの現状での高さは、南側で7m、北側で4m、東側で4.8m、西側で6.2mである。墳丘傾斜角は、後世の開削によって復元可能な場所が限られるが、東裾部分の下端で37°前後（上端では50°前後）、墳丘からの崩落土に覆われて遺存状態の良かった南裾付近では40°前後を測る。

墳丘の残存状況をみると、耕作溝などによる削平があるものの、南東側から南側にかけては比較的良好である。一方、南西側には、幅約10m、奥行き約2mの地震によるとみられる地滑り跡が存在し、さらに谷水田の造成による開削を受けた結果、築造当初の墳丘面は残存していない。南西側の地滑り北端部分で確認できる基盤面の標高は107.0m前後で西端とほぼ同じ高さであるが、本来の墳丘裾はそこから南西5mの位置に想定できることから、南西側がもっとも低くなると推測される。

段　築　上段裾および下段上面の残存状態は良好ではなく、その位置や形状については不明な点が多い。ただし、墳丘東半には現状で幅3〜4mほどの低い平坦面がめぐる。南東側では、その平坦面上に中世の小穴群や中世溝SD139が掘削されていることから、遅くとも中世段階にはこの平坦面が存在していたことが判明する。この平坦面は、墳丘裾の傾斜に沿うかたちで東半部を弧状にめぐる。一定の削平が見込まれるものの、この平坦面が築造時の下段上面の形状を反映している可能性が十分考えられる。

上段裾については、平成16年度北東部の調査で、墳丘裾から2.5m前後内側を弧状にめぐる小段差を検出し、これを上段裾の立ち上がりと推定した。一方、南東部ではそれに該当する位置のやや内側に中世溝SD139がめぐる。後述のようにこのSD139は、下段や周溝が埋没した後の墳丘の立ち上がりに沿って掘られたとみられる。中世までの墳丘の一定の削平を考慮すると、南北でほぼ対応する位置に上段の立ち上がりの痕跡を推定することができる。下段裾の立ち上がり角度もふまえると、想定される下段上面の平坦面幅は0.8m程度とみるのが妥当であろう。

周溝SD110　墳丘裾を弧状にめぐる素掘溝で、墳丘裾の版築と一体的に基盤面を掘削して成形される。北側では地山を底面とするが、整地土が広がる南東側では整地土上に掘り込まれる。最上層の版築状盛土は裾部の残存状況が良くないが、少なくとも周溝の内斜面は上位版築を掘り込んでいることから、第二次墳丘の完成後に墳丘の最終成形を兼ねて周溝が掘削されたと考えられる。

築造当初の周溝は、墳丘裾の北側から東西両方向へ延びていたとみられるが、中世から近世にかけて墳丘周辺が畑作による開削を受けた結果、現状では北側から南東側にかけてのみ遺存する。残存部分の周溝幅は2〜4mと不整形で、深さも0.25〜0.4mとごく浅い。ただし、標高が高い北側では周溝幅が狭まる傾向が看取でき、断面形も浅い椀形を呈する。これに対して、東側では墳丘裾を兼ねる内斜面のみが急角度で立ち上がり、外斜面は緩斜面のまま基盤面にすり付く。

南西側については地滑りや谷水田の開削により本来の形状をとどめないが、丘陵に沿って下降する旧地形のあり方からすると、当初からこの部分に周溝がめぐらされていたとは考えにくい。よって、周溝SD110は全周せずに墳丘の西側、および南東側で途切れていたと推測される。　　　　　　　　　　（青木 敬・水野敏典）

3　版　築　(PL.2〜7・11〜13・34〜37・50〜53・82・83)

前述のように、高松塚古墳の墳丘封土は、版築状盛土、上位版築、下位版築の三者に大別される。墳

第3章 墳丘の調査

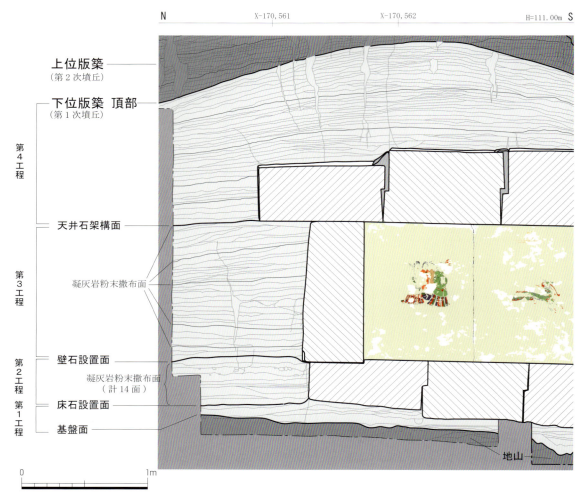

Fig. 49 下位版築の工程と施工単位（南北断面） 1:30

丘全体の構築過程上は、後者が第一次墳丘、前二者が墓道の埋め戻しおよび第二次墳丘の構築に対応する。一層の厚みは、版築状盛土が5～10cm、上位版築が5cm、下位版築が3～5cmで、下層に行くにつれて細かくなる。上位・下位版築では、各面に搗棒の痕跡が遺存する。上位版築は粘質土、下位版築は砂質土を基調とするが、地耐力調査の結果、下位版築は上位版築の2倍の強度があることが判明した（第6章3）。

一方、墳丘上部を覆う版築状盛土については、版築と同様に縞状の土層断面を呈するが、積土の単位が上位・下位版築と比べて厚く、搗棒痕跡を確認することができなかった。十分な叩き締めがなされていなかった可能性が高いことから、厳密な版築とは区別し、版築状の「盛土」として扱うこととした。以下では、上位・下位版築の施工方法に関する所見を詳しく述べる。

上位版築の施工単位　上位版築の一層の厚みは前述のように5cm前後であるが、巨視的にみると使用される土砂の質や色調は、厚さ20～40cmほどの単位で変化している。上位版築の施工は、そうした単位をひとまとまりとし、これを反復することで全体の積土をおこなっていったものと理解できる。

上位版築頂部付近の総厚は80cm前後であるが、その間に4単位ほどの積み上げが確認できる（Fig. 45・47）。黄褐色粘土と褐色粘土をそれぞれ基調とする厚さ20cm前後の単位を交互に積み上げる。また、昭和49年度に調査された墓道部の西壁面には、上位版築と一体的に施工された墓道の埋戻土が残る。平成20・21年度調査時に、その版築層を再分層した結果、厚さ30～40cmの単位を9単位確認した（Fig.

3 版築

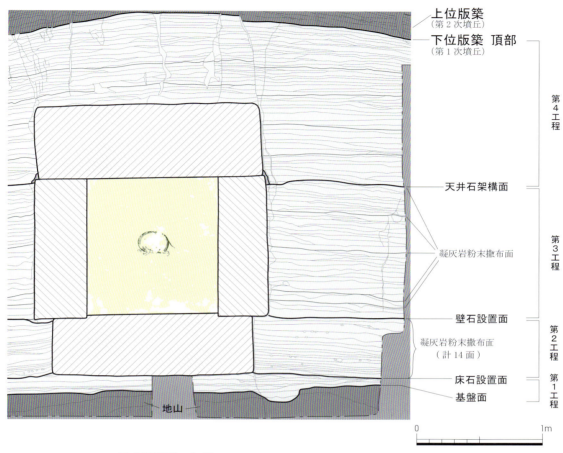

同（東西断面） 1：30

99）。墓道上端や石室南端の標高から判断すると、下部の５単位ほどが墓道の埋戻土で、上部４単位が第二次墳丘の積土に相当するものと理解できる。

下位版築の工程と施工単位　　下位版築も上位版築と同様に、厚さ20〜40cmほどの積土の単位が認められる。下位版築の施工は、石室の構築手順に沿って以下の４つの工程に分かれる（Fig. 49）。

　第１工程は、床石設置以前に基盤面の傾斜を解消するように南側を中心に施される版築である。傾斜の下方には褐色粘土が厚めに積まれる。ある程度の水平面が確保されたところで床石が南から順に設置されるが、４石の床石は厚さがそれぞれ異なり、南の床石１がもっとも厚く北に向かって厚さが逓減する。そのため、高さ調整の目的で下部にも版築を施しながら床石が設置される。結果的に、床石下の版築には階段状の段差が生じる。

　第２工程は、床石の設置完了後にその周囲に施される版築で、これにより床石上面までが埋められる[3]。下から連続して14面と最上面には凝灰岩粉末が飛散する。またバラスを含む層が２ないし３層含まれる（Fig. 58・59）。なお、第１・第２工程には、褐色の花崗岩バイラン土を主体とする砂質土が主体的に用いられる。第２工程の版築の強度は、下位版築の他の部位よりもさらに高い数値が得られており（第６章３）、その要因にはそうした土砂の選択や、後述する凝灰岩粉末の撒布による効果との関係が推測される。積土の完了後、床石の外縁部とそれに連なる第２工程の版築上面にまたがって壁石８石が設置されていく。

第3章　墳丘の調査

　第3工程は、設置された壁石の周囲に施される版築で、これにより壁石上面の高さまでが埋められる[4]。高さ116cmほどを5単位に分割して版築を施す。上部の3単位は厚さが25〜40cmであるのに対して、下部の2単位は厚さ10cm前後（2〜4層）と土量が少ない。少しずつ丁寧に積土をおこなうことで、壁石下部を入念に固定しようとした様子がうかがえる。最下部の単位に限って、第2工程において使用されたバイラン土主体の砂質土が引き続き用いられる。各単位の上面には凝灰岩粉末の撒布が確認されたが、一単位目と最上面を除くとその撒布量はさほど多くはない。

　第4工程は、壁石上面に天井石が架構された後に、その上部を覆うように施される版築で、これにより第一次墳丘全体が土饅頭状に仕上がる[5]。頂部付近では4単位ほどの積み上げが確認できるが、この間の積土中には風化した白色礫・粘土の含有が目立ち、とりわけ最上部の単位はその傾向が顕著であった[6]。

　なお、下位版築を掘り込んだ墓道東壁では、厚さ30〜40cmほどの積土の単位を5単位確認することができた。層理面に凝灰岩粉末を含む最下部の単位が上述の第2工程、上部の4単位が第3工程にともなう積土と判断できる（Fig.47中央）。

搗棒痕跡　上位・下位版築ともに検出された搗棒痕跡は径4cmほどの円形を呈する。下位版築の調査では、上面から14層を掘り下げたところで、同一面に広がる明瞭な搗棒痕跡を検出することができた（PL.7左中・左下）。その状況を実測するとともに、拓本として記録した（Fig.51・52）。搗棒痕跡は上述のように径4cm前後であるが、隣接する単位が重なり合い、深さも0.5cm前後で、わずかな凹みとして検出されたに過ぎない。それらは搗き固めの完了時の様子を示すものであり、平坦に見える部分にも目視では確認できない無数の単位が連なっているものと推測される。

　これに対して、北壁石北面の下端付近の版築上や、墓道北西隅の埋戻土内では深さ2cm前後の明瞭な搗棒痕跡を確認した（PL.8右下・9右上）。単位間に重複がほとんど認められず、これにより丸身をおびた搗棒先端の形状をうかがい知ることができるが、むしろこうしたあり方は、壁石や墓道壁面に規制されて十分な作業スペースが確保できなかった結果、搗き固めが不徹底となった姿と考えられる。

ムシロ圧痕　本古墳では上位・下位の版築ともに、ムシロ状編み物が使用されていることがあきらかとなった。ムシロ状編み物そのものは遺存しておらず、層理面においてその圧痕を確認することができた。ムシロ目は下位版築よりも上位版築において明瞭に遺存していたが、これは下位版築よりも上位版築のほうが使用される土の粘性が強く、圧痕が生じやすかったためと判断される。ムシロ目の上から搗棒の凹みを確認できる場合があることから、上位・下位の版築ともに、一層ごとに編み物を敷きながら、その上面から搗棒で叩き締めがなされたものと考えられる。

　層理面に残された圧痕から、使用されたムシロ状編み物には、少なくとも1cm幅あたりの条数が2〜3本の粗いものと、5〜6本の細かいものの二者があったことがわかる。また径0.5cm前後の縄目状の凹凸が規則的に並ぶものも確認された。ムシロ目の走行方向は各層ごとに変化が著しく、規則的に並ぶ様子はない。むしろ遺存状態の良い部分では、同一面中においてもムシロ目が細かく重複している状況が確認できた。細切れのムシロ状編み物を敷き、上から搗棒で搗いた後にそれを取り外し、次の場所に移動しては叩き締めを繰り返していった様子が推察される。

　なお、下位版築の第1工程にあたる地山直上に施された版築からもムシロ目の圧痕が確認された（PL.51中左）。また、前述の地山付近に厚く積まれた褐色粘土の上面では搗棒の深い窪みが複雑に重複し

3 版築

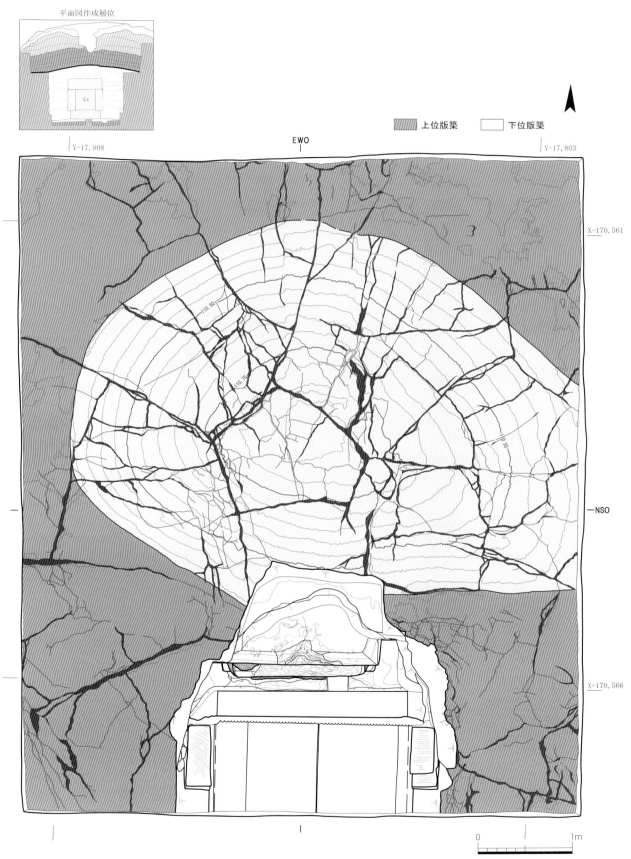

Fig.50 下位版築頂部検出状況平面図（上段調査区終了時） 1:40

第3章 墳丘の調査

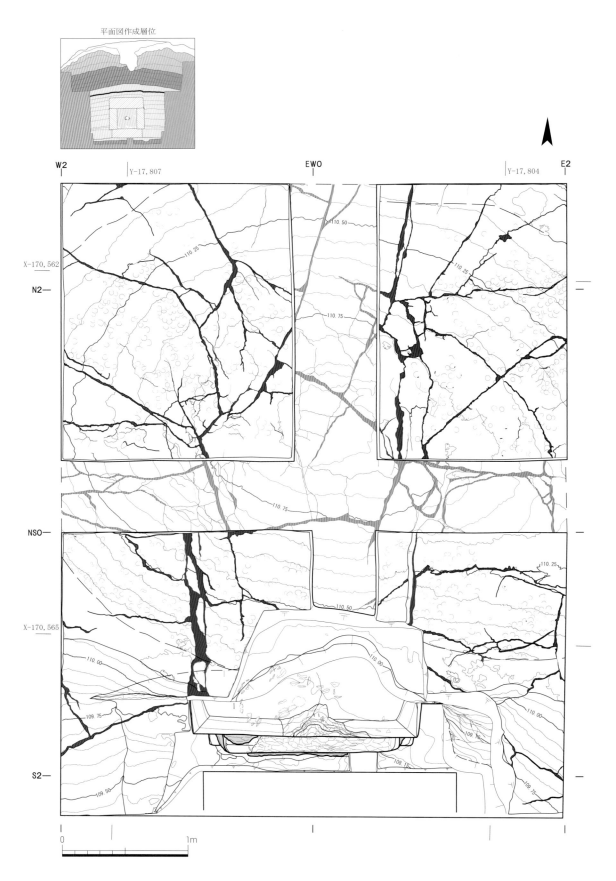

Fig. 51 下位版築内搗棒痕跡面検出状況図 1:30

3 版 築

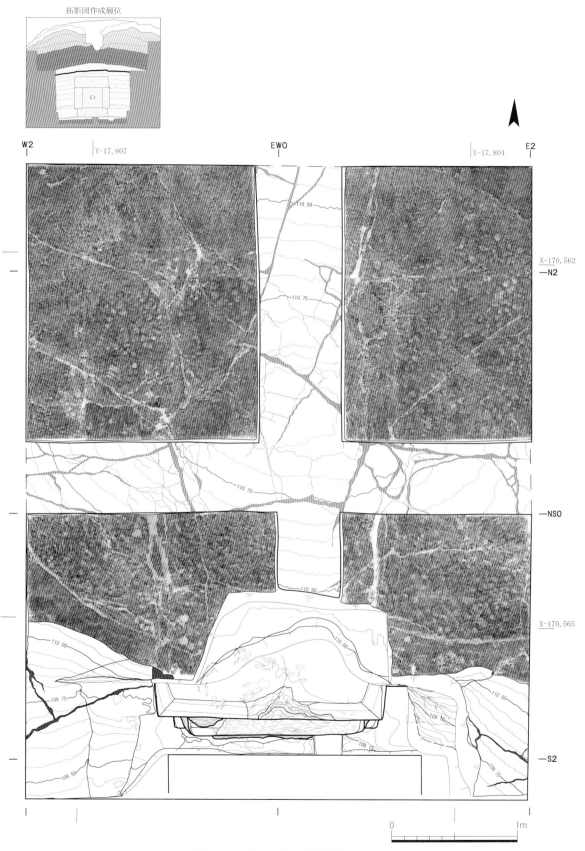

Fig. 52 下位版築内搗棒痕跡面拓影図　1:30

第3章 墳丘の調査

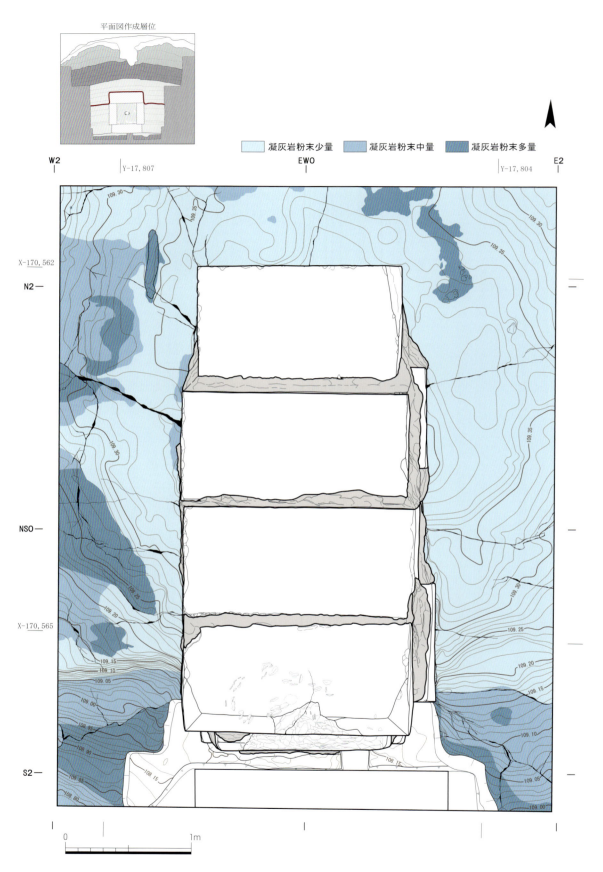

Fig. 53 天井石・同架構面検出状況平面図 1:30

3 版築

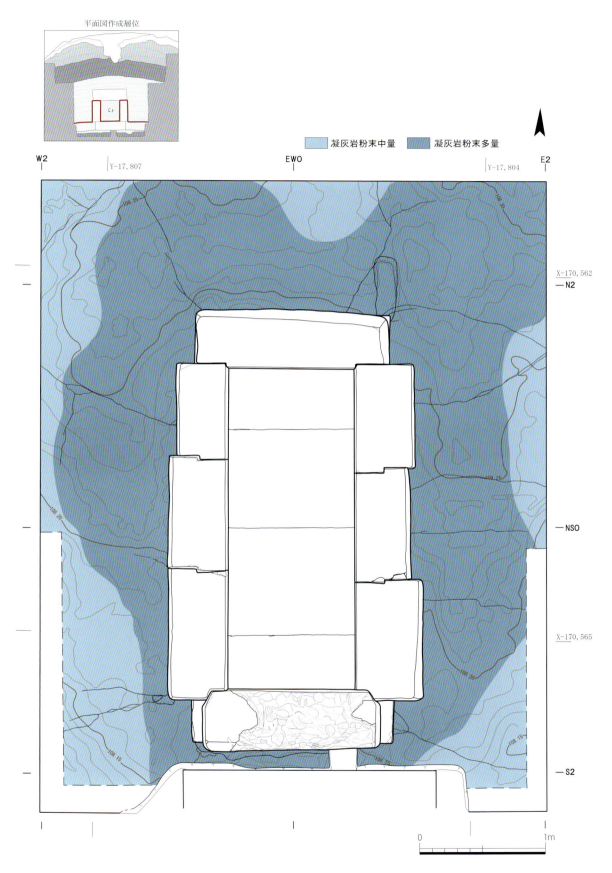

Fig. 54 壁石・同設置面検出状況平面図　1:30

第3章 墳丘の調査

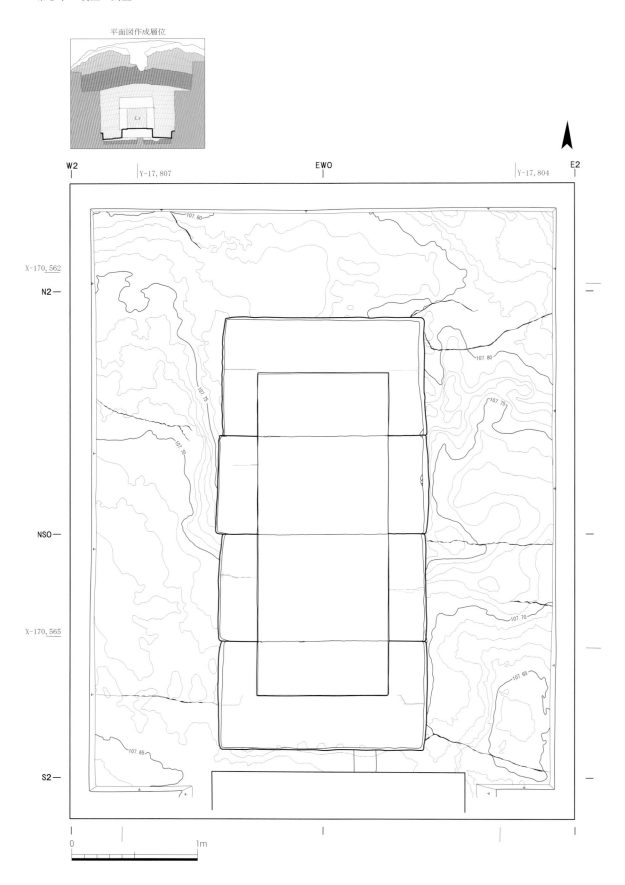

Fig. 55 床石・同設置面検出状況平面図 1:30

3 版築

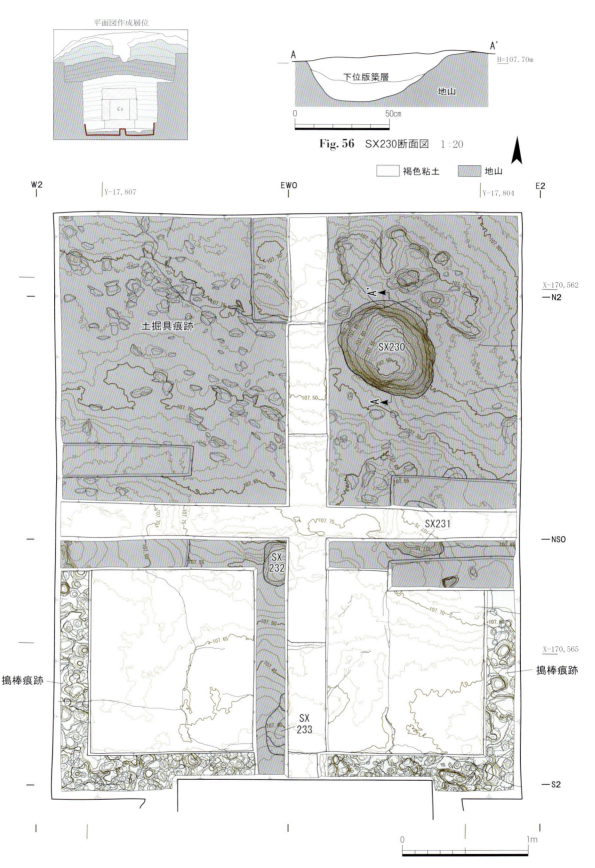

Fig. 56 SX230断面図 1:20

Fig. 57 下段調査区調査完了状況平面図 1:30

第3章 墳丘の調査

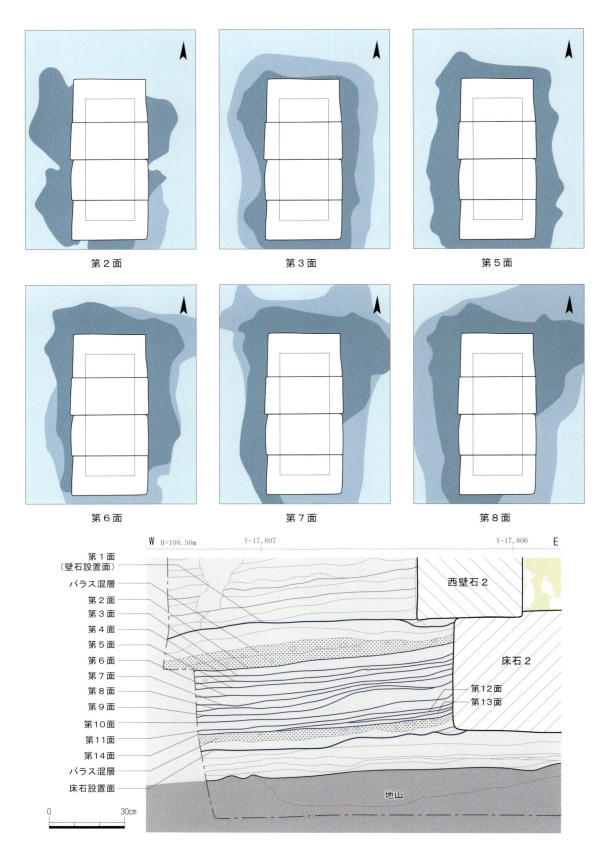

Fig. 58 床石周囲凝灰岩粉末の撒布状況（1） 1：15

3 版築

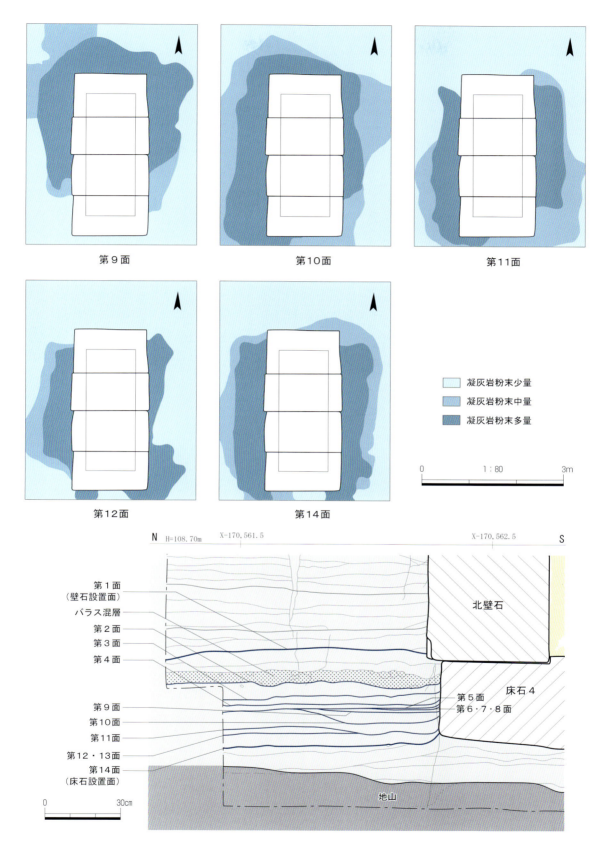

Fig. 59 床石周囲凝灰岩粉末の撒布状況（2） 1：15

ており、滞水により粘土が泥質化した様子がうかがわれた（Fig.57南半調査区際、PL.51上）。最下層のかつ水分を多く含む積土にもムシロ目の圧痕が確認されることから、ムシロ状編み物の使用が積土の湿気を抜く効果を果たしたことが推測される。

凝灰岩粉末の撒布　凝灰岩粉末の撒布面を下位版築中において20面、墓道埋戻土中において2面確認した。このうち下位版築中の2面は、壁石や天井石を設置した際の作業面に対応している。後者からは天井石の隅部を切断したとみられる剥片が2点出土している（Fig.96）ことからも、凝灰岩粉末は石室石材の現地調整の際に生じたものと理解できる。ただしその2点を除くと、一定の大きさや形状をとどめた剥片や塊はほとんど認められず、大半はパウダー状を呈する。床石の周囲では一層ごとに存在する点や、石材の調整加工を必要としない墓道の埋め戻しの過程にも撒布が認められることから、これらの凝灰岩粉末は石材加工にともなって飛散したものではなく、ムシロ状編み物と同様に、積土の湿気抜きの目的で撒かれたものと推測される。撒布面上にも搗棒痕跡が認められることから、加工時に生じた粉末のみを回収し積土上面に撒きながら叩き締めをおこなったものと理解できる。前述のように下位版築の第3工程では、積み上げ単位ごとにその上面に凝灰岩粉末を撒布する。これに対して、第2工程の床石周囲の版築では、一層積み上げる度に繰り返し撒布がなされており（Fig.58・59、PL.35・36）、墳丘や石室の基礎部となるこの部分の叩き締めを入念におこなおうとした様子がうかがえる。

バラス地業面　前述のように床石周囲の版築（下位版築第2工程）では、上から3ないし4層目と最下層に近い15ないし16層目においてバラスの敷き詰められた層を検出した（PL.34）。バラスの大きさは最大でも径5cm前後で、層中にも食い込んでいることから積土中に混ぜながら叩き締めをおこなったものとみられる。石室や墳丘の重量を支えるための基礎強化を目的に施されたものと推測されるが、下層のものが床石の下端付近に設けられており、加えて後述のように墳丘内に暗渠が存在することからすると、排水処理を意図したものである可能性も考えられる。

墓道部の断層状の地割れ　平成16年度調査により、高松塚古墳の墳丘は奈良県南部を定期的に襲う南海地震によって損傷を受けていることがあきらかになり、以前から墓道部で確認されていた断層状に大きく版築層が沈降する地割れも、巨大地震によるものと理解できるようになった。断層状の地割れは、石室南面から南3.5mの位置にあり、上に向かってV字形に開く。幅は上面で約1.6m、下面で約0.4mを測るが、最下部は地山内に達しているものと推測される。東壁面では、上位・下位版築の境界で土色が大きく変化するため、地割れの内部で土層が高さ0.3〜0.4mほど陥没している様子が明瞭に観察できる（Fig.47中央、PL.83左下）。なお、墓道部の再調査の際には、このほかにも壁面において大小多数の地割れを確認した。

（廣瀬）

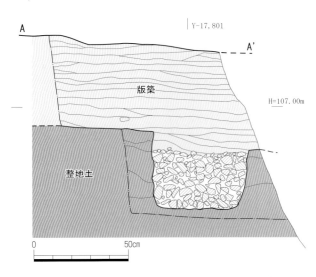

Fig.60　暗渠SD250断面図　1:20

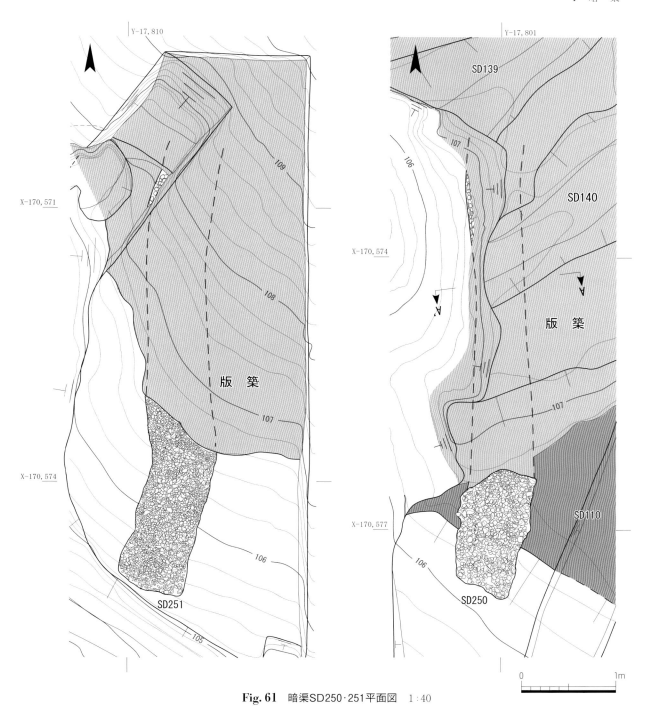

Fig. 61 暗渠SD250・251平面図　1:40

4　暗　渠（PL.84下・85下）

　古墳南面の谷水田の開削面においてSD250、SD251の２条の石詰暗渠を検出した。両者とも開削により先端部が失われているが、版築の施工前に整地土上面から掘り込まれている。いわゆる墳丘内暗渠[7]であり、封土下に存在するため、正確な配置状況をあきらかにしがたいが、両者は墳丘南北軸を挟んで東西４mのほぼ対称の位置にあり、当初から計画性をもって配置されたものと理解できる（Fig.48・61）。

東側のSD250は、幅0.5m、深さ0.4mの断面箱形の暗渠で、内部に7cm大の角礫を充填する。ただし、礫は掘方の上面までは詰められておらず、上部0.1mほどを余す。礫がおよばなかった部分には版築と同質の土が入り込んでおり、墳丘を築く際に直に埋められたことがわかる（Fig.60）。先端部分から約3m北の保存施設建設時の掘削面にも礫の続きが認められることから、5°前後の傾斜角度で墳丘内部から南に向かって直線的に配置されているものと考えられる。

　西側のSD251は、断面形は不明であるが幅は0.6m前後で、SD250とほぼ同じ形状をとると推測される。ただし礫の大きさはSD250よりもやや小振りで、3cm大のものを多く含む。南西側調査区第1区の北西コーナー付近に礫の続きを確認できるが、これと先端部分をつなぐと、南北軸に対して若干西に振れるかたちとなる。南に向かって15°前後で下降しており、SD250よりも急角度となるが、これは南東よりも南西側の基盤面がやや傾斜をもって造成されていることに起因したものであろう。先端部分がやや西側に振れる点も、南西側の基盤面の傾斜に影響された結果と理解できる。

　終末期古墳では、こうした墳丘内暗渠を設けることが一般的であり、高松塚古墳と同様の石室を有するキトラ古墳やマルコ山古墳、石のカラト古墳、近接する中尾山古墳でもその存在が確認されている。マルコ山古墳では、背面の丘陵を切断した裾部に地山を掘り込んで石詰暗渠を設けており、北側の丘陵から流れ込む雨水に対処したものと理解されている。キトラ古墳西側の開削面で確認されている石詰暗渠も同様の目的で設置されたものであろう。

　一方、石のカラト古墳では、墳丘外周をめぐる大規模な石詰暗渠が確認されているが、石室前面にも南北方向に走る3条の暗渠がほぼ均等の間隔で配置されている。中尾山古墳では石室下に南北に走る暗渠が確認されており、マルコ山古墳でも上述の背面の暗渠とは別に、墓道部分において南北方向に走る暗渠が検出されている。これらの暗渠は、石室周囲に浸透する雨水を墳丘外へ排出する目的で設置されたものと理解できる。

　高松塚古墳では、墓道部中央にこそ暗渠は設けられていないが、墳丘南北軸を挟んで2条の暗渠が対称に配置される状況は、石のカラト古墳の石室前面の暗渠のあり方に近く、石室周辺の排水を目的に設置されたものと推測される。前述のように、床石周囲の版築中においてバラスを敷き詰めた面を2ないし3面確認しているが、2条の暗渠はそれらに接続している可能性も考えられる。

（廣瀬・水野）

5　中世の遺構（Fig.62～65、PL.81）

　平成20・21年度調査では、南東側調査区で、小穴、土坑、素掘溝等の中世の遺構群を検出した。これらの遺構の大半は、瓦器片を含む中世の堆積土上に掘り込まれているが、中世の堆積土がほとんど存在しない調査区北側では、地山または整地土上で遺構を検出した。主な遺構は以下の通りである。

SD139　平成16年度の調査区から引き続いて検出した幅1.0m前後の素掘溝で、墳丘南東斜面に沿って弧状にめぐる。周溝が埋没した後の墳丘斜面（上段斜面）に沿って掘り込まれており、中世の土地利用に際して尾根上から流下する雨水を排水する目的で掘られた溝と考えられる。

SX260　墳丘南東裾付近で検出した径0.45m、深さ0.25mの小穴で、墳丘の開削にともない上部は大きく削平を受ける。埋土中に厚さ5cmほどの炭層を含む。

SX261　SX260の東で検出した直径0.4㎜、深さ0.3mの小穴。埋土中層に炭を多く含む層があり、そ

5 中世の遺構

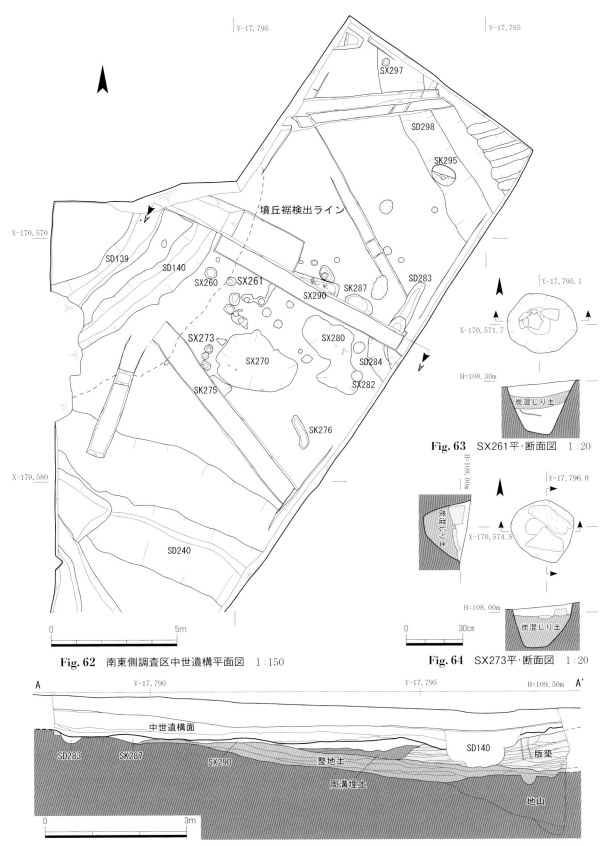

Fig. 62 南東側調査区中世遺構平面図　1:150

Fig. 63 SX261平・断面図　1:20

Fig. 64 SX273平・断面図　1:20

Fig. 65 南東側調査区断面図　1:80

の下部からは瓦器椀片がややまとまって出土した（Fig.63、PL.81右下）。

SX270 　調査区中央で検出した東西3m、南北2.5m、深さ0.2mほどの浅い竪穴状遺構。埋土は炭や焼土を多く含む暗褐色土で、瓦器・土師器片が一定量出土した。

SX273 　SK270の西脇で検出した径0.45m、深さ0.35mの小穴。深さ0.1mの位置に平瓦と角礫が敷かれていた。その下部に炭混じりの暗褐色土が厚さ0.25mほど堆積する（Fig.64、PL.81左下）。

SK275 　SX270の南で検出した一辺1m前後、深さ0.5mの方形の土坑。明黄褐色の砂質土を埋土とする。

SX280 　SK270の西側で検出した瓢箪形の竪穴状遺構で、深さは0.1mほどである。SX270同様に炭や焼土を含む暗褐色の埋土中から瓦器、土師器片がややまとまって出土した。

SX282 　SK280の東端で検出した径0.4mほどの橙色焼土の堆積。深さは0.05mほどで遺物は出土しなかった。

SD283 　南西方向に向かって流れる幅0.6mの溝で、調査区中央の土層観察用の畦を挟んでやや南に方向を変える。重複関係によりSD284に後出して掘削されたことが判明する。

SD284 　調査区中央の畦付近から南東に向かって流れる幅0.7mの溝。東側の調査区外へ続く。

SK287 　調査区中央の畦に接して検出した長径1.2m、短径約0.8m、深さ0.2mの楕円形の土坑。

SX290 　調査区中央の畦に接して検出した竪穴状遺構で、南半が畦内部にあるため全形は不明であるが、東西3m、南北1mほどの細長い形状になるものと推測される。深さ0.1mほどで、SX270やSX280と同様に炭や焼土を含む暗褐色土を埋土とする。瓦器・土師器の小片がややまとまって出土した。

SK295 　調査区北側で検出した径1m前後の円形土坑。SD298と重複するが、地山上から掘り込まれており、SD298よりも先行する。深さは0.4mほどで、中央に川原石が埋没していたが、顕著な遺物は出土しなかった。

SX297 　調査区北端で検出した径0.8m、深さ0.1mの小穴で、SD298の埋土中に掘り込まれている。埋土に大量の炭を含み、底面は火を受け橙色化していた。

SD298 　調査区北東隅の白色シルトからなる地山の高まりに沿って掘られた幅1.5mの溝。深さ0.3mほどで、黄褐色砂質土の埋土から瓦器の小片が出土した。

中世遺構の評価 　これらの遺構は、後述するSX261やSX270出土の瓦器の特徴から13世紀前半頃に位置づけられる。また、これらの遺構のベースとなる堆積土中からは、遺構出土土器よりもやや遡る12世紀後半頃の瓦器片が出土している。平成16年度調査では、古墳北側で重複する竪穴状遺構2基（SX130、SX131）を検出しており、後出するSX131から13世紀前半頃の瓦器が出土している。こうした様相から、標高の高い尾根上を中心に12世紀後半から古墳周辺の土地利用が活発化し、13世紀前半には古墳の北側と南東側で同時に遺構が展開する状況があったものと推測される。12世紀後半の瓦器片を含む南東側の中世遺構面は、先行して遺構が展開する尾根上方からの流出土によって形成された可能性が高い。

　ただし、これら中世遺構は上部を削平されていることもあり、性格については判然としない。SX131、SX270、SX280等の竪穴状遺構内には共通して焼土や炭が大量に堆積するが、その性格は不明である。また周囲の小穴群もまとまりを欠き、掘立柱建物等に復元することも困難である。むしろ小穴のなかにも、SX260やSX273のように大量に炭が入り込むものや、SX282やSX297のように底面が火を受け橙色化したものがみられることから、これら古墳周囲の中世遺構は、日常的な生活の痕跡というよりは、火を用いた何らかの儀礼行為に関わるものである可能性も考えられる。遺構の展開する時期は、石室が盗掘を受けた年代とも近接しており、両者の関連性も十分想定されるところである。

（廣瀬・水野）

6　出土遺物

（1）　土　器（Fig. 66）

　平成18・19年度調査では整理木箱1箱分、平成20・21年度調査では整理木箱7箱分の土器が出土している。古代の土師器・須恵器、中世の瓦器・土師器、近世～現代の陶磁器などがあり、また、少量ではあるが、古墳時代の須恵器、および青磁、白磁なども出土している。多くが細片であるが、出土量の大半を占めるのは中世の瓦器・土師器である。ここでは、高松塚古墳の築造時期を考える上で重要となる7世紀代の土師器・須恵器、および中世の土地利用に関わる瓦器・土師器を取り上げる。なお、口径に関しては1/8以上が残存するものについてのみ記すこととする。

7世紀代の土器　　7世紀代の土器としては、墳丘下の整地土、墳丘封土、および周溝最下層から出土した土器がある。これらは出土量がわずかで遺存状況もさほど良好ではないが、古墳築造時期の検討材料となる数少ない資料であるため、細片であっても可能な限り図化をおこなっている。

　1・4は平成18・19年度調査時に下位版築層から出土した土器。1は土師器杯Aで、口縁端部の肥厚は弱い。外面には粗いミガキがみられる。内面には二段放射暗文の上段部分が残り、暗文は細い。4は須恵器杯B蓋。低いかえりを有する。

　2・3・6は機械室撤去後に旧調査区西壁から採取した土器。いずれも墳丘下整地土からの出土である。2は土師器皿A。口径は18.0cm。口縁部をナデ調整しているが、それ以外は全体的に磨滅が著しく、調整は不明である。3は土師器杯Gで、口径は16.5cm。口縁端部は内傾する。体部外面には、指オサエの痕跡が残る。6は須恵器杯B蓋で、かえりはもたない。

　5は南西区において地滑りで崩落した版築層から出土した須恵器杯B蓋。低いかえりを有し、胎土には白色微砂・黒色粒子を含む。

　7～9・13～16は南東側調査区の整地土から出土した須恵器。7～9は須恵器杯B蓋。9の口径は18.0cm。いずれの資料も口縁端部しか残存しないが、比較的平坦な頂部を呈していたと想定できる。7・8のかえりは、低く小さい。口縁部内外面はロクロナデで調整する。13～16は須恵器杯B。高台は、いずれも底部外縁よりやや内側に位置する。

　10は南東側調査区の墳丘崩落土から出土した須恵器杯B。口縁から高台までが残る資料で、復元口径16.4cm、器高は3.8cm。口縁部内外面にはロクロナデを施し、底部外面はヘラ切り不調整。

　11・12は南東側調査区の周溝埋土最下層から出土した須恵器杯B。高台の形状には差異がみられるが、貼付位置は両者とも底部外縁よりやや内側に寄る。

　以上が、高松塚古墳の築造時期の検討素材となり得る土器である。墳丘南東部の整地土や墳丘封土、石室周囲の下位版築層、南西部の版築層からは、いずれも飛鳥Ⅴを下限とする土器群が出土している。昭和49年度調査で墓道部から出土した土器や、平成16年度調査で整地土や版築層から出土した土器も同様に飛鳥Ⅴを下限としており[8]、今回の調査で、改めて古墳の築造時期が飛鳥Ⅴ以降であることが明

第3章　墳丘の調査

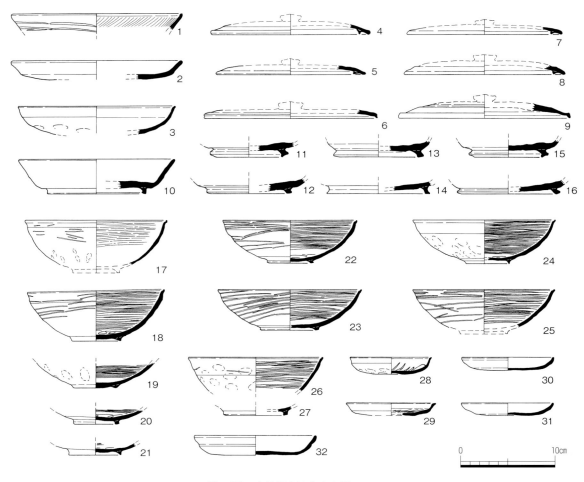

Fig. 66 高松塚古墳出土土器　1:4

確となった。飛鳥Ⅴの年代は藤原宮期（7世紀末〜8世紀初頭）に比定できる。

中世の土器　前述のように墳丘南東部では、周溝埋土の上に堆積する中世の遺物包含層（以下、堆積土）を掘り込んで、竪穴状遺構や小穴群が展開する。17〜31は、それら中世の土地利用に関わる土器である。

　20・21は堆積土から出土した瓦器椀。両者とも高台部分しか残っていないが、断面形状は20が台形、21では背の高い三角形をなす。

　17はSX261出土の瓦器椀。口径は15.0cm。調整は磨滅により不明瞭であるが、体部外面には粗いミガキが入る。

　18・19はSX280出土の瓦器椀。18は口径14.5cm、器高5.4〜5.7cm。高台は三角形に近い台形を呈し、底部内面には螺旋暗文が入る。19は高台部。断面形状は三角形に近い台形である。底部内面には螺旋暗文をもつ。

　22〜25・28・30はSX270から出土した土器。22〜25は瓦器椀で、口径は22が14.1cm、24・25が15.0cm。器高は、高台の位置に歪みがあるため一定しないが、22で4.8〜5.4cm、23で4.5cm、24で4.7〜5.0cm。高台の断面形状は、22・23が台形、24が三角形をなす。24には体部外面にミガキがみられないが、22・23・25では、体部下半にまで粗いミガキが入る。また、22〜24では底部内面に螺旋暗文を施す。28は瓦器皿。口縁部はやや歪み、口径は8.6〜9.6cmである。底部内面にジグザグ状の暗文を施す。30は土師

器小皿。口径は9.7cm。全体的に磨滅が著しい。

　26・27・29はSX290出土の土器。26は瓦器椀で、口径14.2cm。体部外面にはわずかにミガキがみられる。27の高台は、断面台形をなす。29は瓦器皿で、底部内面にジグザグ状の暗文を施す。

　31はSK275出土の土師器小皿。口径は9.7cm。全体的に磨滅しており、調整は不明。

　32は墳頂付近の盗掘坑出土の土師器皿。口径12.8cm、器高2.2cmで、体部外面にはナデによる稜がみられる。13世紀前半～中頃の所産。

　以上のように墳丘南東部で検出した中世の遺構や堆積土から出土した土器は、瓦器がその大半を占める。多くが細片であるが、遺構間でその内容に大きな差が認められる状況ではない。瓦器椀の口径は、計測できるものが少ないが、14～15cmで、高台の断面形状には、逆台形から低い三角形のものまでがあるが、主体をなすのは三角形に近い台形から背の高い三角形を呈するものである。以上の特徴や、内外面のミガキの様相から、これらは川越編年第Ⅱ段階B型式～第Ⅲ段階A型式[9]に位置づけられる。中世の遺構と堆積土の出土土器は似通った様相で、両者に明確な時期差は見出しがたいが、遺構出土土器には新しい特徴をもつものが若干多いようである。平成16年度調査で墳丘北東部から出土している中世の土器群もこの段階のものがもっとも多く[10]、古墳周辺では、12世紀後半以降に土地利用が活発化し、それは13世紀前半までおよんでいたものと推測できる。

（若杉智宏）

（2）　瓦（Fig.67）

　平成18年度以降の一連の調査では、丸瓦8点（530g）、平瓦28点（2,530g）が出土している。そのうち、丸瓦6点（490g）、平瓦20点（1,610g）が中世以降のものである。出土した瓦はすべて小片で、ほとんどは中世以降の包含層や水田堆積土などからの出土である。ここでは、古代の瓦片2点について述べる。

　1は、平瓦の小片。側面の一部が残存しているが、広端および狭端、凸面表面は欠損している。平

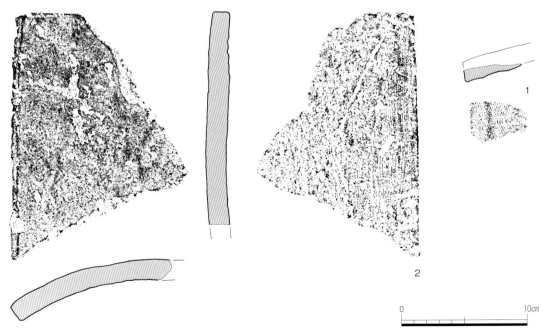

Fig.67　高松塚古墳出土瓦　1：3

18・19年度調査時に、下段調査区北東隅の天井石架構面より出土した。小片ではあるが、古墳築造時に下位版築土中に混入したことは間違いない。凹面には細かい布目の布目痕、側板痕が明瞭に残る。焼成は堅緻で、精良な胎土に長石・石英・クサリ礫を少量含む。色調は赤褐色。明瞭な側板痕から桶巻作り平瓦と判断でき、平瓦の製作技法が桶巻作りから一枚作りに変わる8世紀初頭以前の所産と思われる。このことは、焼成や胎土の特徴とも矛盾しない。高松塚近辺では古代瓦の散布地は知られておらず、版築土の採取地を考える上で興味深い。

　2も平瓦片。広端部は欠損しているものの、狭端部から側縁にかけて一部残存している。平成20・21年度の南西側調査区で検出した中世の小穴SX273より出土した。凸面は丁寧にナデ調整されており、叩き目痕などは確認できない。凹面は摩滅が著しいものの、かすかに布目痕と側板痕が確認できる。側面には、凸面側の狭端付近に分割破面が一部確認できることから、凹面側から刃物を入れて分割した桶巻作り平瓦と考えられる。中世遺構からの出土であるが、2も8世紀初頭以前のものと考えられる。1と同様に、何らかの事情により周辺遺跡より持ち込まれたものと考えられる。胎土には1mm大の長石・石英・クサリ礫を少量含む。色調は褐色。

（石田由紀子）

1）山口県教育委員会『下関市岩谷古墳発掘調査報告』1972年。

2）猪熊兼勝「特別史跡高松塚古墳保存施設設置に伴う発掘調査概要」『月刊文化財』第143号、30〜35頁、1975年。

3）猪熊 前掲2）の第一次版築に相当する。

4）猪熊 前掲2）の第二次版築に相当する。

5）猪熊 前掲2）の第三次版築に相当する。

6）調査時には、下位版築のことを「白色版築」と仮称していたが、これは下位版築上部の土色が著しく白色であったことによる。その後の掘り下げで、下位版築の下部は、必ずしも白色土を基調とするものではないことが判明した。

7）上林史郎「後・終末期古墳における墳丘内暗渠」『関西大学考古学研究室開設五拾周年記念考古学論叢』571〜598頁、2003年。

8）奈良文化財研究所『高松塚古墳の調査－国宝高松塚古墳壁画恒久保存対策検討のための平成16年度発掘調査報告－』2006年。

9）川越俊一「大和地方出土の瓦器をめぐる二、三の問題」『文化財論叢』奈良国立文化財研究所創立30周年記念論文集、759〜783頁、1983年。

10）奈良文化財研究所 前掲8）。

第4章　埋葬施設の調査

1　石　室

（1）　規模と構造（Fig.68〜72、付図1・2）

石室寸法　高松塚古墳の石室は二上山で産出する白色凝灰岩の切石を組み合わせた石室で、天井石4石、壁石8石、床石4石の計16石で構成されている。石室内部の寸法は、従来、奥行き265.5cm、幅103.5cm、高さ113.4cmとされてきたが、今回の調査によって、奥行き264.8cm、幅103.2cm（床面での計測値）であることがわかった。さらに、石室外面の最大長（南壁石外面から天井石4の北端まで）が398cm、壁石の南北長が361.5cm、床石の南北長が352cmを測ることが判明した。幅は各部で寸法が異なり、最大幅196cm、最小幅185cmである。以下では、各石材をFig.68のように呼称する。

天井石　長手方向を接合面にとり、4石を南北に組み合わせる。天井石1〜3は、幅183cm前後、長さ97cm前後、厚さ60cm前後で、ほぼ同大・同寸の石材を組み合わせるが、西面側が概ね直線的に揃うのに対し、東面側はやや不揃いである。3石の西面の位置は西壁石の外面ラインとも概ね一致しており、天井石は西壁石外面を基準に西揃えで架構されたと推定される。

　一方、北端の天井石4は、幅160cm前後、長さ101cm前後、厚さ45cm前後で、他の3石とはあきらかに規格が異なる。天井石4は、石室内部からみた場合、石室北端のわずか14cmの隙間を塞ぐ石材であるが、必要以上に長い石材が用いられており、その結果、天井石4は、北壁石を越えて版築面上に40cm以上突出した状態となり、北壁石を軸に天秤状の不安定な状態になっていた。

　また、天井石1は、南端上部を屋根形に面取りしており、キトラ古墳と同様に東・西側面では面取りが奥に向かって三角形状に消失する。加えて、南面と東・西面の南寄りの範囲は、表面をみがき調整さ

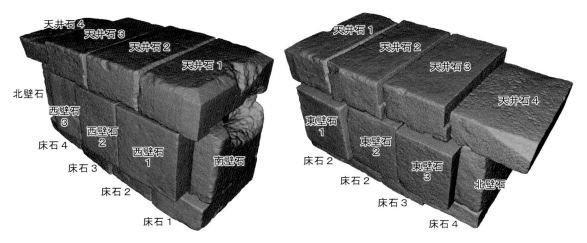

Fig.68　石室石材名称図（三次元モデル）

れている。これらは、墓道から見える範囲のみの装飾的な効果をねらった加工と考えられるが、側面の面取りやみがきは墓道掘方内におさまらず下位版築内に続く。キトラ古墳石室では、面取りが墓道内におさまっているため、加工のタイミングが判然としないが、高松塚古墳では版築との関係により、面取り加工やみがき調整が天井石を版築で被覆する以前、すなわち墓道掘削以前に施されていたことがあきらかとなった。なお、天井石1南面下端の南壁石と組み合う部分には、内側に向かって斜めの刻り込みが施されており、南壁石の閉塞を容易にするための加工と考えられる。

　天井石どうしは合欠を設け、互いに組み合うように作られている。合欠は、石室内側（下面）から25～27cmほどのところで、3cm前後の段で屈曲させ合欠を作り出している。合欠の方向は北から被せるように組み合わせる構造になっていることから、天井石は1から4に向けて、つまり南から北へ向け架構していったことがわかる。ただし、組み合わせ時の石材の損傷を防ぐための工夫であろうか、石材同士は密着性に欠け、接合部は上方に向かってV字形に開く。最終的にその隙間を漆喰で丁寧に塞ぐ。

壁　石　東・西各3石、南・北各1石の計8石からなる。東・西壁石の接合面にのみ、相互に合欠が設けられるが、上面（天井石との接合面）や下面（床石との接合面）には合欠は存在しない。東・西壁石は幅79～106cm、厚さ38～53cmと不揃いで、天井石よりも軽量の石材を使用する。一方、南・北壁石は、幅137～152cm、厚さ43～48cmと大きさが近似し、東・西壁石よりも重厚な石材が使用されている。東・西壁石6石は、内面（壁画面）からみると、上・下面が南に向かってやや傾斜する。各石材とも一律に上・下面が北側に向かって上昇しており、したがって壁画面は厳密な長方形ではなく平行四辺形状を呈する。

　壁石は床石の段に密着するように、床石縁部の一段低くなった部分に配置される。東・西壁石の内面は3石の石材が同一面となるよう平坦に揃えるのに対して、外面側は石材の厚みの差がそのまま凹凸となって現れる。前述のように天井石1～3は、西壁石外面を基準に架構されたと推定されるが、西揃えで天井石が架構された結果、東壁石1・3は天井石東面より10～15cm外側に迫り出す。

　東・西壁石の南・北面の合欠は、石室内面側から22cm前後の位置に鍵の手状に3cm前後の段差を作り出す。南面で内面側が突出することから、天井石とは逆に、北から南に向かって組まれたことがわかる。一方、東・西壁石3の北面には仕口がなく、北壁石南面の中央に削り出した2cmほどの段を東・西壁石3の北端で挟み込む構造となっている。設置順序は、北壁石を先に置き、その後に東・西壁石3を設置したと考えられる。一方、東・西壁石1の南面には、南壁石を嵌め込むための切欠が設けられるが、南壁石の取り外しと閉塞に配慮して切欠は鈍角に削り込まれ、南壁石の接合部もその形状に合わせて面取りがなされていた。壁石の接合面には、合欠を削り出す際の割付線とみられる朱線が部分的に残存する。

　なお、壁石の大半は、床石の縁から版築上にはみ出すように設置されており、はみ出した壁石の下端と版築との間には小石を詰めて壁石の安定を図っている部分も見られた。

床　石　天井石同様、長手方向を接合面にとり、4石を南北に組み合わせる。合欠の形状も天井石と同様であり、南から北へ向かって設置されたことがわかる。4石とも幅160cm前後、長さ90cm前後に加工されているが、4石の設置状況は、東面側が直線的に揃い、西面側では石材間の凹凸が目立つことから、東揃えで設置されたものと理解できる。厚さは4石それぞれ異なり、南端の床石1が55cm前後の厚さをもつのに対して、北端の床石4の厚さは40cm弱と薄く、北に向かって床石の厚さが逓減する。床石

の設置面は階段状を呈しており、1石ずつ下に土を置いて上面の高さを調整しながら床石を設置していったことが判明した。(第3章3)

床石の設置後、床石の上面には、完成時の石室の床面に相当する南北264.8cm、東西103.2cm、高さ3cmの段が削り出される。後述の水準杭を使用して、現地で一体的に削り出されたもので、周囲の低い部分を壁石の設置面とする。後述のように、床石の取り上げに先立ち床面を精査した結果、長さ217cm、幅66cmの棺台の設置痕跡を確認することができた。

仕口と梃子穴　目地漆喰を取り外す過程で、天井石の側面に穿たれた幅11〜14cm、高さ5cm前後、奥行き7cm前後の蒲鉾形の穴の存在があきらかになった(PL.29・30)。天井石2・3では東・西面の下端に2個セットで並び、天井石4や南・北壁石では東・西面下端に1個ずつ存在するが、天井石1、東・西壁石、床石には見られない。穴の周縁部の摩滅や破損状況から、この穴に梃子棒を差し込み、石材位置を微調整した梃子穴と推測される。

同様の梃子穴は、キトラ古墳の南端の天井石の東・西面下端や、マルコ山古墳でも認められ、飛鳥地域の終末期古墳の石室構築に広く採用された工法と考えられる。梃子穴の内部には、団子状に丸めた漆喰が詰められ、さらに目地を塞ぐ漆喰で覆い隠されていた。

一方、南壁石の南面下端、すなわち床石1との目地部分には、特に厚く入念に漆喰が塗り込まれていた。これを取り除いたところ、鋸歯状に連続して並ぶ5個の穴が発見された(PL.30・31)。これらの穴を穿った際の工具痕が、直下の床石上面にもおよぶことから、南壁石と床石1が組み合った状態、すなわち石室構築後に穴が穿たれたことがわかる。南壁石には、東・西面に各1個の梃子穴が存在するが、墓道壁が間近に迫るため、東・西面の梃子穴は墓道内では使用することができない。したがって、東・西面の梃子穴は、北壁石と同様に、石室が版築で覆われる以前の石室組み立て時に使用されたものと考えられる。これに対して、南面に並ぶ5個の穴は、使用の機会が墓道掘削後に限定されることからも、南壁石の取り外しと閉塞に使用された梃子穴とみられる。石室を一旦組み立ててから、墓道を掘って南壁石を取り外し、埋葬後に再び閉塞する工程は、昭和49年度調査の際にも推定、復元されていたが[1]、南壁石南面の梃子穴の発見はこれを裏付ける成果となった。

(2) 石材各説 (付図3〜18)

天井石1　南端に位置する天井石である。幅183cm、長さ97cm、厚さ63cm、重さ1,400kg。石材の南面、東・西面の南寄りの部分がみがき調整されているのに対して、その他の範囲にはノミやチョウナの加工痕跡がよく残る。さらに上面と南面の角は、高さ10cm、奥行き14〜15cmで斜めに面取りがなされ、それに連続する南東と南西の角にあたる部分も、高さ9cm、奥行き42〜47cmの三角形に面取りされている。また、南壁石と接する南面の下端部分には、幅136cm、高さ9cm、奥行き8cmで斜めに割り込みが施されている。石材北面には、下面側が突出する合欠がある。合欠は下面からほぼ直角に立ち上がり、27cmのところで3cmの段を設ける。段から天井石上面までは33cmを測る。

天井石2と接する上面と東・西面北端の目地部分、および東・西面の下端には、石室構築後にノミやチョウナで連続的にはつりとられた痕跡が残る。目地漆喰を塗り込む凹みを設けるための意図的な加工とみられる。西面北側の上端隅部では、幅40cm、高さ13cmほどの範囲が当初から薄く弧状に剥落して

第4章　埋葬施設の調査

Fig. 69 石室SX200外面展開図　1:30

いる。最終的に内部には漆喰が充填されることから、それ以前に剥落が生じていたことは確かであるが、上述のはつり加工との先後関係は明確ではない。

一方、上面の南半部は中世の盗掘により大きく破損している。周囲に残るその痕跡から、先端が幅8～10cmの三日月形を呈する工具が使用されたと推定できる。同様に南面東側の下半部では、幅62cm、高さ27cmほどの範囲が盗掘により破損するほか、下面（石室天井面）にも盗掘時の打撃の痕跡が残る。なお、天井石1には地震による大きな亀裂が南北に走るが、下・南面（石室の内・外面）ともに、盗掘時の工具痕よりも亀裂による石材のずれの方が新しいことが確認された。したがって、天井石1を南北に走る亀裂は13世紀の盗掘以後に生じたものと判断できる。ほかに、東面下端の北側隅部にも三角形状に亀裂が走る。

天井石2　南から2石目に位置する天井石で、星宿図の南半（天極、東方・南方・西方七宿）が描かれている。幅186～188cm、長さ98cm、厚さ61cm、重さ1,530kg。南面には、上面側が突出する合欠がある。下面から直角に立ち上がり、27cmのところで3cmの段を設ける。そこから天井石上面までは31cmを測る。北面には、下面側が突出する合欠がある。下面に対して直角ではなくやや内傾斜で立ち上がり、下面から24cmのところで3cmの段を設ける。そこから天井石上面までは35cmを測る。東・西面の下端には幅11～12cm、高さ5cm、奥行き9～12cmの蒲鉾形の梃子穴が26～31cmの間隔をあけて、2ヵ所ずつ穿たれている。

天井石1と接する上面と東・西面南端の目地部分は、天井石1同様に石室構築後に連続的に細かくはつり、目地漆喰を塗り込むための凹みを設ける。東・西面の下端にも同様の細かなはつり痕跡がみられる。東面南側の上端隅部には弧状に薄く剥離した部分があり、天井石1東面と同様に剥離部分には目地漆喰が充填されるが、剥落がどの段階で生じたのかは不明である。

下面中央には、天井石1から連なる南北方向の大きな亀裂があり、南・北面では亀裂が石材中央部分にまで達しているのが確認できる。このほかに、北東隅の下端部が三角形状にひび割れており、東面や北面に亀裂が派生している。また西面南寄りの位置には、南側の梃子穴上辺付近から石材上面にまで縦方向に亀裂がのびる。

第4章 埋葬施設の調査

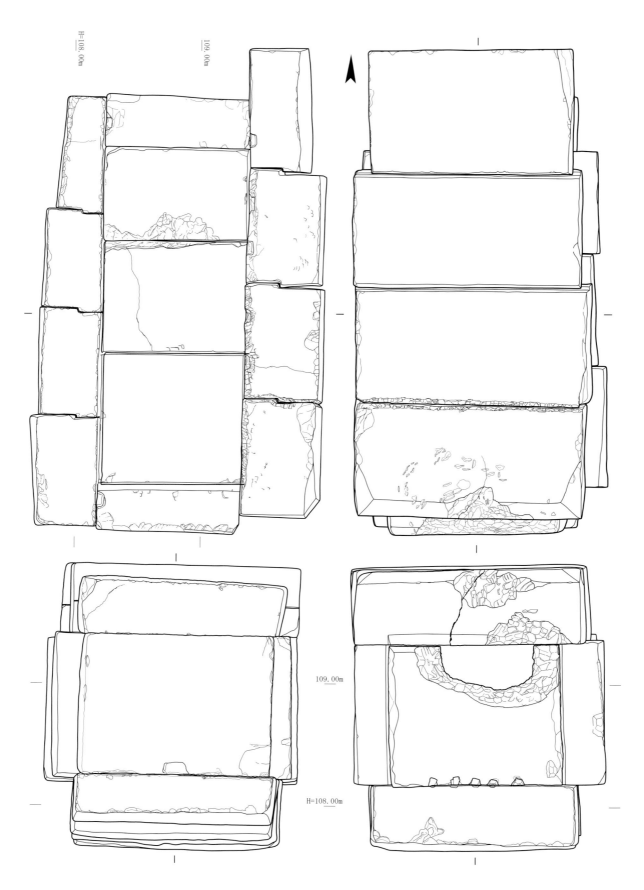

Fig. 70 石室SX200外面展開図（目地漆喰取り外し後） 1：30

1　石　室

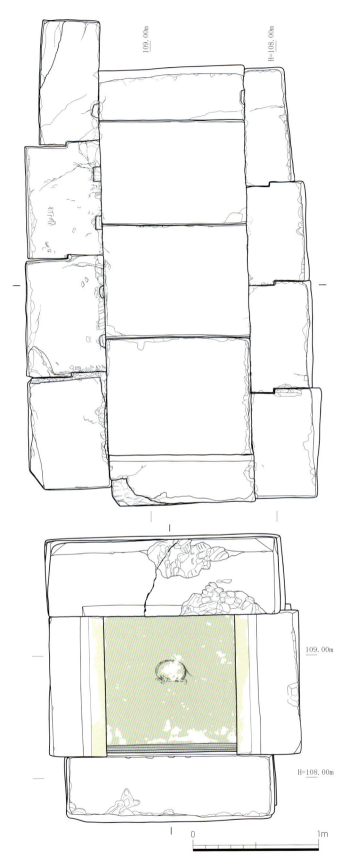

天井石3　南から3石目に位置する天井石で、星宿図北半（北方七宿）が描かれている。幅181cm、長さ96cm、厚さ59cm、重さ1,430kg。南面には上面側が突出する合欠がある。下面から内傾ぎみに立ち上がる。下面から29cmのところで3cmの段を設けており、そこから天井石上面までは28cmを測る。北面には、下面側が突出する合欠がある。下面に対してほぼ直角に立ち上がり、下面から25cmのところに3cmの段を設ける。段から天井石上面までは33cmを測る。

東・西面の下端には幅11～12cm、高さ6cm、奥行き8～10cmの方形の梃子穴が23～24cmの間隔をあけて、2ヵ所ずつ穿たれている。天井石2や4の梃子穴が蒲鉾形であるのに対して、天井石3の梃子穴は角張った方形を呈する。

西面の下端には、目地漆喰を充填するために石室構築後に施された連続的なはつり痕跡がみられる。また、下面北東隅は三角形状にひび割れており、それに連なる亀裂が東面や北面にも波及している。下面南西隅にも南辺に沿って亀裂が走る。

天井石4　北端に位置する天井石である。幅159～162cm、長さ100～102cm、厚さ42～47cm、重さ1,130kg。天井石1～3とは規格が異なり、形状も正確な直方体ではない。特に、西面は下に向かってやや鋭角に傾斜しており、上面北東隅は三角形状に欠けている。切り出し時からの石材の形状とみられる。南面には、上面側が突出する合欠があり、下面から25～27cmのところに3cmの段を設ける。段から天井石上面までは14～18cmを測る。北面は平坦で仕口はなく、極めて平

71

滑に加工されている。東・西面の下端には幅11cm、高さ6cm、奥行き8～10cmの蒲鉾形の梃子穴が各1ヵ所穿たれている。

　北面東側から東面にかけて亀裂が走るほか、下面南東隅部分は三角形状にひび割れている。また、下面南西隅部から西側の梃子穴にかけては、剥落により浅い段が生じている。段の内部は平滑に加工されており、剥落は当初からのものである。

東壁石1　　　南端に位置する東壁石で、男子群像の描かれている石材である。幅97cm、高さ116cm、厚さ47～53cm、重さ825kg。厚さについては、南面で下端が52cmを測るのに対して、上端は48cmしかなく、ややいびつな形状をしている。北面には、外面（東面）側が突出する合欠がある。内面（西面）から22cm、外面から28cmの位置に3cmの段を設ける。段の外側はほぼ直角であるが、内側は内面に対してやや鋭角に加工されている。南面は南壁石を嵌め込むための鈍角（115°前後）の切欠が設けられている。切欠部分にも石室内から壁画の下地漆喰がおよんでおり、南壁石を取り外した後に石室内の漆喰が塗布されたことがわかる。石材の外面（東面）下端には天井石のような梃子穴は設けられていないが、摩滅や細かな破損が多数生じており、梃子棒を用いて位置調整がなされたことがうかがわれる。

東壁石2　　　中央に位置する東壁石で、青龍および日像の描かれている石材である。幅93cm、高さ116cm、厚さ40～44cm、重さ655kg。東面中央がやや膨らむ。北面には外面（東面）側が突出する合欠があり、内面（西面）から23cm、外面から15～17cmの位置に3cmの段を設ける。南面には、内面側が突出する合欠があり、内面から22cm、外面から18～21cmの位置に3cmの段を設ける。上面の南東隅や北西隅、下面の北西隅には三角形状にひび割れが生じており、そこから各面に亀裂が派生する。

東壁石3　　　北端に位置する東壁石で、女子群像の描かれている石材である。幅89cm、高さ116cm、厚さ45cm、重さ685kg。北面の上端と下端では厚さに約3cmの差があり、上にいくほど厚みが増している。南面には、内面（西面）側が突出する合欠があり、内面（西面）から22cm、外面から21cmの位置に3cmの段を設ける。北面には合欠はなく、平坦に仕上げられている。外面下端には、梃子穴は設けられていないが、摩滅や細かな破損がみられることから、梃子棒を用いて設置位置の微調整がなされていたものと考えられる。東面の南側下端隅部には未調整の凹みがある。また、上面南西隅や下面北西・南西隅には小規模な亀裂が生じている。

西壁石1　　　南端に位置する西壁石で、男子群像の描かれている石材である。幅106cm、高さ116cm、厚さ44～45cm、重さ840kg。北面には外面（西面）側が突出する合欠があり、内面（東面）から23cm、外面から19～21cmの位置に3cmの段を設ける。南面には、東壁石1同様に南壁石を嵌め込むために、鈍角（110°前後）の切欠が設けられており、切欠面にも壁画の下地漆喰が石室内から続いて塗布されている。上面北東隅は三角形状にひび割れており、亀裂は内面および北面にも回り込む。下面でも東辺に沿って切欠部から45cm以上、亀裂が北に向かってのびる。

西壁石2　　　中央に位置する西壁石で、白虎および月像の描かれている石材である。幅94cm、高さ116cm、重さ750kg。厚さ44～45cmであるが、下面よりも上面のほうがやや薄い。北面には、外面（西面）側が突出する合欠があり、内面（東面）から23cm、外面から18～20cmの位置に3cmの段を設ける。南面には、内面側が突出する合欠があり、内面から22cm、外面から21～22cmの位置に3cmの段を設ける。西面から北面にかけての隅部は、高さ92cm、幅5～20cmの範囲が三角形状に欠けている。同部分には

1　石室

加工はおよんでおらず、岩盤からの切り出し時に生じた割面と考えられる。また、西面下半には亀裂があり、南から北に向かって下降しながら西面を横断し、下面に回り込む。

西壁石3　　北端に位置する西壁石で、女子群像の描かれている石材である。幅79cm、高さ116cm、重さ515kg。厚さは38～41cmで、上面よりも下面、北面よりも南面が薄くなる。南面には、内面（東面）側が突出する合欠があり、内面から21cm、外面（西面）から17～19cmの位置に3cmの段を設ける。東壁石3同様に、北面には合欠はなく、平坦に仕上げられている。上・下面ともに北西隅が当初から欠け、西面南側には未加工の窪みが存在する。また、下面南東隅は三角形状にひび割れる。

南壁石　　石室南端を塞ぐ壁石で、本来は朱雀が描かれていた可能性のある石材であるが、盗掘によって漆喰層自体が大部分失われている。石材上部のやや東寄りには、幅73cm、高さ37cmの盗掘孔が貫通しており、周囲には天井石1と同様に幅8～10cmの三日月形を呈する盗掘時の工具痕が多数残されている。東面上部では盗掘孔から細かな亀裂が数本派生している。幅137～140cm、高さ114cm、厚さ47cm、現状での重さ835kg。ほぼ直方体に切り出された石材であるが、東・西壁石1と組み合わせて石室を閉塞するため、北面と東・西面との角を17cm分削り落とし、鈍角に面取り加工している。また同様に、天井石1や床石1との噛み合わせを考慮して、南面の上・下端の角を8cmほど、北面の上・下端の角を2cmほど斜めに削り落して面取りを施す。

内面の下地漆喰の遺存度は悪いが、東・西壁石1に接していた両端の幅約10cmの範囲では、カビが付着していたものの、漆喰が比較的良好に残されていた。これにより、石室開口時に南壁石内面に下地漆喰を塗布し、その後に、石室の閉塞をおこなったことがあきらかとなった。

東・西面の下端には幅8～12cm、高さ5cm、奥行き8cmの蒲鉾形の梃子穴が各1ヵ所穿たれており、前述のように石室構築時に一旦、南壁石を組み上げる際に使用されたものと考えられる。一方、南面下端には鋸歯状に5つの梃子穴が穿たれている。幅8～14cm、高さ6～8cm、奥行き7～8cmで、前述のように床石上の対応する位置に穴を穿った際の痕跡が残る。天井石や壁石側面に設けられた梃子穴と異なり、不整形で破損や摩滅が激しく、完成した石室の開口や閉塞に使用された状況を裏付けている。

北壁石　　石室北端を塞ぐ壁石で、玄武の描かれている石材である。幅152cm、高さ116cm、厚さ43～48cm、重さ1,215kg。ほぼ直方体に切り出された石材であるが、厚さは下面付近が厚く、上に向かって窄まる形状を呈する。また、上面では西側よりも東側が幅狭となる。南面の東・西縁を約24cm幅で2～3cmほど削り込んで段を設け、中央の段を石室奥壁（壁画面）とし、東・西の一段下がった面に東・西壁石3の北面を接合する。

東・西面下端には南壁石と同様に、幅6～14cm、高さ5cm、奥行き8cmの蒲鉾形の梃子穴が各1ヵ所穿たれている。北面の下端中央にも幅13cm、高さ9cm、奥行2cmほどの浅い凹みがあり、梃子穴として使用された可能性がある。また、西面北辺の下端隅は、幅24cm、高さ28cmほどの範囲が当初から剥落している。表面からの深さは最大6cmほどで、西面北側にはその窪みに沿って朱線が引かれており、石材の切り出し、ないしは成形にともなって生じた割面の可能性がある。上面の南東隅、および西辺から南西隅にかけての範囲と、下面南東隅には細かな亀裂が生じている。

床石1　　南端に位置する床石である。幅160～164cm、長さ90cm、厚さ55～57cm、1,140kg。上面北半に東西103cm、南北43cm、高さ3cmの段を削り出す。上面各辺から段までの距離は、東・西がともに28cm、

第4章 埋葬施設の調査

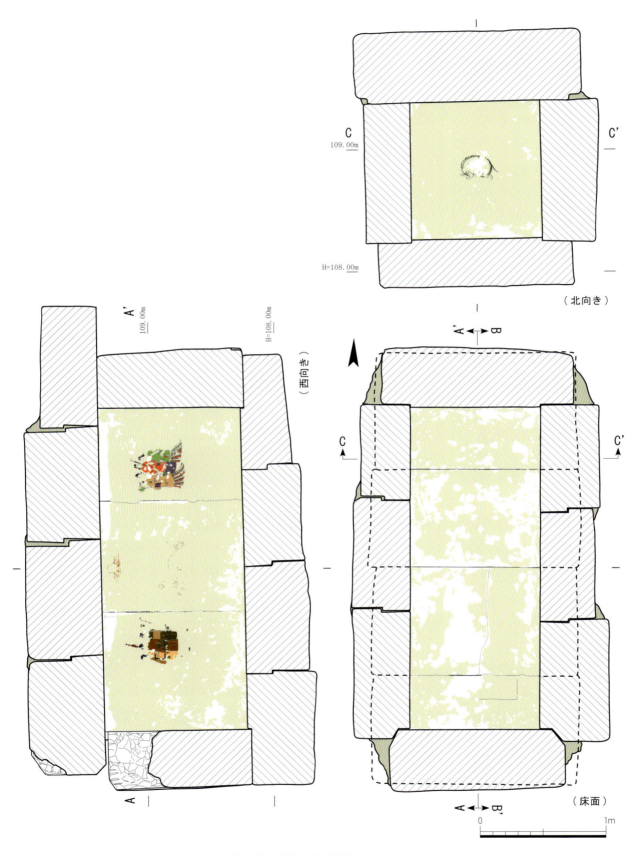

Fig. 71 石室SX200断面図（1） 1:30

74

1 石室

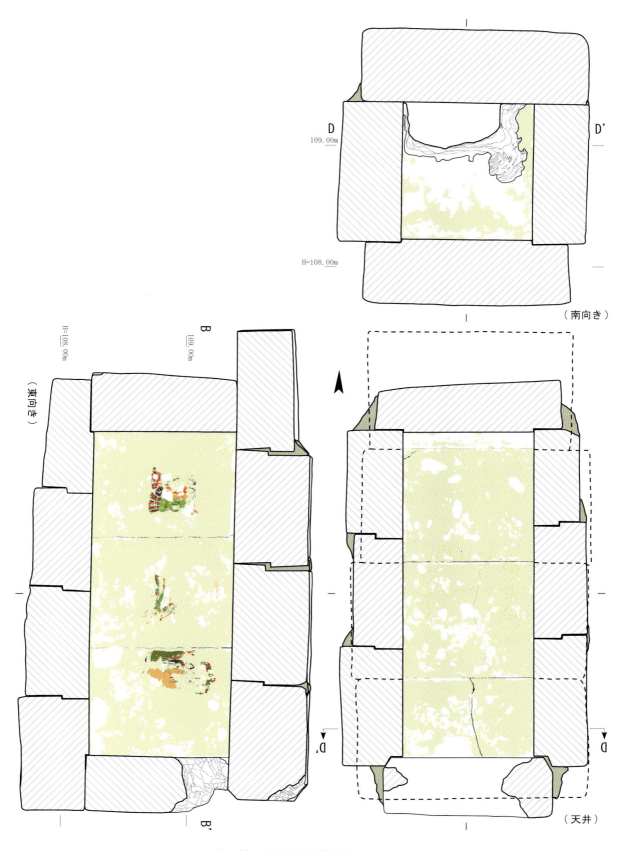

Fig. 72 石室SX200断面図（2） 1：30

第4章　埋葬施設の調査

南が43cmで、段南端ラインが上面の南北長を二分する位置を走る。段の東・西辺に沿って縁部に東・西壁石1が設置されるが、両石材南面の鈍角の切欠を床石上で調整加工した際の痕跡が、わずかな段となって上面縁部に残る（PL.25左下、43上）。また、前述のように、南壁石の南面下端に設けられた鋸歯状の梃子穴に対応する浅い凹みが上面南端に5ヵ所残る（PL.31下）。さらに、後述のように、南壁石が置かれていた位置で水銀朱の滴3点を確認した。

　北面には、下面側が突出する合欠があり、上面から21cm、下面から30〜36cmの位置に3cmの段を設ける。東・西面や南面は比較的平坦に加工されているが、下面は中央がややたわんだ形状をしている。また、南面下端の中央やや西寄りには、下辺30cm、高さ22cmほどの窪みがある。窪みの内部は未調整であり、石材切り出し当初から存在した割面とみられる。なお、北面東北隅には合欠に沿って亀裂が生じている。

床石2　南から2石目に位置する床石である。幅158〜163cm、長さ91cm、厚さ52cm、1,100kg。上面は東・西辺から27〜29cmまでの範囲を3cm削り下げ、中央に東西103cm、南北88cmの段を成形し、床面とする。東・西の一段低くなった部分では、東・西壁石2の南面に対応する位置に、同面を調整加工した際の工具痕跡が残る。南面には上面側が、北面には下面側が突出する合欠があり、両者とも上面から21cm、下面から27〜28cmの位置に3cmの段を設ける。東・西面下端には、梃子棒を用いて床石の位置調整をおこなった際の痕跡らしき凹凸が残る（PL.43右下）。石材中央を南北に貫く大きな亀裂が走るほか、東面では北側の上端隅部、および下端南側に小規模な亀裂が生じている。

床石3　南から3石目に位置する床石である。幅163〜166cm、長さ84cm、厚さ49〜51cm、重さ1,015kg。上面は東辺から27〜28cm、西辺から29〜32cmまでの範囲を3cm削り下げ、中央に幅103cm、長さ81cmの段を成形し、床面とする。東・西の一段低くなった部分では、西壁石3の南面に対応する位置に、同面を調整加工した際の工具痕跡が残る。南面には上面側が突出する合欠があり、上面から22cm、下面から28の位置に3cmの段を設ける。北面には下面側が突出する合欠があり、上面から20cm、下面から26〜28cmの位置に3cmの段を設ける。東・西面下端には、梃子棒を用いて床石の位置調整をおこなった際の痕跡らしき凹凸が残る。南面下段には、中央から西側にかけて幅65cm、高さ8cmのやや広い剥離面があり、中央では剥離面に沿って弧状の亀裂が生じている。また、北面の合欠の段部分でも東寄りの位置に2ヵ所小さな亀裂が生じている。

床石4　北端に位置する床石である。幅157〜160cm、長さ96cm、厚さ40cm（北面では32〜35cm）、重さ780kg。上面は、南半に東西103cm、南北51cm、高さ3cmの段を削り出す。上面各辺から段までの距離は、東・西ともに27cm、北が43cmほどで、北辺から段までの距離は床石1の南辺から段までの距離と等しい。周囲の一段低くなった部分に壁石が載るが、北壁石の南面に対応する部分に同南面を調整加工した際の工具痕跡が残る（PL.43中上）。南面には上面側が突出する合欠があり、上面から19〜21cm、下面から19〜20cmの位置に3cmの段を設ける。北面や東・西面の下端には、梃子棒を用いて床石の位置調整をおこなった際の痕跡らしき凹凸が多数かつ明瞭に残る（PL.43左下）。東・西面ともに、中央やや北寄りの位置に下面側からのびる縦方向の亀裂が存在する。東・西面の亀裂の位置はほぼ対応しており、北側から梃子棒を用いて床石の位置調整をおこなった結果、生じた亀裂の可能性がある。

（相原嘉之）

2　目地漆喰 (PL. 18〜23・66・67)

　石室を構成する石材と石材の間の目地は漆喰で埋められていた (Fig.69)。漆喰の使用量は部位によって差があるが、基本的にすべての目地に漆喰を詰め、かつ継ぎ目に生じた石材間の段差を漆喰で埋めようとする意識がうかがわれる。石材が欠けて凹んだ部分や、すべての梃子穴にも漆喰が詰められていた。

　漆喰の質は塗布の単位ごとに少しずつ異なり、純白あるいは灰白色で堅緻な部分もあれば、やや褐色を帯びて脆い部分もある。部位によっては多量の苆を混ぜた状況がよく観察された。苆は圧痕の様子からみて刻んだ禾本科植物の茎や葉と思われ、腐朽し去った後に漆喰内部に微細な空洞をつくっていた。

　石室外部の目地漆喰は、内面の壁画の下地漆喰のように薄く塗られるのではなく、隙間に詰め込んだり、塊で盛り上げたりと、多様な方法で施工されている。隙間に詰め込む際に使用された工具として円棒がある。天井石1・2間、天井石2・3間の隙間には、合欠どうしの隙間から径2cmの円棒を差し込み、漆喰を詰め込んだ形跡が生々しく残されていた。また、手で漆喰の塊をつかんで盛り上げた際の手指の

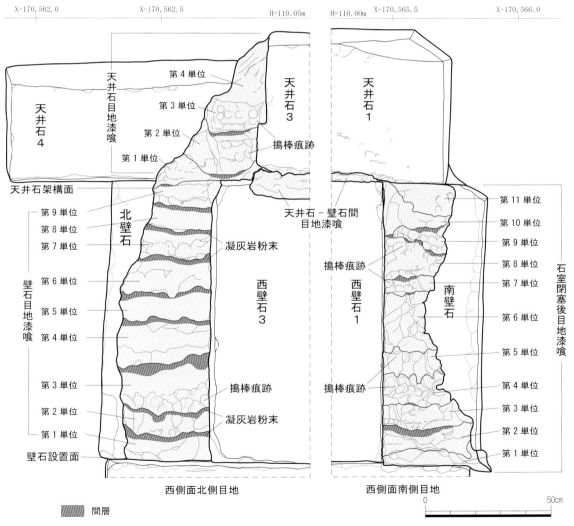

Fig. 73　目地漆喰の施工単位　1:15

第4章　埋葬施設の調査

痕跡や、工具でなでつけた際の刷毛目状の条痕なども各所で認められた。

　漆喰には小石や砂粒などの混入はほとんど見られず、きわめて精製されているが、天井石1と2の目地東側では漆喰中に土師器片1点の混入が認められた。

床　石　　床石どうしの継ぎ目には漆喰を薄く塗り、接着剤的に使用している。漆喰を塗っているのは床石1～3の北側の面で、薄く塗りのばした際の刷毛目状の工具痕が顕著に残されていた。床石は南から床石1～4の順に設置されており、この漆喰は主に設置済みの床石側の接着面に塗られたことになる。

　床石の設置後も、継ぎ目の隙間に側面から漆喰を詰めている。ただし、ほかの部分と比べると漆喰の使用量はひじょうに少ない。壁石や天井石では大量の漆喰を目地に盛り上げるため、版築と並行しながら段階的に漆喰を塗っているが、床石ではそうした状況は明瞭ではなかった。

壁　石　　床石の上に壁石を設置する際、床石上面の壁石が載る部分には漆喰を塗り、接着剤的に使用している。一方、壁石どうしの目地にはこうした接着剤的な漆喰の使用は顕著ではなく、基本的には組み上がってから隙間に詰め込んでいる。また、壁石がすべて組み上がった後、それぞれの壁石どうしの継ぎ目に生じた凹凸を埋める大量の漆喰を、周囲の版築作業と並行して段階的に盛っている。

　ただし、石室構築過程で施工されたこれら一連の漆喰は、閉塞石である南壁石に関係する部位では省略されたと考えられる。南壁石関係の目地漆喰については施工段階がまったく別であるため、項を分けて後述する。

　東・西両壁石は個々の壁石の厚さが不均一であるために、継ぎ目に段差が生じているが、こうした段差は大量の漆喰で埋められる。また、東・西壁石3と北壁石の継ぎ目にあたるコーナー部分は、北壁石の幅が石室全体の外法幅よりも短いために、それぞれ東西20cm・南北38cm、東西15cm・南北44cmの大きな垂直方向の段差が生じており、その段差がほぼ解消する程度まで大量の漆喰を盛って埋めていた。

　以上の垂直方向の目地を埋める漆喰は、壁石周囲の版築作業と並行して段階的に施工されている。すなわち、まず全体的に目地に漆喰を詰め込み、その後は版築の各休止面をベースとして段差に漆喰を盛り、漆喰の一定の硬化とつぎの休止面までの版築土の積み上げをまって、つぎの漆喰を盛るというサイクルを9回繰り返している（Fig.73左）。その施工単位は、漆喰表面の凹凸と、間層として漆喰内部に巻き込まれた版築土によって認識でき、取り外した漆喰塊の裏面、つまり石材に接していた面に残された接合痕からも検証が可能であった。このような段階的な施工方法を採用した理由のひとつとして、漆喰ののりが悪く、厚い漆喰を壁石上面の高さまで一気に積み上げることが困難であったことが推定される。

　漆喰を盛る作業は、床石上端まで積み上げられた版築層の上面（壁石設置面）を最初のベースとしておこなわれる。この面は、床石上面の仕上げ加工や壁石設置作業のベースとなった面であり、凝灰岩片の撒布がきわめて顕著な面でもある。この時点では、北壁石と南壁石の直下となる床石のみが見え、ほかの床石はすでに壁石の下になって見えなくなっており、壁石の下端と床石との隙間に漆喰を詰め込むことはおこなっていない。次に、最初のベースから一定の高さまで版築をおこない、その上面を次のベースとして再び漆喰を盛る。この面も凝灰岩の撒布が顕著である。ただし、壁石に接する部分の版築層は壁石に向かって斜め上方から棒を下ろして搗き固めるため、上面は必ずしも平滑ではなかったようで、漆喰の痕跡から知られる最初のベースからの高さは3～13cmとばらつきがある。それ以後も同様にして、版築と漆喰を盛る作業を交互におこなう。9単位目までを盛り上げた高さは、東壁石2・3間で見る限り、基本的に壁石上端にほぼ等しかったと考えられる。

2　目地漆喰

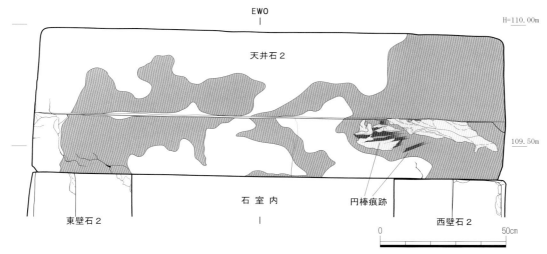

Fig.74　天井石2北面の漆喰塗布状況　1：15

　各単位の漆喰は、典型的にはベース部分がもっとも広く山なりに厚く盛られ、上面を押さえた手指の痕跡が残る部位もあった。また、漆喰の硬化が不十分な状態で次段階の版築を開始した部分では、漆喰自体に搗棒の痕跡が顕著に残っていた。あるいは、版築の際に敷かれたムシロの末端が漆喰上に圧痕を残した部分もわずかながらみられた。

天井石　　天井石は南から順に設置されるが、その都度、壁石上面に漆喰を塗り、接着剤的に使用している。天井石4は北壁石北端から北へ向かって大きくはみ出すが、その部分の版築土の上にも漆喰を塗っていた（PL.58右中）。天井石どうしの継ぎ目は比較的隙間が大きく、さらに外側からも漆喰を詰め込んでいる。漆喰は上面から詰め込んだり、側面から棒を使って横方向に押し込んだりしている。天井石2と3の継ぎ目には上端で約4.5cmの隙間があるが、そこには順次、上から押し込まれて大きな板状となった漆喰がはさまっていた。天井石1・2間、天井石2・3間の隙間には、合欠どうしの隙間から円棒を差し込み、漆喰を詰め込んでいた。円棒は径2cm、長さ58cm以上で、天井石2・3間では7回以上差し込んで漆喰を塗りのばそうとした痕跡が残されていた（Fig.74、PL.22左上）。

　天井石の架構完了後、周囲を版築で埋めるにあたり、壁石と天井石との水平方向の目地と天井石相互の垂直方向の目地を漆喰で埋めている。垂直方向の目地は壁石のそれと同じく、周囲の版築作業と並行して段階的に施工する。最後に、天井石上面の目地に漆喰を塗り、石室構築過程での漆喰塗布作業を完了する。

　天井石1〜3はほぼ同大で、壁石の上に載せるにあたり、西辺は壁石の外法ラインにほぼ合わせている。一方、東辺は壁石自体の厚さが西辺以上に不揃いで、かつ天井石の差し渡しが石室全体の外法幅よりも短いために、最大で東西14cmのテラス状の段が生じている。天井石4は壁石の上にかかる部分が少ないが、幅が狭いため天井石1〜3以上に大きな段を生じ、天井石3との接合部にも幅と厚さの不均一によって生じた段差がある。漆喰はこれらの段差がほぼ見えなくなる程度まで大量に塗られている。

　一連の漆喰の施工に先立ち、準備作業として、壁石上端との継ぎ目にあたる天井石1〜3側面下端の稜角を粗く打ち欠いて漆喰を詰め込むための凹部をつくる（PL.26・27）。打ち欠きは、継ぎ目が比較的平坦な西辺において丁寧で、テラス状の段がある東辺ではまばらにしかおこなわれていない。壁石の側に工具の当たった痕跡がみられることから、この打ち欠きは天井石の架構後になされたことがわかる。

また、打ち欠きの南端は天井石1の中央やや南寄りの東・西壁石1南端付近で収束する。天井石どうしの目地についても、天井石1と2の目地に限り、側面と上面の両方で石材の稜角を打ち欠いて断面V字形の凹部をつくっていた（PL.28）。鉄製工具で連続的に打ち欠いたもので、やはり架構後の造作である。

　準備作業後、天井石1の壁石南端以南と天井石4の北端を除いて、壁石と天井石との目地を埋める水平方向の漆喰が塗られる。西壁石3は西壁石1・2よりも薄いために外面が天井石3の西面よりも内側に入り込み、継ぎ目がオーバーハングする形になっているが、そこでは壁石構築時の最終の版築面をベースとして漆喰が盛られる。直下が版築土となる天井石4の北壁石南端以北も同じ状況である。

　天井石どうしの目地を埋める垂直方向の版築は、壁石におけるそれと同様に、天井石周囲の版築の各休止面をベースとして漆喰を盛り、漆喰の一定の硬化と次の休止面までの版築土の積み上げをまって、次の漆喰を盛るというサイクルを繰り返すものである。天井石3・4間の東側と西側で3単位、天井石2・3間の東側で2単位、天井石1・2間の東側で2単位を数えた。天井石の高さからみて、全体としては3単位程度であったと考えられる。その場合、前述の水平方向の漆喰は最初の1単位に含まれ、天井石上面の継ぎ目を埋める作業は最後の1単位と一連の作業であったと理解できる。

　またこれとは別に、漆喰の接合痕から漆喰を盛った回数を数えることができた部位がある。その回数は、天井石1・2間の東側で8回、西側で9回であった。

南壁石　　南壁石周囲の目地に塗布された漆喰は、以上に述べた目地漆喰とは施工段階がまったく異なる。すなわち、他の目地漆喰の施工が石室の構築過程に含まれるのに対し、南壁石関係の目地漆喰は、埋葬のために一旦取り外した南壁石を埋葬後に再設置し、墓道を埋め戻す過程に含まれる。

　石室前端の東・西壁石1の南面には、南壁石を受けるための切欠がある。東・西両壁ともに内面に塗られた壁画の下地漆喰は、直角の角を巻き込んでこの切欠面におよび、薄く塗りのばされている。床面に塗られた仕上げの漆喰も、同じく南壁石を受ける段の角を巻き込んでわずかに下にのびる。天井面には南壁石を受ける段はなく、壁画の下地漆喰は南壁石内面に接する位置をこえてそのまま薄く塗りのばされる。南壁石側では、内面に塗られた下地漆喰が、東・西両壁の切欠に組み合う鈍角の角をわずかに巻き込んでいる。しかし、これらはいずれも石室内面に塗られた漆喰の延長であって、目地漆喰ではない。石室前端と南壁石とを接着するためにあらかじめ漆喰が塗布された形跡は一切みられなかった。

　南壁石を再設置した後、南壁石下端と床石上面との継ぎ目を漆喰で埋める。この漆喰は、墓道床面の床石南面沿いに幅5cm、深さ2cmほどの浅い溝を掘り、それをベースとして南壁石と床石との継ぎ目、南壁石下端に刻まれた梃子穴を埋めながら高さ15cmほどまで盛り上げる。

　次に、南壁石の幅が石室全体の外法幅よりも短いために、南壁石と東・西壁石前端面との継ぎ目にあたるコーナー部分に生じた大きな垂直方向の段差に大量の漆喰を詰める。段差は東側で東西32cm・南北32cm、西側で東西25cm・南北32cmである。南壁石と東・西壁石前端面との間にはかなりの隙間があり、漆喰塊を取り外すと、外側からこの隙間に順次詰め込まれた漆喰が板状につながって外れる状況であった。

　この垂直方向の漆喰の施工は、墓道を埋め戻す版築と並行しておこなわれている。石室構築過程における垂直方向の目地漆喰と同じ施工方法であるが、版築の休止回数は2回多く、11単位で盛り上げられていた（Fig.73右）。漆喰表面は場所によって接触部分の土と固着し、多量の砂粒が食い込んでいた。また、ひじょうに凹凸が多いことも、漆喰が十分に硬化するのをまたずに順次作業が進められたことを示唆する。

石室構築過程で垂直方向の漆喰が施工された時点とは異なり、南壁石閉塞時にはすでに天井石が載っているため、上部は天井石下面、南壁石側面、壁石前端面の三方を塞がれた格好になる。最上部では、この空間を埋めるために大量の漆喰がオーバーハングしながら貼り付けられていた。

　天井石1南面の下端には、南壁石の幅に合わせて斜めに割り込みがつけられている。この割り込みと南壁石上面との間に生じた隙間には、前方から漆喰が押し込まれていた。この部分は盗掘によって大部分が失われており、漆喰が天井石の前面にもおよんでいたかどうかは不明である。

　ところで、南壁石関係の目地漆喰は、墓道埋め戻し時に施工する予定を念頭に、ほかの部位の目地漆喰が施工された石室構築過程においては省略されていたと考えられる。墓道埋め戻しにともなう漆喰の下に、先行する漆喰の痕跡がみられなかったことがその大きな理由である。仮に南壁石を開く際に除去したとしても、強固に固着した漆喰を剥がす作業は容易ではなく、石材に工具による傷や剥がし切れなかった漆喰などが残ったはずであるが、そうした形跡も一切確認されなかった。

（岡林孝作）

3　石材加工

（1）　水準杭（Fig.75・76、PL.38〜41）

　床石上面に対応する版築の上面で小穴を8基検出した。小穴は、径8cm前後、深さ30cm前後を測り、床石の東西両脇に4基ずつ、石室中軸線を挟んで東西でほぼ対称となる位置に配される。

　検出当初は、石室構築時の足場穴などの可能性も想定され、穴の性格は判然としなかったが、穴の空洞部にシリコン樹脂を注入しその形状を確認したところ、鋭利な刃物で先端を尖らせた杭が打ち込まれた痕跡であることが判明した。穴は杭先端の木質部が腐朽して空洞化したものが多いが、版築土や凝灰岩の粉末が入り込む穴も認められた。前者は使用後に上部を切断し、先端部がそのまま版築内に残されたもので、後者は先端まで抜き取られた結果と考えられる。

SX220　床石4北西隅から西へ40cmに位置する。平面楕円形、断面V字形を呈し、長径9cm、短径7cm、深さ33cm。穴の内部は、上面から20cmまでは、抜取穴の外側を取り巻くように薄く凝灰岩粉末が混入し、残る下の13cm分は空洞となっていた。杭の周辺は、打ち込み時の衝撃により版築が若干崩落したものとみられ、上面から深さ15cmまでが杭より一回り大きな掘方状の穴となり、そこに版築土由来のにぶい褐色粘性砂質土が入り込んでいた。

SX221　床石4北東隅から東へ40cmに位置する。平面楕円形、断面V字形を呈し、長径8cm、短径5cm、深さ35cm。穴の内部は、上面から深さ25cmまで凝灰岩粉末が混入し、残る下の10cm分は空洞となっていた。杭の打ち込みによる周囲の版築土の崩落は、上面から深さ約10cmにおよぶ。

SX222　床石2西辺から西へ65cmに位置する。平面楕円形、断面V字形を呈し、長径8cm、短径6cm、深さ29cm。穴の内部は、下の13cm分が空洞となっていた。杭の打ち込みによる周囲の版築土の崩落は、上面から深さ約19cmにおよぶ。

SX223　床石2東辺から東へ70cmに位置する。平面楕円形、断面V字形を呈し、長径7.5cm、短径7cm、深さ20cm。穴内部に空洞はなく、褐色砂質土で充填されていた。杭の打ち込みによる周囲の版築土の

第4章　埋葬施設の調査

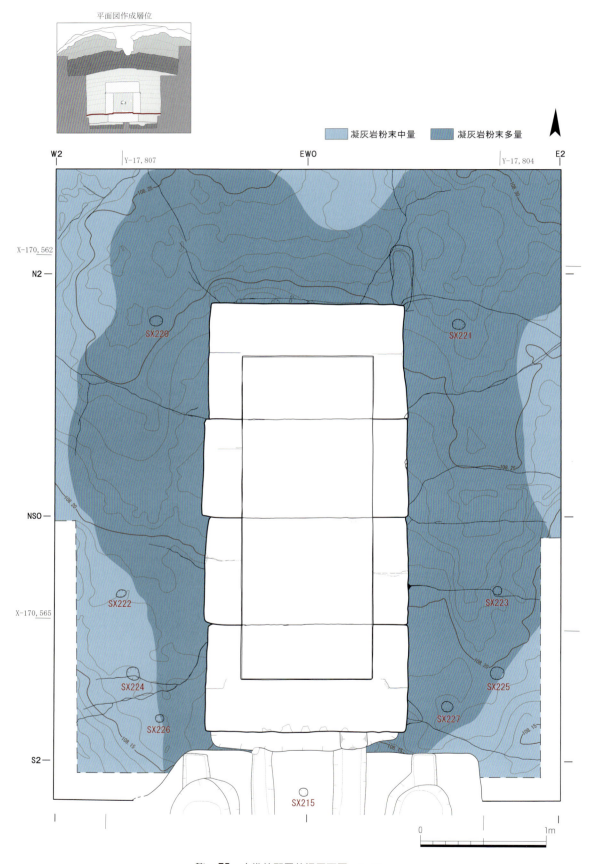

Fig. 75 水準杭配置状況平面図　1:30

3 石材加工

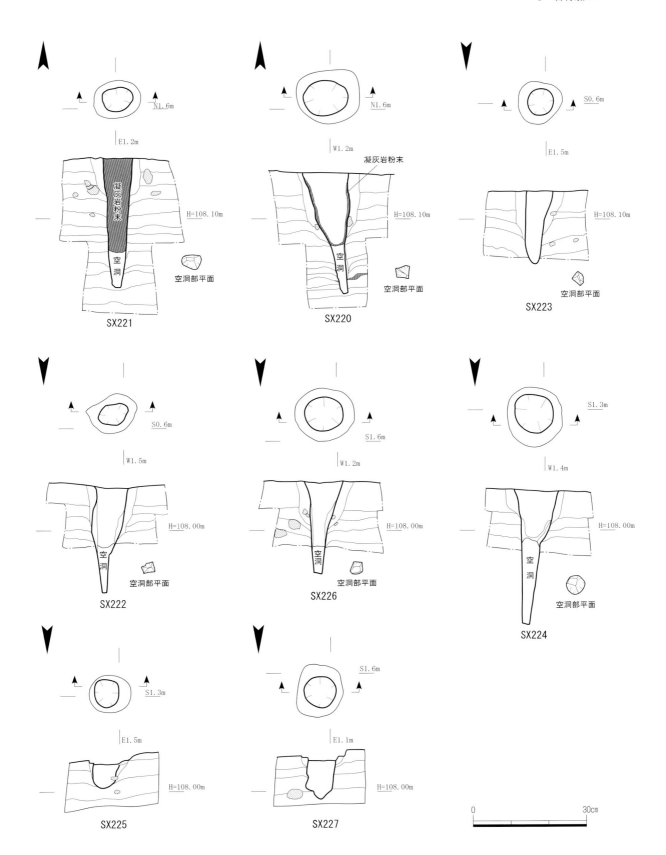

Fig. 76 水準杭跡平・断面図 1:10

第4章　埋葬施設の調査

崩落は、上面から深さ約13cmにおよぶ。

SX224　床石1西辺から西へ60cmに位置する。平面は正円形に近く、断面はV字形を呈する。長径10.5cm、短径10cm、深さ37cm。穴の内部は上面から深さ14cmまでが褐色砂質土が入り込み、その下23cmは空洞となっていた。杭の打ち込みによる周囲の版築土の崩落は、上面から深さ8cmである。

SX225　床石1東辺から西へ70cmに位置する。平面は正円形に近く、断面は砲弾形を呈し、長径10.5cm、短径10cm、深さ9cm。穴内部に空洞はなく、全体が褐色砂質土で充填されていた。杭の打ち込みによる周囲の版築土の崩落は、上面から深さ約7cmである。

SX226　床石1南西隅から西へ30cmに位置する。平面はほぼ正円形で、断面はV字形を呈する。直径7cm、深さ25cm。穴の内部は上面から深さ18cmまでが褐色砂質土が入り込み、その下7cmは空洞となっていた。杭の打ち込みによる周囲の版築土の崩落は、上面から深さ13cmまでおよぶ。

SX227　床石1南東隅から東へ30cmに位置する。平面はほぼ正円形で、断面は砲弾形を呈する。直径8cm、深さ13cm。穴内部に空洞はなく、全体が褐色砂質土で充填されていた。杭の打ち込みによる周囲の版築土の崩落は、上面から深さ約4cmである。

SX215　昭和49年度調査においても、墓道部の石室中軸線の延長線上で凝灰岩粉末が混入する直径8cm、深さ約20cmの小穴が1基確認されている[2]。今回確認された杭跡と一連のものとみられる。

以上の杭跡の性格については推測の域を出ないが、鎌倉時代末の延慶2年（1309）に、高階隆兼を絵師として作成された『春日権現験記絵』第一巻の「竹林殿造営図」に参考となる場面が描かれている。そこでは、童が浅い水箱に柄杓で水を注ぎ入れる傍らで、工匠が水の水平面を用いて、細い杭に張った水縄の水平を検している。この細い杭の太さや配置状態が確認された小穴と類似することから、小穴は水縄を張った細い杭の腐朽痕跡と推定し、水ばかりに用いた杭ということで水準杭と呼称することとした。高松塚古墳のように精緻な切石を用いて石室を組み上げていく場合、特に床石上面の壁石との設置面を平滑に歪みなく加工することが重要となる。そのため、床石設置後に水準杭を打ち込み、水ばかりを用いて水平を割り出して杭間に水縄を張り、その水縄を基準に床面と設置面を一体的に加工したのであろう。　（松村・青木）

（2）　朱線（Fig.77、PL.32・33）

朱線は、天井石4、北壁石、東壁石1・3、西壁石1・2・3の計7石、面数にして11面、計19本が確認できた。線には蛇行はみられず概ね直線的であるが、線の幅は太い部分とやや細い部分とがみられ一定しない。西壁石3の上端付近にはわずかに顔料の飛散らしき痕跡が確認できるが、墨壺状のものを用いて糸を打ち付けたものか、あるいは手描きによるものか、断定は困難である。顔料は水銀朱ではなくベンガラの蓋然性が高いが（第6章8）、ここでは慣例にしたがい、朱線と表記する。

天井石4　合欠部で東西方向に1本、下面では南北方向に1本、東西方向に3本を確認した。合欠部のものは、南端東寄りに位置し、長さ10cmと4cmの2ヶ所に分かれて残存するが、本来は合欠部南端を加工する際の1本の基準線であったとみられる。

下面の南北方向のものは、北面寄りの長さ25cmの範囲に遺存する。石材のほぼ主軸付近に引かれるものの、厳密には主軸より3cmほどずれている。ただしその延長ラインは、下面に穿たれた一対の梃子穴の奥辺間の距離139cmをほぼ二等分する位置を通ることから、石材の中心線として引かれた蓋然性が高い。

これに直交する東西方向の朱線は、計3本遺存する。まず梃子穴から北へ44cmの位置に、東・西端の2ヵ所に分かれてそれぞれ長さ10cm前後の朱線を確認した。この2本を延長すると相互が一直線につながることから、本来は1本の線とみられるが、この2本は石材の中心を通らない。さらにこの朱線より32cm梃子穴側に全長153cmを測る朱線を確認した。石材北端からの距離は約55cmを測るが、この値は天井石3北面から北壁石北面までの距離にほぼ等しい。あるいは石室外法からのオーバー部分の裁断を計画した際のものかもしれない。

北壁石　　南面で3本、西面、下面で1本ずつ、計5本が残存する。南面の朱線のうち1本は壁石上端に沿うようにして横位に引かれる。残存するのは長さ12cm分であるが、上端ラインに一致することから上面を削り出す際の割付線とみられる。南面の残る2本は中央の玄武像の剥落部分で確認でき、1本は石室東壁との接点から西へ51cm付近で上下方向に、もう1本は北壁石上端から下へ58cm付近で、先述の上下の線に直交して左右へ引かれる。両者とも残存する漆喰により全長は不明であるが、東西51cmという数値は石室内法幅103.2cmのほぼ半分、また58cmという数値も北壁石の高さ116cmの半分となる。すなわち、この2本の朱線は、石室奥壁として凸形に削り出された面の中心線となっている。

　西面の朱線は、北辺下端部分にある高さ25cm、幅約6cmの溝状の割面の延長線上に引かれたもので、長さ52cm、最大幅3mmである。朱線は、明瞭な部分とかすれる部分とが交互に認められ、線の下端4.5cm分は幅1mmと非常に細くなる。北辺下端の割面は、石材の切り出し、ないしは成形にともなうものである可能性が高く、朱線はその際の基準線と考えられる。

　下面の朱線は、南面西縁を3cmほど削り込んだ面の東延長部分に残存する。長さ5.5cm、幅1～2mm。石室奥壁となる南面中央の段を削り出す際の目印として引かれたものと推定できる。

東壁石1　　北側の合欠部の西面北端に上下方向に朱線を引く。石材上端から7cmほど下がった位置から始まり、2～8cmの空白を挟みながら断続的に下方へ続く。空白を含む長さ65cm、幅1mm。

東壁石3　　東面（内面）に1本、北面に2本、計3本の朱線が認められる。西面の1本は、北側端部に沿って上下方向に引かれている。上端から3cmほど下がった位置から始まり、2～7cmの空白を挟みながら断続的に下方へ続く。空白部を含めた総長約90cm、幅1～2mm。

　北面の2本のうち西側の1本は、西面（内面）から外側に21cmの位置に上端付近から縦位に引く。長さ約15cm。東・西壁石3北面には合欠は設けられていないが、その他の東・西壁石の南・北面には、内面から21～23cmの位置に合欠が設けられていることから、当初、東壁石3北面にも合欠を設ける計画があり、その際の割付線として引かれた可能性がある。

　北面中のもう一本は、西面（内面）から26.5cm、東面（外面）から18.5cmの位置に縦位に長さ8cmほどで引かれている。ただし、この朱線と石材の間には薄く漆喰が介在しており、直接、石材の表面に引いたものではない。これに関連して、東壁石3と北壁石との間の目地漆喰を取り外した際に、目地漆喰の上にも朱線が現れた（PL.33左下）。朱線は顔料が滴るようにやや蛇行していた。これらの目地漆喰上の朱線は、あるいは石材上に引かれた朱線が漆喰に転写されたものかもしれない。

西壁石1　　北側の合欠部の東面北端に沿って上下方向に朱線が引かれている。石材上端から22cm下がった位置から2～7cmの空白を挟んで断続的に、下端付近まで一直線に引く。空白部分を含めた総長70cm、幅1.5mm。

第4章　埋葬施設の調査

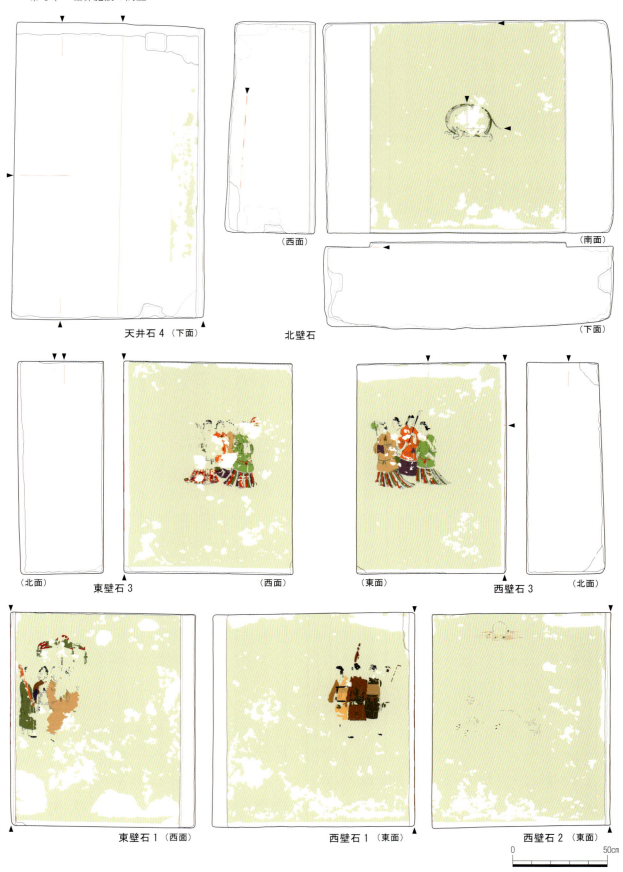

Fig. 77 朱線の残存位置　1:20

3　石材加工

西壁石２　西壁石１と同じく、北側の合欠部の東面北端に沿って上下方向に朱線を引く。石材上端から下方へ40cm、その下に28cmの空白を挟み、さらにその下方へ順に６cmの朱線、16cmの空白、33cmの朱線と、断続的ではあるが一直線に続く。空白部を含めた総長105cm、最大幅３mm。

西壁石３　東面（内面）に２本、北面に１本、計３本の朱線が認められる。このうち東面北端の朱線は、本来は石材上端から下端まで１本の線だったとみられるが、現状では石材上端より15cm下がった位置から下方に長さ49cmにわたって残存し、その下に４cmの空白、ついで７cmの朱線、さらに３cmの空白、１cmの朱線、14cmの空白、２cmの朱線と断続的に続く。空白部を含めた総長80cm、幅１〜３mm。

東面の残るもう１本は、北端から南へ41cm、女子群像の一番右側に位置する女性像の左肩上部の延長線上に位置する。上下方向に長さ７cm以上、幅１mm。北端から41cmという値は、西壁石の内面幅78cmの１／２には合致せず、任意の位置に引かれている。壁画を意識したとも言い難く、用途は不明である。

北面の１本は、東面（内面）から西へ21cmの位置に石材の上端付近から縦位に引かれ、長さは15cm。東壁石３北面と同様に、通常、合欠が設けられる位置に引かれていることから、当初、同部分に合欠を設ける計画があり、それにともなって引かれた割付線と考えられる。

朱線の用途　以上の朱線は、残存位置の相異から、①石材の切り出し、ないしは成形時の痕跡とみられる割面の延長線上にあるもの（北壁石西面）、②石材および合欠の端部付近にあるもの（天井石４合欠部南端、東・西壁石３内面北端、北壁石南面上辺・同下面ほか）、③石材の中央付近にあるもの（天井石４下面の南北線、北壁石南面中央の縦・横線）、④任意の位置にあり、用途不明なもの（天井石４下面の東西線、西壁石３東面中央上方、東壁石３北面東側ほか）、の４種類に分類できる[3]。

このうち、①、②は、石材加工に先立つ割付線として理解できる。とりわけ①については、粗加工の面に引かれており、朱線を基準線に石材の切り出し、ないしは成形がなされた様子をうかがうことができる。②については、石材の寸法を整えたり、接合面の直線的な形状や仕口を作り出す目的で引かれた割付線、基準線とみて間違いない。③については、石材の中央付近に残存するだけでなく、いずれも平滑に最終調整された面に引かれており、一見すると、石室構築作業にともなう基準線としての用途を考えたくなる。しかしながら、最終調整された面に引かれる点は②も同様であり、その点だけで構築時の機能を想定することはできない。一方で、③では、いずれも完成時の石室の内面となる部分に朱線を引く。とりわけ天井石４では、天井石架構作業時には視認が困難な下面に朱線が引かれており、やはり石室構築時の基準線として機能したかどうかは疑わしい。

結論としては、③および任意の位置にある④についても、石材加工にともなうものとみるのが妥当と考える。具体的には②の石材端部のラインを割付ける際に先行して引かれた補助線の可能性を考える。③、④が最終調整された面、とりわけ完成時の石室内面となる面に引かれる点も、同面を仕上げ調整した上で、とりわけ中軸付近の補助線を効果的に用いながら、②に該当する周囲の輪郭が割付けられたと考えれば説明がつく。また、任意の位置にある④については、設計変更等により実施には至らなかった当初の加工計画に関わる割付線、およびその補助線である可能性も考えられる。とりわけ、東・西壁石３北面の合欠相当位置に残る朱線については、そうした事例として積極的に捉えることができる。いずれにしても、現在、確認できる朱線は加工時に引かれたうちのごく一部であり、端部付近の朱線の大部分が加工にともなって失われたであろうことを考慮すると、朱線を引く主目的は石材加工時の割付行為

第4章　埋葬施設の調査

にあったと理解して差し支えないだろう。

　なお、東・西壁石において②の機能が推定される朱線は、石室として組み上がった際の北面側にのみ認められる。上述のように、朱線の主な用途が加工の割付線であるとすると、本来は直線加工される部分全てに引かれていた可能性が高いが、南面側で朱線が全く確認できない要因としては、後述のように、壁石が北から順に設置される工程に起因して、壁石設置後に南面のみを対象に接合面の調整加工がなされることに関連するとみられる。すなわち、設置後に調整加工がなされる分、南面が北面よりもやや深く削り込まれた結果、南面側では朱線が消失してしまっているものと推測される。

　なお、高松塚古墳と同様に石室石材に引かれた朱線の事例としては、高松塚古墳近傍のマルコ山古墳やキトラ古墳のほかに、関東地方では群馬県南下A・E号墳[4]、上庄司原4号古墳[5]の3基が知られている。群馬県の3例は、築造年代が7世紀末頃と推定され、やはり加工の割付線としての用途が確認できる点でも注目される。飛鳥周辺における切石加工技術との関わりが推測できる。

（青木・廣瀬）

（3）　石材の加工痕跡（Fig.78～96、PL.46～49）

　石室を構成する16石の凝灰岩切石には、表面にノミやチョウナを中心とする多数の加工痕跡が残されていた。壁画面および石材相互の接合面を除く各面については、版築土および目地漆喰を取り除いた段階で、現地で湿拓により一面単位で加工痕跡を記録した（Fig.78～93）。現地で調査および記録が実施できなかった壁画面と接合面については、石材取り上げ後に仮設修理施設内で実見と記録作業をおこなった。仮設修理施設内では、壁画やその保存環境への配慮からは湿拓は避け、三次元レーザー計測で記録作業をおこなった。ただし、壁画面およびその周囲の計測は必要最低限にとどめた。また、地震による亀裂や盗掘による損傷が大きい石材では、取り上げ時、およびその直後にベルトないしはフレームで拘束されたものがあり、それらについては全面的な記録が実施できなかった。そのため、三次元計測によって作成した加工痕跡の画像のうち、代表的なものをFig.94・95に提示する。

　なお、古墳・飛鳥時代の大型石材の製作工程については、石材を岩盤から切り出す「山取り」、切り出した石材を成形する「粗作り」、表面の調整をおこなう「仕上げ」の3段階に区分され、各段階に用いられる技法も体系的に整理されている[6]。以下では、それに準拠しつつ、各石材にみられる技法や加工の特徴について工程ごとに解説する。

山取り（切り出し）の技法　山取り段階の技法についてはほとんど情報が残されていないが、天井石4上面北東隅、北壁石西面北辺、西壁石2西面北辺、西壁石3西面南側などには、不規則な窪みや割面が部分的に残存しており、岩盤から石材を割りとった際に生じた痕跡と推測される。

　このうち、北壁石西面には北辺下端隅に高さ25cm、幅約6cmの方形の窪みが残されており、その南辺の延長部分には朱線が引かれている。この窪みは岩盤から石材を割りとる、ないしは割りとった後に形状を粗く整えた際に生じたものとみられる。溝の延長部分に朱線が残存する結果となっているが、おそらく、朱線に沿って石材を割りとろうとした際に、途中で石材が計画に近い形状に割れたのであろう。その形状に満足し、それ以上の成形がなされなかったものと推測される。

　いずれにしても、こうした山取り段階の痕跡が部分的に残存する状況からは、つぎに述べる粗作りの工程は必要最低限の加工にとどまるものであったことがうかがわれる。

Fig. 78

Fig. 79 天

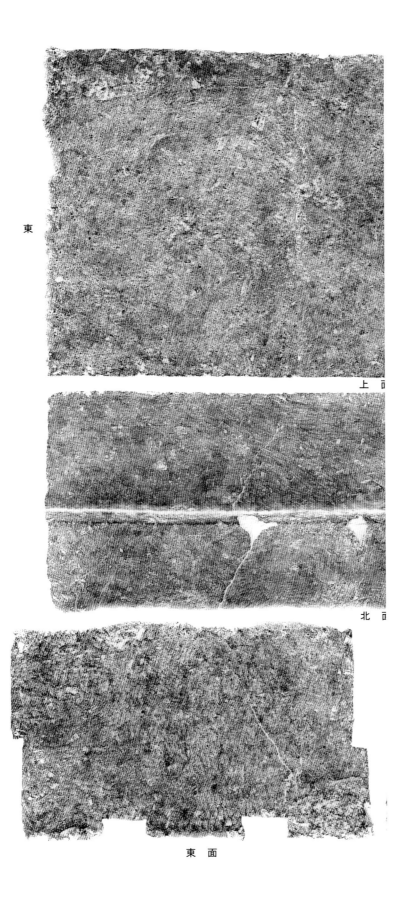

Fig. 80 天

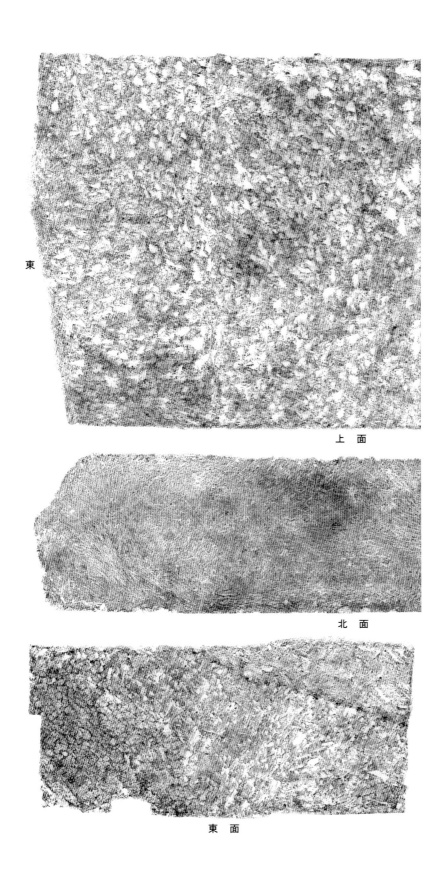

Fig. 81 天井

3 石材加工

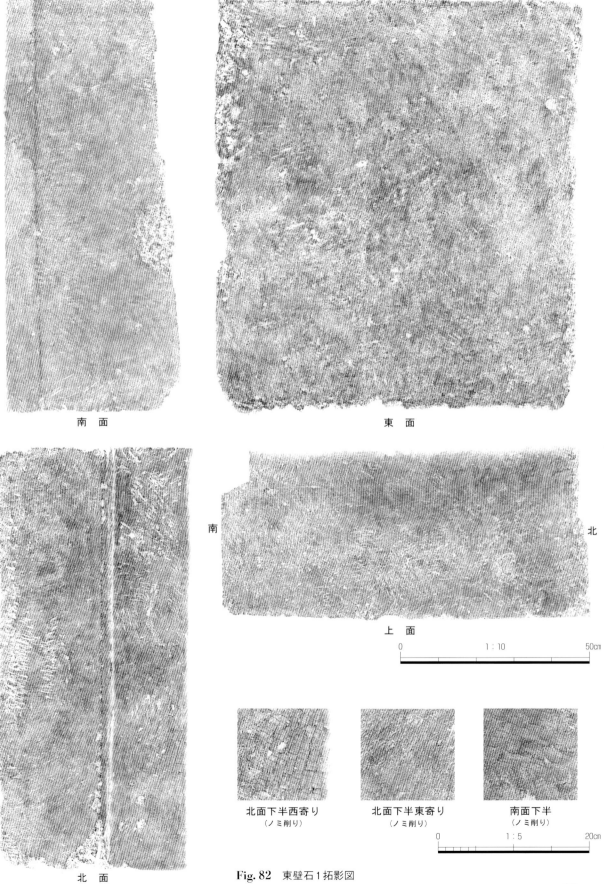

南 面　　　　　東 面

上 面

北 面

北面下半西寄り　　　北面下半東寄り　　　南面下半
（ノミ削り）　　　　（ノミ削り）　　　　（ノミ削り）

Fig. 82 東壁石1拓影図

97

第4章 埋葬施設の調査

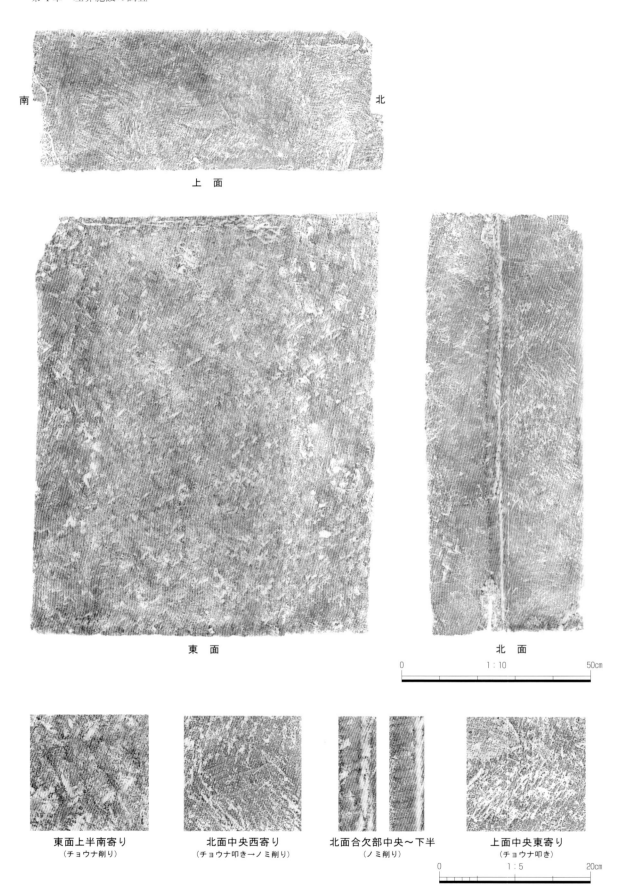

Fig. 83 東壁石2拓影図

3 石材加工

Fig. 84 東壁石3拓影図

第4章 埋葬施設の調査

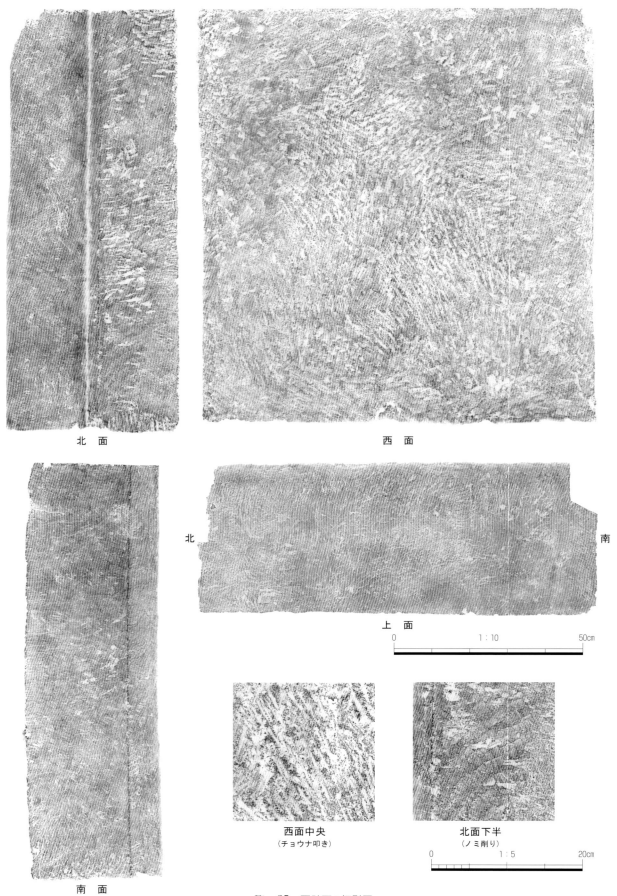

Fig. 85 西壁石1拓影図

3 石材加工

Fig. 86 西壁石2拓影図

第4章　埋葬施設の調査

Fig. 87　西壁石3拓影図

102

3 石材加工

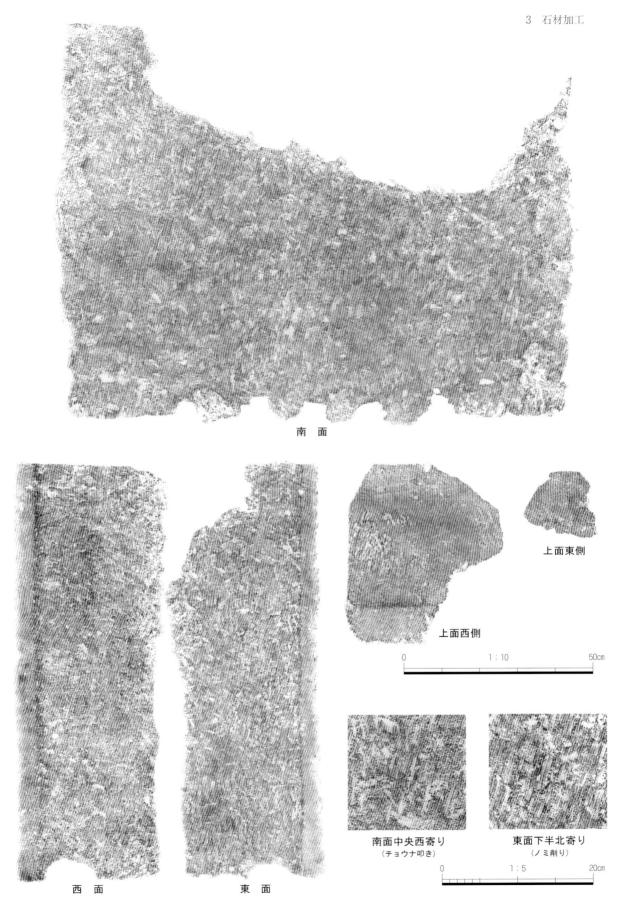

Fig. 88 南壁石拓影図

103

第4章　埋葬施設の調査

Fig. 89　北壁石拓影図

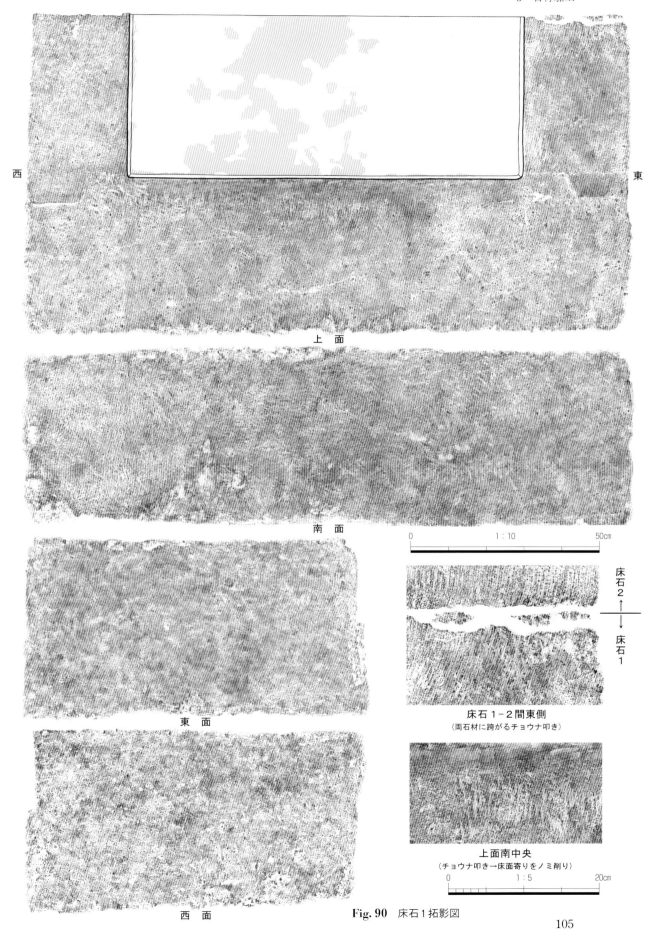

Fig. 90 床石1拓影図

第4章　埋葬施設の調査

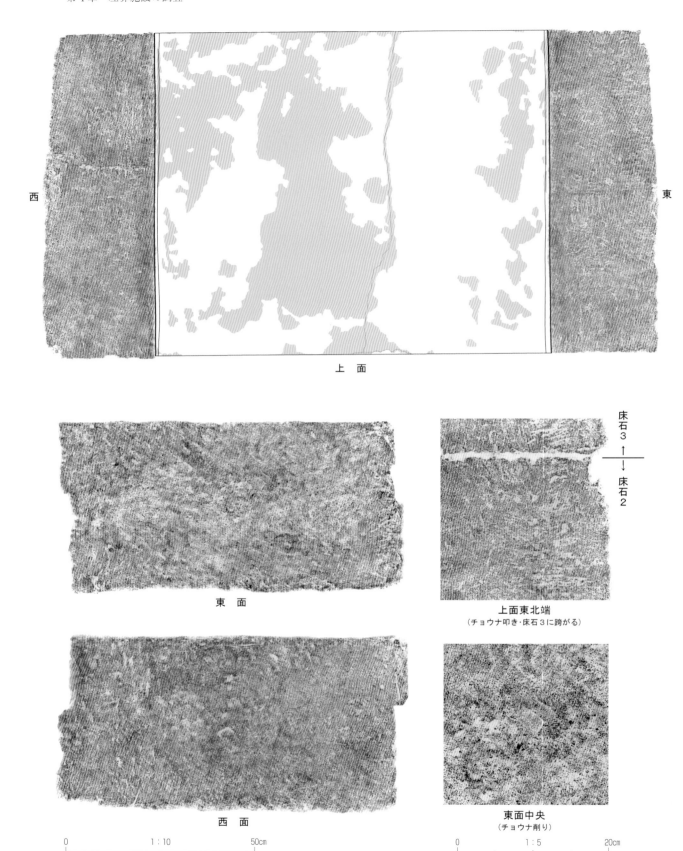

Fig. 91 床石2拓影図

106

3 石材加工

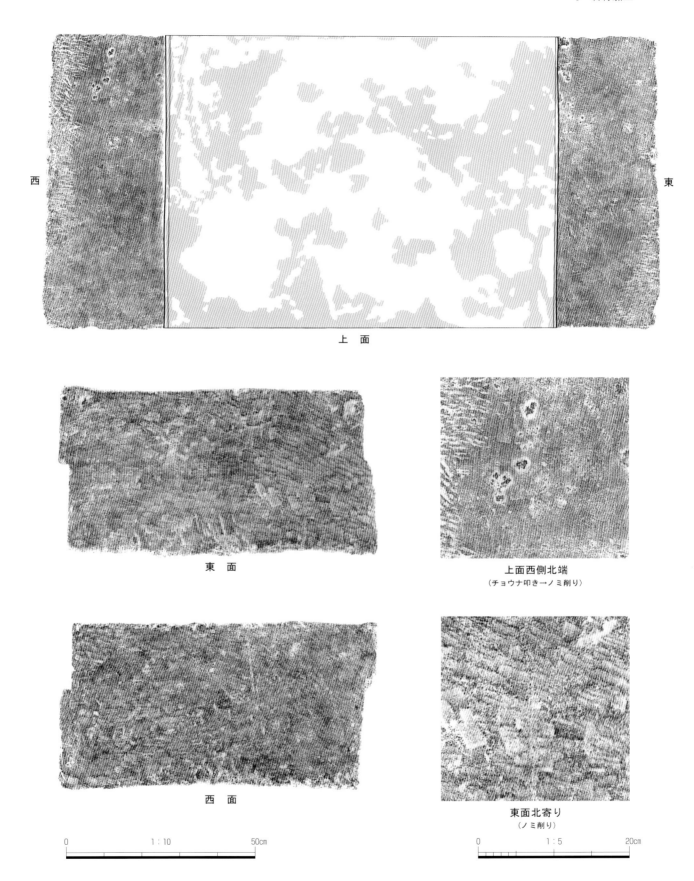

Fig. 92 床石3拓影図

第4章 埋葬施設の調査

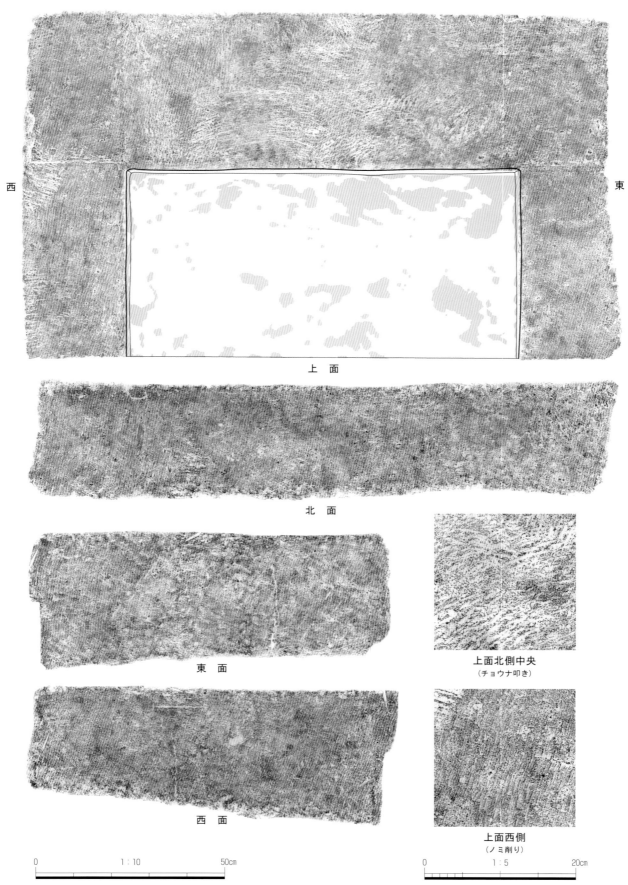

Fig. 93 床石4拓影図

3 石材加工

粗作り（成形）の技法　　天井石、壁石、床石の東・西面、および南壁石南面、北壁石北面では仕上げ調整が十分でなく、粗作り時のものとみられる痕跡が残されている。いずれも完成時の石室の外面をなす部分であり、最終的に封土中に埋まってしまうことから、意図的に十分な仕上げがなされなかったものと理解できる。逆に、これらの面のあり方を通して粗作りの技法を観察することができる。

　粗作り段階の技法としては、チョウナによる削り技法を主体とし、部分的に先端が三角形状を呈する工具による叩き技法が確認できる。後者は成形のごく初期のものとみられる極めて粗い加工と推測され、天井石4上面や南壁石南面、北壁石北面などで観察できる。工具の全体像は不明であり、チョウナのコーナー部分を用いて敲打した痕跡である可能性もあるが、石材にかなり深く打ち込まれている様子からすると、それ専用の工具が存在したものと推測される（PL.48左上）。

　チョウナ削り技法では、幅3〜4cm前後の横斧状の工具を主体的に用いて石材の表面を削り取る。観察できる痕跡は、刃先が石材表面に沿うように丁寧に施されたものが多く、多くは仕上げ的な工程に移行しつつあった段階の痕跡とみられる（PL.48右上・中上）。本章1・2で述べたように、隣り合う天井石間や天井石・壁石間には、目地漆喰を充填する窪みを設ける目的で、石室構築後に粗くチョウナ削りが加えられている。石材の稜にまたがるかたちで強くチョウナを打ち込んで石材をはつっており、こうしたあり方を通して、加工初期段階において粗く施されたチョウナ削りのあり方をうかがうことができる。

　チョウナの刃先は概ね直線的であるが、コーナー部分はやや丸味を呈する。また削りの単位内には刃こぼれの痕跡とみられる3〜5本程度の条線がしばしば確認できる。同一工具を長時間使用し続けた結果、頻繁に刃こぼれが生じていた様子がうかがわれる。前述のように、直線加工がなされた石材端部や合欠部分には、一部、朱線が残存しており、それに沿って成形がおこなわれたとみられる。

　なお、合欠の屈曲部や後述する床石上面に削り出された段の隅部には、所々、細い溝状の窪みが残されており、石材をはつり取る部分をあらかじめ溝で区画する溝切技法の痕跡の可能性がある。

仕上げ（調整）の技法　　仕上げの技法としては、チョウナ叩き技法、ノミ削り技法、みがき技法があり、後者ほどより丁寧な加工となる。

　チョウナ叩き技法は、横斧状の工具を用いて石材を連続的に敲打していく技法で、直線的な刃の痕跡が同一方向に集中して残る。床石や壁石の上面、接合面など直線的な仕上げが求められる部分に多用されており、ノミ叩きやチョウナ削りによる粗作りの直後に表面の凹凸を均す目的で施されたと考えられる。チョウナの先端の形状は概ね直線的である。幅は2〜6cmとバラエティがあるが、チョウナ削りと同様に4cm前後のものが多用される。天井石2北面の合欠上段では、何らかの事情により他の石材よりも仕上げが不徹底で、粗いチョウナ叩きの痕跡が全面にわたって残されている（PL.46）。また、石材外面部分でも、粗いチョウナ叩きが各所で観察できる。こうした粗いチョウナ叩きに用いられた工具の厚みは3〜5mmとやや厚い（PL.48中下）。

　これに対して、各石材の接合面や現地で一体成形される床石・壁石の上面は、総じて平滑な面を呈しており、丹念に仕上げ調整が施されている。その方法としては、粗く施したチョウナ叩きの上に、さらにチョウナによる叩きを密に重ねる方法と、工具幅0.5〜3cmのノミを用いて表面を薄く削り取って平滑に仕上げる方法とがある。前者では、粗作りの段階では使用されていなかった刃先の厚みが2mm前後の薄い工具が使用される傾向があり（PL.48下）、最終仕上げ用のチョウナが存在したものとみられる。

第4章　埋葬施設の調査

Fig. 94　石材加工痕跡の三次元画像（1）　1:10

3 石材加工

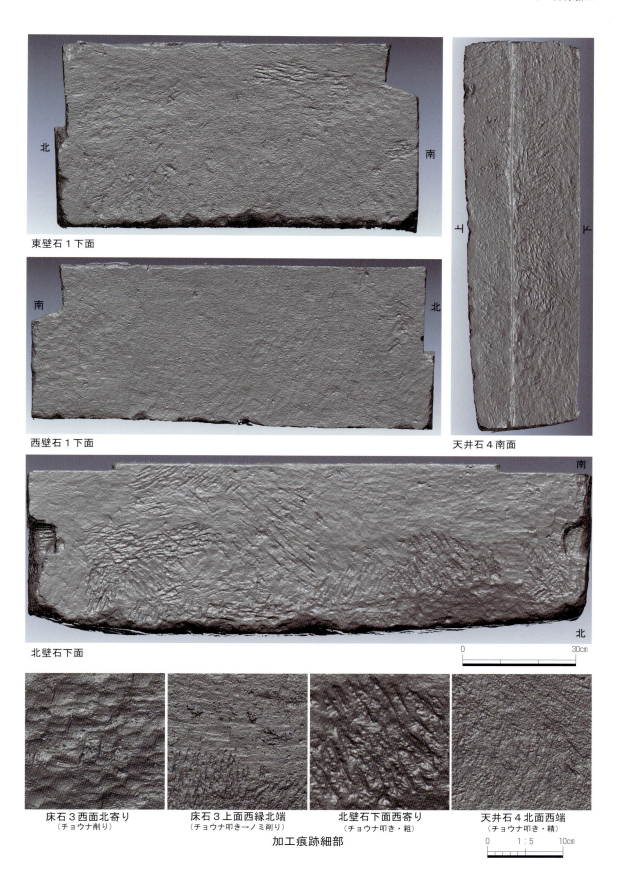

Fig. 95　石材加工痕跡の三次元画像（2）　1:10

第4章　埋葬施設の調査

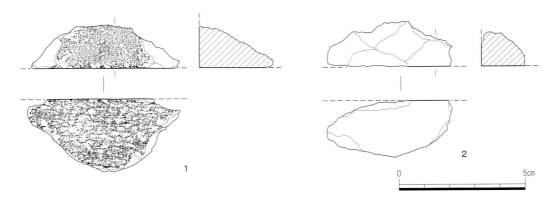

Fig. 96　天井石架構面出土凝灰岩片　2:3

　後者のノミ削りでは、ノミ削りの単位の隙間から粗作り時のチョウナ叩きの痕跡を観察できる場合が多く、チョウナ叩き→ノミ削りという工程が手順として確立していた様子をうかがうことができる。天井石や壁石の接合面、床石の上面では幅2〜3cmのノミが使用されているが、壁石接合面では幅0.5〜1cmの筋状の削りもしばしば確認できる（PL.49中）。このほかに、天井石4の東・西面、北壁石西面では部分的に直径2cm前後の単位で石材表面を薄く剥ぎ取っていく特徴的な削り技法が施されている（PL.49上）。

　さらにもっとも丁寧な仕上げとして、局所的ながらみがき技法の使用が確認できる。天井石1の南面、同東・西面の南半については、部分的に叩きや削りの痕跡が残るものの、ほかよりも極めて平滑に仕上げられており、みがき技法が施されたと判断できる（PL.49下）。南側は石室開口時に墓道に面することになり、上面は南側のみ屋根形に成形されている。そうした視覚的な影響を考慮して、天井石1の南側にはみがき調整が施されていたものと考えられる。ただし、石材が一定の風化をうけていることもあり、みがきの痕跡やその方法を具体的に把握することは困難である。

　石室内壁をなす天井石下面や壁石内面、および床面については、下地漆喰で覆われており加工の詳しい状況を知ることはできないが、天井石下面の壁石との接合部分や漆喰の剥落部の観察からは、それらの面が極めて平滑に仕上げられている様子がうかがえる。したがって、各石材とも石室内壁を構成する面についても、みがき技法で丁寧に仕上げられていた可能性が高い。

　ところで、下段調査区南西側の版築上（天井石架構面・Fig.53）で検出した凝灰岩粉末中には、隅部が遺存する切石の剥片2点が含まれていた（Fig.96）。このうちFig.96-1は残存する二面ともみがき仕上げされているが、版築にパックされていたため全く風化を受けておらず、一方の面は、現在の墓石並みの平滑面を呈する。この剥片は二面ともみがき仕上げされている点、および出土位置から判断して、天井石1の西面を現地で打ち欠いた際に生じたものとみられる。

組上げ前の加工　以上のように、高松塚古墳の石室石材の加工状況は、最終仕上げが施された平滑面とそれを欠く粗作り段階のものの二者に大別される。後者の天井石・壁石・床石の東・西面では、各石材単位で加工時の手法がまとまる傾向が認められる。したがって、それらの面の最終加工は、石材を組み上げる以前に石材単位で施されたものと推測される。徹底して平滑仕上げがなされる壁石・天井石の下面については、石材組み上げ後の調整は物理的に不可能である。上述のように石室内壁を構成する面についてはみがき技法が加えられている可能性が高いが、天井石下面の取り上げ後の観察では、内壁天

井にあたる漆喰の塗られた範囲と壁石上面に接していた範囲とで顕著な調整の差異は確認できなかった。よって、壁石下面や石室内壁を構成する各面の調整も、組み上げ以前になされていたものと考えられる。

組み上げ後の加工　これに対して、床石上面は4石の床石を設置した後に一体的に削り出され、最終的にチョウナ叩きやノミ削りを加えて平滑に仕上げられる。チョウナ叩きの単位が隣り合う床石にまたがって確認できることからも（Fig.90・91右下、PL.43中下）、設置後に一体成形されたことは間違いない。あらかじめ床面を削り出した後に床石を組み上げる作業は、高さや水平の調整など高度な据え付け作業が必要となる。凝灰岩が軟質で加工が容易であることからも、現地で一体的に成形することの合理性が十分認識されていたものと考えられる。

　壁石についても、組み上げ後の8石の上面がほぼ一体化しており、設置後に一体的に加工された可能性がある。ただし、いずれの壁石も上面にはチョウナ叩きの痕跡が残されているものの、上面を薄く漆喰が覆っており、一体的に成形された状況を痕跡として明確に捉えることは困難であった。

　一方、各壁石の接合面は、床石上に設置された後にノミやチョウナで調整加工がおこなわれたようで、床石上にはその際の加工痕跡が仕口の形状に沿って残されている（PL.43上半）。床石上の痕跡からは、隣り合う石材の北面・南面のどちらに対応するかは判断が難しい。ただし、壁石は合欠の形状から北から南へ組まれていったと理解できるため、床石上で現地調整が可能なのは南面のみとなる。前述のように、壁石端部の朱線が北面に限って残存する点、床石1では東・西壁石1南面の鈍角の切欠に沿って上面が削り込まれていることから、接合面の調整加工は南面を対象になされたものと判断できる。

　また前述したように、隣り合う天井石間、天井石と壁石間の目地付近には、組み上げ後に連続的にチョウナを打ち込んで、目地漆喰を充填するための溝状の凹みが設けられる。

盗掘孔の掘削痕跡　天井石1と南壁石には中世に穿たれた盗掘孔があり、盗掘孔やその周辺には、石材を打ち割った際の痕跡が多数残されている。幅8〜10cm前後でU字形鍬・鋤先状を呈するものが多く、墳丘封土を掘削した際の土掘り具をそのまま用いて石材を穿ったものと考えられる。　　　　　　　　　　　　　　　　　　　　　　　　　　　　　　　　　　　　（廣瀬）

4　床面の調査

（1）　床面漆喰の精査（Fig.97、PL.44・45）

　天井石・壁石をすべて取り上げ・搬出し、床石のみが残る状態で、床面の精査をおこなった。昭和47年調査時にも一定の精査はおこなわれたと考えられるが、狭い石室内での作業には限界があったようで、とくに壁面に近い周縁部では流入土の堆積が少なからず残されていた。今回の調査にあたって事前に作成されたフォトマップから床面におぼろげながら棺の設置痕跡が遺存している可能性が指摘されたため、解体に先立って周縁部の流入土を除去し、確認をおこなった。同時に、床面に塗布された漆喰が解体時に動揺することを防止するため、石の継ぎ目を目地切りし、隙間に溜まった土を可能な限り除去した。その結果、棺台の設置痕跡を検出するとともに、微細な漆塗木棺片、金箔、ガラス小玉、ガラス片、琥珀片、顔料片等を採集した。

第 4 章　埋葬施設の調査

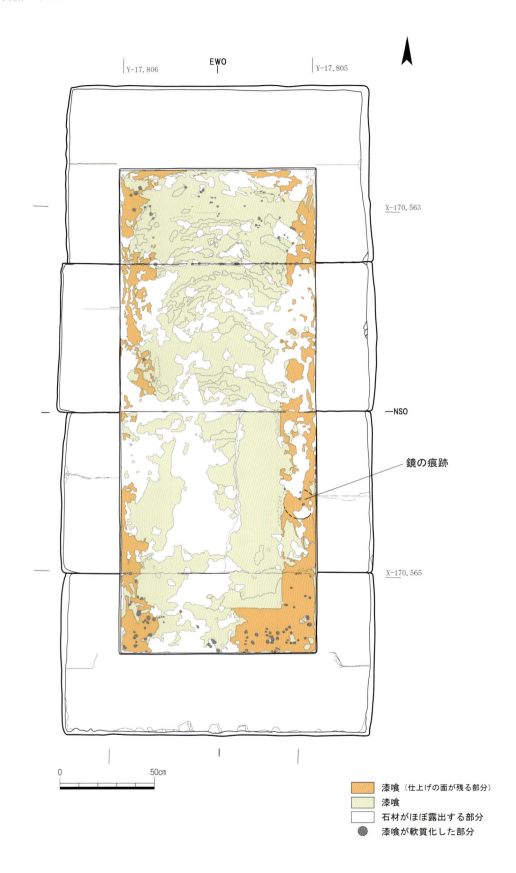

Fig. 97　床面漆喰の残存状況と棺台の痕跡　1:20

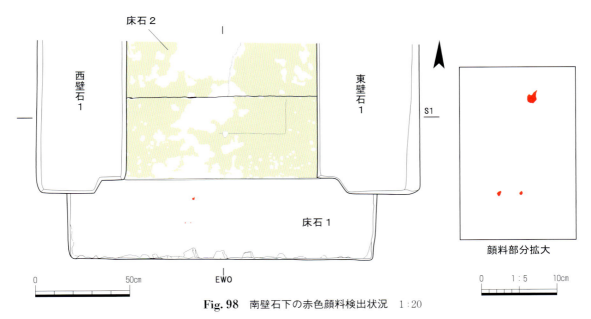

Fig. 98 南壁石下の赤色顔料検出状況　1:20

　棺台の設置痕跡は、棺台の置かれていた範囲とその周囲とで漆喰面の状況に差があることと、両者の境界が部分的に明瞭な直線をなしていたことにより確認できた。棺台の周囲には壁面と同様に平滑に仕上げられた漆喰の面が存在したが、棺台の下にあたる範囲にはそうした面がみられず、微妙な凹凸が連続していた。この凹凸は床面北半部に顕著で、漆喰の厚い部分、薄い部分、漆喰が見られない部分が、ゆがんだ弧状を呈しながら不規則に連続していた。これは、北向きにしゃがんだ姿勢で順次南に後退しながら、粗く弧を描くように漆喰を塗布した結果と理解される。表面を仕上げる意図がうかがえないことから、この漆喰は床面と棺台との接着剤として塗られたと考えられる。

　漆喰面の状況の違いは、多くの場所では漆喰面自体の遺存状態があまり良好ではないことも原因して境界が不明確であったが、棺台の東辺南半から南辺にかけてはきわめて明確な境界線を残していた。これは、床面に粗く漆喰を塗り、棺台を設置した後、棺台周囲の床面に表面を仕上げるための漆喰を塗ったため、仕上げがおこなわれた棺台周囲と棺台の下部とにわずかな漆喰面の段差が生じたものである。棺台自体の残片はまったく遺存していなかったが、かわりに微細な凝灰岩片や漆喰片の混じった流入土が入り込み、白い漆喰との対比できわめて明瞭なラインをつくり出していた。このラインはそのまま棺台の外形を示すもので、東辺南半で長さ30cm、南辺東半でやや断続的ながら長さ113cm、西辺は北端付近から断続的に36cmにわたって検出された。東辺から南辺にかけては、南東コーナーで直角に曲がって連続している。南東コーナーは床面の東辺から西へ18cm、南辺から北へ24cmに位置する。

　仕上げの漆喰面と床石上面との高さの差を直接比較できる部位を計測すると、漆喰の厚さは概ね3mm前後であり、薄い場所で1.5mm、厚い場所で4.5mmであった。全体的な傾向としては、内側（棺台寄り）ほど厚く、外側ほど薄いようである。これは、接着剤的に塗られた下の漆喰が、石室の壁寄りでは十分に塗られていなかったことに起因するのかもしれない。また、仕上げの漆喰は南壁石を外した状態で塗布されたわけであるが、南壁石と接する床面南端では、南壁石を受けるための段差の前面にも上面から続けて巻き込むように漆喰を塗った状況が観察された。

　設置痕跡から知られる棺台は、平面形が長さ217cm以上、幅66cmの長方形をなす。周囲は東壁との間

第4章　埋葬施設の調査

に幅18cm、西壁との間に幅19cm、南壁との間に幅24cmの余地を残す。北壁との間の余地も南と同じく幅24cmであったとすると、棺台の本来の長さは現状で確認できる217cmとなる。床面に漆喰で接着され、さらに周囲の床面には表面仕上げの漆喰が塗られて、石室内に固定されていた。

　棺台東辺と東壁との間、南壁から北へ74cmの位置に、漆喰面が径17cmほどの円形にくぼんだ場所があった。この位置はちょうど昭和47年の調査で海獣葡萄鏡（面径16.8cm）が出土した位置に一致しており、鏡縁が床面の漆喰に食い込んでいたという記述と符合する。

　なお、床面には、漆喰が径数mmから1cmほどの円形に抜けた部分や、変色してゴムのように柔らかくなった部分が多数点在し、微生物による劣化が進行しつつあることをうかがわせた。　　　　　　　（岡林）

（2）　南壁石下の赤色顔料（Fig.98、PL.25右下）

　南壁石の取り上げ後に、直下の床石1上面に飛散した赤色顔料の滴を発見した。第5章でも述べるように、壁石下の床石外縁部には大量の木の根とともに、雨水を受けて流れ込んだ褐色の砂が薄く堆積していた。それらを除去すると石材に密着した状態で顔料の滴が現れた。滴は斑点状に3点ほど確認でき、北側のものが径1cm前後、南側の2点は径0.5cm前後である。

　検出した顔料に対して現地で蛍光X線分析等を実施した結果、水銀朱であることが判明した（第6章7）。石室内の壁画の顔料中にも水銀朱の使用が確認されており[7]、両者の関連性が推測される。石室閉塞時には南壁石が据えられる場所にあたることからも、水銀朱は石室開口時に飛散したものとみて間違いない。画工が壁画を描くために石室へ入る際に、手元からこぼれ落ちた顔料とみられる。　　　　　（廣瀬）

5　墓道の調査

（1）　規模と構造（Fig.99、PL.8・9・82・83）

　昭和49年度調査の所見では、第一次墳丘の完成時に天井石の南端を一部露出させておき、それを目印に墓道が掘削される工程が復元されている。今回の調査の結果、第一次墳丘の頂部は石室中心部よりやや北に寄った場所にあり、そこから天井石南端の上面付近に向かって約20°の傾斜で下降する状況があきらかとなった。また、平成20・21年度調査時の墓道東壁面の観察からは、第一次墳丘南斜面の傾斜は15度前後とやや緩斜面となり、石室南端に接する第一次墳丘の高さは天井石上面よりもやや低い位置にあったことがうかがえた（Fig.47）。さらに、下段調査区南壁面や墓道部南側の東西断面を観察した結果、墓道東西脇の版築層は内傾斜で中央に向かって8〜15°前後で下降していた（Fig.113）。

　以上の所見を総合すると、石室南側の下位版築層（第一次墳丘）は、後の墓道の掘削に備えてあらかじめ積土が抑えられており、南斜面全体がU字形に窪み、天井石南端は下位版築内から顔を出していたものと考えられる。この状態は、墓道を掘開するつぎの工程を前提とした意図的なもので、再掘削が予定される部分の版築作業量を軽減するとともに、墓道の位置決定を確実にし、不要な掘削による労力の浪費や組み上がったばかりの石室への影響を防止する意味があったと考えられる。

　墓道の掘削にあたっては、まず天井石前端から50〜60cm北の付近から、第一次墳丘の凹みを少し均

5 墓道の調査

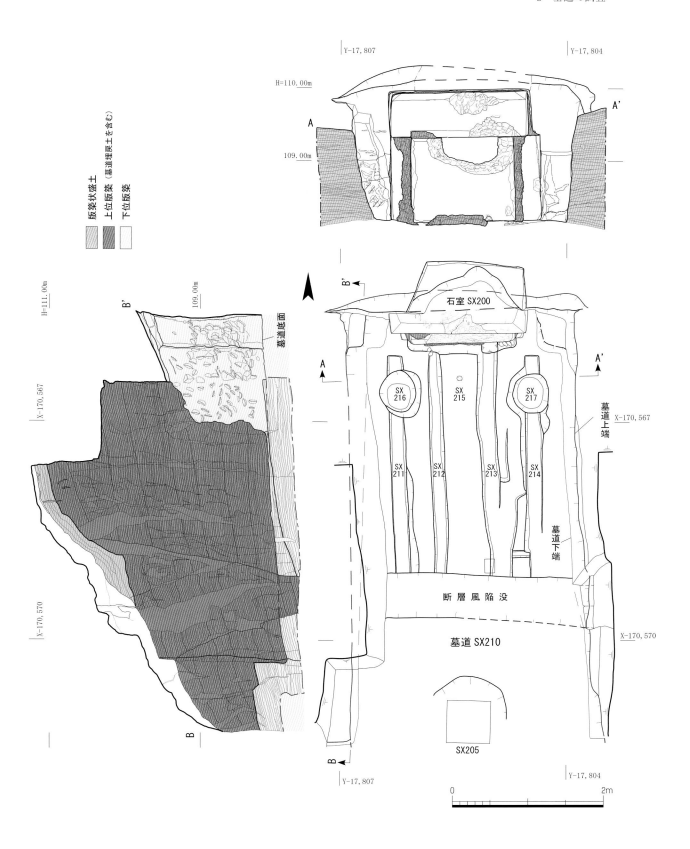

Fig. 99 墓道SX210 1:50

第4章　埋葬施設の調査

すように、南に向かって幅約3.5mの斜めのカットをおこなっている。墓道はこのカット面から切り込み、石室の前面を平面ではコの字形、縦断面ではL字形に掘削して設ける。ただし、北端の東・西両隅には方柱状の掘り残しがあるため、北端部の平面形は凸字形となる。墓道の上面幅は、北端から30cm南で300cm、95cm南で302cm、約5.3m南の方形切石付近で330cm前後を測り、約3m（10尺）と考えてよいであろう。西壁は80°前後、東壁は現状で85°前後の角度をもって立ち上がり、土に掘り込まれた遺構の壁としてはほぼ垂直に近いといってよい。

　墓道面の高さは北壁下部付近で標高108.18mを測り、石室床面よりも約3cm低い。この面は、石室構築時における床石上面を加工した際の作業面、および壁石設置面にほぼ一致する。すなわち、南壁石の開閉をおこなうための墓道の床面を、石室構築時に南壁石を設置した際の作業面に一致させている。

　石室の前面は、東西両側の方柱状の掘り残しに挟まれながら、墓道北壁から前へ突き出す格好になる。前端の天井石は北壁面から前へ30〜32cm突き出す。天井石上面から墓道北壁上端までの高さは約18cm、天井石西端から墓道西側上端までの水平距離は約52cm、天井石東端から墓道東側上端までの水平距離は約65cmである。西側の掘り残しは上面で東西20cm、南北45cm、高さは131〜147cmを測る。東側の掘り残しは昭和49年度調査ですでに露出しており、現状の上面で東西30cm前後、南北42cm前後、現状の高さは90〜97cmを測る。

　墓道壁には、特に中位から下位にかけて土掘具の痕跡が明瞭に残されていた（PL.9左下）。典型的なものは幅12cmほどの三日月状から半月状の痕跡で、おそらく土掘り具は鉄製U字形鋤先を装着したスコップのようなものであったと考えられる。墓道北西隅では上方に天井石が張り出し、動作が制限されるため、スコップをほぼ水平に差し入れるようにして掘削した痕跡も観察された。

　墓道を掘開し、南壁石を一旦外して埋葬を終えると、再び南壁石をもとの位置に戻し、目地を漆喰で埋めながら墓道を埋め戻す。ただし、この墓道埋戻土の大部分は過去の調査で取り除かれており、石室と保存施設とをつなぐ取合部空間となっていた。したがって、以下に述べる墓道埋戻土の状況に関するデータは、今回の調査で墓道北西隅にわずかに残された土を1層ごとに掘り下げ、幅の狭い土層断面を観察した所見によるものである。

　墓道の埋め戻しも版築によるが、その単位は墳丘の他の部分と比べてかなり大まかである。高さ161cmの間に、29層を認めた。各層の厚さは多くの場合3〜5cm程度、厚い部分では14cmに達した。版築面には、径4.0〜5.2cm前後の搗棒の痕跡が顕著に残されていた（PL.8右下・9右上）。この版築と並行して、南壁石の周囲を目張りする漆喰が塗布される。前述の通り、南壁石と西壁前端との間を目張りした漆喰は、版築を数回単位で休止し、その休止面をベースとして漆喰を詰め、ある程度の乾燥を待って次の単位の版築をおこなう、という作業のサイクルを全部で11回繰り返していた。

　墓道を埋める版築層の下から18層目の上面は、上記の版築と漆喰の施工サイクルの下から10回目の休止面にあたり、墓道北端付近では墓道面からの高さ94〜96cmの位置にある。この面には、数cm大の凝灰岩片を含む凝灰岩の粉末が撒かれるとともに、その直上には搗き固めの不十分な暗褐色粘土を主体とする三角堆積状の積土があって、版築工程の大きな区切りであることを明確に示していた。凝灰岩の粉末を撒布することは石室の構築過程でもみられるが、墓道を埋め戻す段階では、すでに凝灰岩を加工する工程はすべて完了しているはずであるから、この凝灰岩の粉末はわざわざ取り置かれていたものと考えられる。

5　墓道の調査

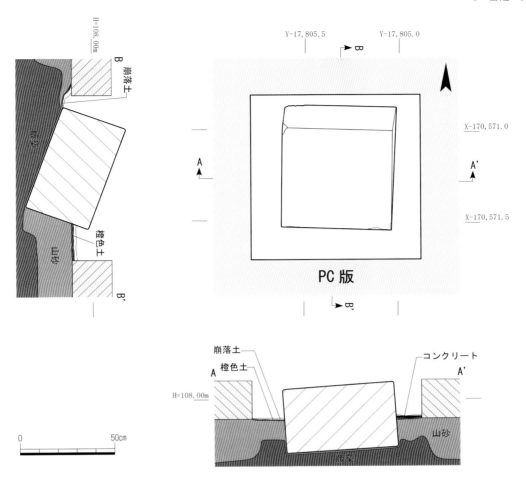

Fig. 100　凝灰岩方形切石SX205平・断面図　1：20

　墓道の埋め戻し作業が完了した時点での状況がどのようなものであったかについては、データ不足のため明確ではないが、そのまま第一次墳丘の南側の凹みを埋める作業、さらには第二次墳丘の構築へと連続的に進められたものと想像される。

（岡林）

（2）　凝灰岩方形切石（Fig.100、PL.77・78、付図19）

　石室南端から南5mの墓道中央に置かれた方形の切石で、石室石材と同じ二上山凝灰岩製である。昭和44年に墳丘南斜面に穿たれた生姜穴内でその存在があきらかとなり、昭和47年の発掘調査の契機となったことはよく知られている。昭和47年刊行の『中間報告』[8]には詳しい報文はないが、図版に下面を含む5面分の写真が掲載されており、うち上面と下面は墨書等の存在を想定して不可視光線での撮影をおこなったようである。したがって、一度、原位置から取り外された後にほぼ元の位置に据え直されたものと考えられる。その後、保存施設床面下に安置されてきたが、上面南西隅から南面にかけて亀裂も生じ、風化による劣化も進行していたことから、保存施設撤去に先駆けて、平成20年2月20日に取り上げ作業が実施された。その直前の13日から19日までの間、切石周辺の調査をおこなった。

　方形切石は版築上に直接置かれていたが、保存施設建設の際に墓道底面は削平されており、切石の設置面のみが島上に掘り残されていた。削平面には山砂が敷き詰められており、切石周辺では山砂の上に厚さ1～2cmの崩落土が堆積していた。その上面には部分的に、保存施設建設の際に現地で打ちつけら

第４章　埋葬施設の調査

れたコンクリートが薄く流出していた。切石の東・西面やそれに接していた山砂には黒色のカビが付着しており、下面と設置面の間にも土砂が流れ込み、そこにカビが発生していた様子があきらかになった。

　方形切石、設置面ともに20度前後の傾斜で南に傾くが、切石から北1.2mには巨大地震によって版築がV字形に開き、断層風に内部に封土が落ち込んだ部分があるため、切石やその設置面の傾斜はその影響によるものである可能性が高い。上述のように、石材の表面は風化が進行しており、上面南西隅から南面にかけて亀裂が生じているが、チョウナ叩き技法を中心とする加工痕跡が断片的に確認でき、比較的平滑に仕上げられている。割付の朱線等は残存していないが、59cm×59cm×36cmの精緻な直方体に削り揃えられている。重量は189kg。傾斜によりやや上方を向いていた北面には、幅3～7cmの直線的な工具痕が鮮明に残るが、これは生姜穴の掘削時に打ち込まれたものとみられる。なお、今回の取り上げに際しても赤外線調査をおこなったが、墨書等の存在は確認できなかった。

6　出土遺物

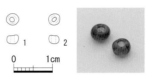

Fig. 101　ガラス小玉　1:1

　床石2と床石3の目地、および床石2中央を走る亀裂内から、ガラス小玉が2点出土した。鮮やかな青色を呈するソーダ石灰ガラスで（第6章9）、昭和47年に出土した936点の小玉と一連の製品である。直径2.9～3.2cm、高さ2.0～2.2cmで、キトラ古墳出土のガラス小玉よりやや小振りである。このほか、床面漆喰の精査中にガラス破片や漆膜の付着した木棺片、金箔・顔料片等を採取したが、いずれも細片で図化し得るものはない。

（廣瀬）

1）猪熊兼勝「特別史跡高松塚古墳保存施設設置に伴う発掘調査概要」『月刊文化財』第143号、30～35頁、1975年。

2）猪熊　前掲1）。

3）群馬県の事例において右島和夫氏が説くA・B類（切石の端部や合欠の延長上にあるもの）が②、C類（切石の加工面とは無関係なもの）が③、④に対応する。①については、石材端部からはやや離れた位置にある点で右島氏のC類の範疇にあるとも言えるが、岩盤からの切り出し、ないしは初期の成形時の基準線とみられる点では、用途としてはA類に性格が近い。松本浩一・桜場一寿・右島和夫「截石切組積横穴式石室における構築技術上の諸問題　上－いわゆる朱線をもつ南下E号墳を中心として－」『群馬県史研究』第11号、1～37頁、1980年。「同　下」『同』第13号、11～7頁、1981年。

4）松本浩一・桜場一寿・右島和夫　前掲3）、尾崎喜左雄・松本浩一「南下A号墳」『群馬県史』資料編3、381～385頁、1981年。右島和夫「南下E号墳」『同』388～390頁、1981年。

5）右島和夫・津金澤吉茂・羽鳥政彦「截石切組積横穴式石室の基礎的研究－上庄司原4号古墳の截石切組積横穴式石室をめぐって－」『群馬県史研究』第33号、1～29頁、1991年。

6）和田晴吾「古墳時代の石工とその技術」『北陸の考古学』（『石川考古学研究会々誌』第26号）501～534頁、1983年。同「石工技術」『古墳時代の研究』第5巻、127～143頁、雄山閣、1991年。

7）高松塚古墳総合学術調査会『高松塚古墳壁画調査報告書』便利堂、1974年。

8）橿原考古学研究所編『壁画古墳高松塚古墳　調査中間報告』便利堂、1972年。

第5章　壁画保存環境の調査

1　地震による古墳の損傷状況

地震痕跡の発見　　平成16年度調査では、墳丘の断割調査で、過去の地震に起因するとみられる版築層の亀裂や小規模な断層を20ヵ所近く確認した。壁画発見当初から確認されていた石室天井や床面を南北に走る亀裂、墓道部を横断する断層状の陥没の存在からも、高松塚古墳の墳丘や石室が、奈良盆地南部を周期的に襲う南海地震により損傷を受けていることが推測されるようになった。ただし、この段階では墳丘中心部分の状況についてはデータが不足しており、具体的な損傷状況は不明な点が多かった。これに対して、石室解体にともなう平成18・19年度調査では、上段調査区の調査を開始して間もなく、地震によるとみられる亀裂や地割れが墳丘内を縦横無尽に走る様子があきらかとなり、予想以上の規模で古墳が損傷している状況があきらかになった。

地割れ発生のメカニズム　　亀裂や地割れは、堅く叩き締められた上位版築の掘り下げによって次第に鮮明となり、調査区中央に幅0.2〜0.4mの溝状の地割れが「ロ」の字形に姿を現した。調査では、上位版築頂部、同下層、下位版築頂部、天井石の0.1m上方で、それぞれ地震痕跡の平面的な記録作業をおこなったが、亀裂や地割れは下層にいくにつれて細くシャープさを増し、石室に向かって収斂していく様子があきらかとなった（Fig.102・103・50・104、PL.2〜6・10）。

　天井石の0.1m上方（標高110.10m付近）では、版築を水平に削り揃えて地割れの走向を観察した。地割れは石室の輪郭に沿って直線的に走り、直下に存在する石室の形状を見事に映し出していた（Fig.104、PL.10）。また、石室の隅から外側へ向かって地割れが放射状に派生する状況も確認され、版築で被覆された石室が地震で大きく揺れ動いた結果、版築層を突き破るように亀裂や地割れが生じていった様子があきらかとなった。第4章1（2）で詳述したように、石室石材には、従来から知られていた天井石1・同2、床石2を南北に貫く亀裂に加えて、石室の内部からは確認できなかった部分においても、新たに大小の亀裂が発見された（PL.68〜71）。それらの大部分も、地震による損傷である可能性が高い。

　亀裂や地割れは、土層断面でも明瞭に観察でき、版築が亀裂に沿って断層風に落ち込む様子も各所で確認された。地割れや亀裂は最終的に墳頂下6mの地山まで到達しており、後述のように地割れの内部には粘性のない軟質土が充満し、そこに植物の根が伸長していた（PL.72・73）。

墓道部の断層状の地割れ　　平成20・21年度の墓道部壁面の再調査では、従来から知られていた墓道部を東西に横断する大規模な断層状の地割れを改めて確認することができた（Fig.47・99、PL.82・83）。地割れの上面幅は1.6m、検出範囲での下面幅は0.4mで、さらに下部へと続く。V字形に開いた地割れ内部には0.4mほどの落差で断層状に版築層が落ち込んでおり、落ち込んだ版築層はさらに2ないし3単位にひび割れる。さらに、亀裂の境界部分には軟質化した土砂が大量に入り込んでいた。墳丘の地割れが斜面下方にずり落ちるように拡大していくことで断層が生じたとみられる。墓道部壁面では、このほかにも精査により新たに多数の亀裂を確認した。

第5章 壁画保存環境の調査

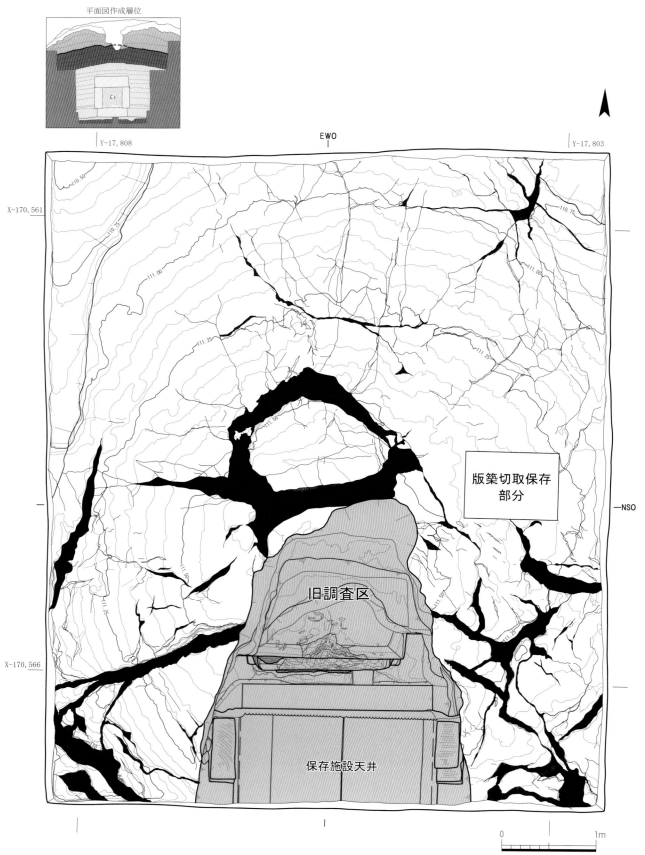

Fig. 102 上位版築頂部地震痕跡平面図　1:40

1 地震による古墳の損傷状況

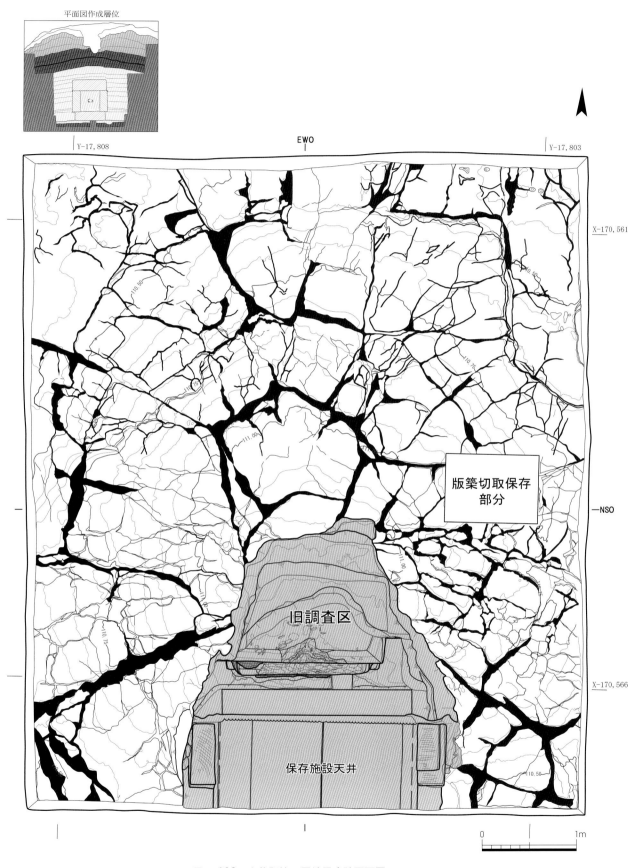

Fig. 103 上位版築下層地震痕跡平面図　1:40

123

第 5 章　壁画保存環境の調査

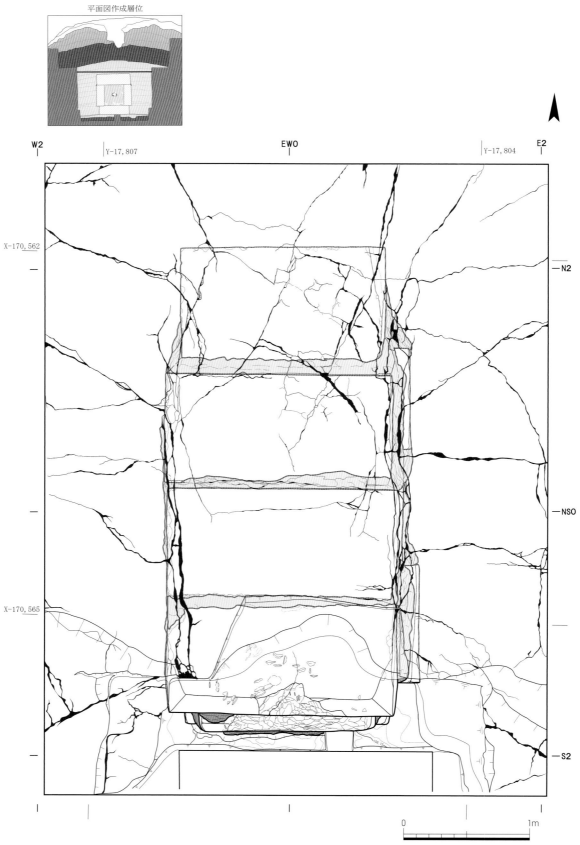

Fig. 104　石室直上版築内地震痕跡平面図（天井石0.1m上方・グレーは版築下の石室）　1:30

壁画劣化の遠因　このように、地震による高松塚古墳の墳丘の損傷は、平成16年度調査段階の想定をはるかに上回るものであった。近年の地震考古学の成果からも、奈良盆地南部を90〜150年周期で襲うマグニチュード8クラスの巨大地震、南海地震による被害と考えられる（第6章4）。

　7世紀末から8世紀初頭に古墳が築かれて以降、今日に至るまで9回の南海地震が発生しているが、墳丘や石室の損傷がいつの地震によるものかは定かではない。むしろ、巨大地震が発生する度に、墳丘内の石室が揺れ動き、地震の爪痕が石室や版築に累積していったものと考えられる。地割れや亀裂は雨水が浸透する水みちや、根やムシの侵入経路となっており、さらに石室付近に到達した根やムシは、地震により緩んだ目地留めの漆喰や石材の隙間から石室内へ侵入したようである（PL.66・67）。このように、地震による古墳の損傷は、壁画劣化の直接的な原因ではないにしても壁画の保存環境に大きな影響をおよぼしており、劣化の遠因となった可能性が高い。

2　石室周囲の汚損状況

植物の根　上述のように、高松塚古墳の墳丘は大規模地震によって大きく損傷しており、版築内を走る大小の地割れや亀裂内には、軟質化した土砂ととともに大量の植物の根が侵入していた（PL.72・73）。石室とそれを固定していたはずの版築の間にも隙間を生じており、とりわけ壁石外面では大きな空隙が生じていた。

　地表から地割れに沿って伸長した植物の根は、石室周囲にまで到達しており、調査で石室外面の版築土を外すと、石室外面はあたかも蔦が絡むかのように大量の植物の根で覆われていた。また、天井石上面では、目地漆喰に沿って根が這う様子も観察された。地割れを通じて浸透した雨水が漆喰に吸収され、それを求めて根が伸長したものと考えられる。

　解体作業の過程では、天井石や壁石の接合面へも根が大量に侵入する状況があきらかとなった。侵入した根の多くは自然炭化しており、かなり以前から植物の根の侵入があったことを示していた。根は墳頂下6mに近い床石周辺にもおよんでおり、天井石や壁石と同様に床石の接合面、さらには床石の下の版築上面からも大量の根が確認された。

　なお、平成15年度開催の「国宝高松塚古墳壁画緊急保存対策検討会」では、墳丘北東部に位置するモチノキの大木の根が版築内に侵入し、これに沿ってアリ等が石室内に侵入する可能性が指摘された。しかしながら、発掘調査の結果、モチノキの根は地震の地割れや亀裂に沿って墳丘内に伸びるものの、石室とは逆方向に逸れていくことがあきらかとなり、モチノキが壁画の劣化に関する直接的な原因ではないことが判明した（PL.72左上）。

ムシの棲息　石室石材と版築との間の空隙には、根とともに多くのムシが侵入し、そこに棲息する様子が判明した（Tab.3、Fig.105、PL.74〜76）。特に、床石接合部の目地から多数のムシが発見され、実際に目地を出入りする様子も観察された。石室の周囲に棲息するムシは、石材と版築の間の空隙を自由に移動し、地震で緩んだ石材の目地の隙間から石室へ侵入を繰り返していたようである。前述した取合部天井や、天井石1と西壁石1、南壁石とが組み合う隙間部分では、クモが網を張る状況も確認できた（PL.62右下・74左上）。

第5章　壁画保存環境の調査

Tab. 3　捕獲したムシの内訳

種　別	旧調査区	取合部	天井石	壁石	床石	その他	合計
ムカデ		7	2	15	13	1	38
クモ	4	3	2	6	4		19
ワラジムシ	1	1		6	5	1	14
ゴミムシ	4			2	2	5	13
ヤスデ	4				4	1	9
ハサミムシ					6	1	7
トビムシ				3			3
ダンゴムシ				1	2		3
アリ	2						2
ゲジ	1						1
ゴキブリ	1						1
ゴキブリ（幼虫）	3					1	4
合　計	20	11	4	33	36	10	114

合計：11種　114匹

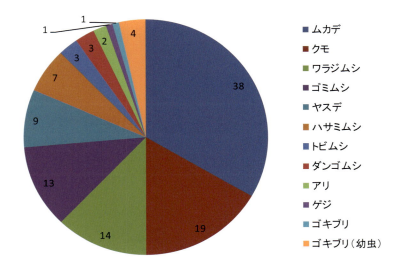

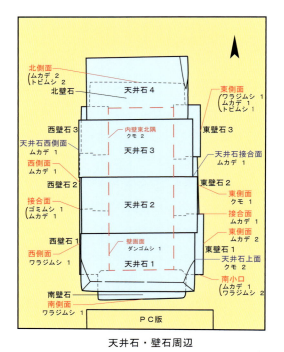

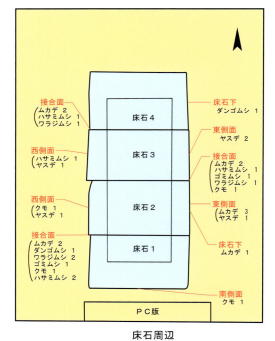

天井石・壁石周辺　　　　　　　　床石周辺

Fig. 105　ムシ捕獲状況図

石室内では過去の点検時に多くのムシが発見されており、ムシが外部からカビの菌を運び、さらに死んだムシを栄養源にカビが繁殖する、といった負の食物連鎖が石室内で生じていることが指摘されてきた。今回の発掘調査では、石室の周囲から総数114匹にのぼるムシを発見し、その棲息状況の一端をあきらかにすることができた。捕捉したムシの内訳は、ムカデ、クモ、ゴミムシ、ワラジムシ、ヤスデ、ハサミムシ、トビムシ、ダンゴムシ、アリなどで、発掘調査前に石室内で確認されたムシとほぼ一致する。それらの中には、後述する取合部天井の上面で捕獲したムシも含まれるが、取合部天井上面の旧調査区埋め戻し部分においては、ムカデやワラジムシ、ハサミムシなどが見られない一方で、ゴキブリ（成虫1匹ほかは全て幼虫）が棲息するなど、石室周囲とは若干、ムシの内容が異なっていた。

石室周囲のカビ　　石室の検出過程では、石室外面が暗褐色や黒色のカビや汚れで覆われる状況があきらかになった（PL.58～65）。暗褐色のカビは、目地漆喰の周囲から石材の外面におよぶ。カビの汚染は、後述する取合部や石室の内部空間に近づくほど顕著になり、天井石1や東・西壁石1の外面では、取合部側ほど色濃くカビが付着する傾向も認められた。また、各接合面では黒褐色のゲル状物質が分厚く形成されていた。

　石室北側では、天井石4が北壁石を乗り越え不安定な状態で架構されていたために、北壁を支点に天秤状態で揺れ動き、西壁石3との間に石室内部に通じる空隙を生じていた。その空隙を中心に、天井石4と北壁石・天井石3との接合面に黒色のカビが密生する状況が観察された。このカビは、さらに北壁石背面の地割れを通じて広がり、北壁の外面を黒色に汚損していた（PL.58）。

　各石材の接合面には、いずれも黒や暗褐色のカビが濃密に付着していたが、石材間は狭く通気性が悪いことに加えて、接合面にも漆喰が接着用に薄く塗布されたことから、水分が蓄積されやすい環境にあったとみられる。床石間の接合面や石室内の床面となる段の側面部分は、とりわけ顕著に黒色のカビや汚れが付着していた。壁石下面と接触していた床石上面の外縁部には、褐色の砂が大量に流れ込んでおり、実際に雨水が大量に浸透していた様子を示していた。加えて前述のように、各石材間の接合面には大量の根の侵入があり、根がそこで腐朽することでムシや微生物の栄養源が蓄積されていたものと考えられる。

3　旧調査区と取合部

保存修理施設の設置状況　　昭和49年度の旧調査区内に建設された保存修理施設は、階段状の2階建て構造で、1階が機械室、2階が保存施設（前室A・B、準備室）からなる（Fig.111～113）。このうち、墓道部分を利用して設置された保存施設については、将来的に解体撤去が可能なPC（プレキャスト・コンクリート）製で、一方、古墳南側に設置された機械室は、方形の旧調査区内に直接コンクリートを打ち付けて建設された。1階・2階ともに北半は墳丘内におさまるが、南半は地上に露出することになるため、完成後に施設全体を覆うように大量の整備用盛土が施された。

取合部の構造　　取合部とは、保存修理施設と石室とをつなぐ幅2.9m、高さ3m、長さ約1mの狭い空間のことで、保存施設天井から石室南面を覆うように庇状にのびたPC版が取合部の天井を形成する。このPC版庇は、発掘により露出した石室南端を覆うとともに、上部からの埋め戻しの土砂を受けるよ

うに設計されていた。PC版庇の下部には、重厚な箱形のPC版が保存施設北面からアーム状にのび、土砂を受けた天井を下部から支える構造になっていた。

　一方、取合部の東西の壁面は、墳丘版築土が発掘時の状態で露出する。東壁面が墓道の東壁（下位版築層）、西壁面は墓道埋戻土（上位版築層）であり、壁面に昭和49年度調査時の分層ラインが明瞭に残存していたことから、発掘時の壁面をそのまま取合部壁面としたことがわかる。保存施設の扉から石室南面までの距離は0.5mほどで、点検や修理の際には保存施設から取合部に入り、盗掘孔のプロテクターを外して、そこから石室内に潜り込むように入って作業をおこなった。旧調査区の北壁は天井石1南端から北へ約1mの位置にあり、同様に分層ラインが残存していた。これら取合部に面する版築土には、いずれも地震による亀裂が多数確認されるとともに、黒色のカビの痕跡が広範囲にわたって認められた（PL.55・56）。

　前述のように、保存施設は発掘調査で検出した墓道部分を利用して建設されているが、保存施設と調査区壁面との間には30〜40cmの控え部分（隙間）があり、大量の山砂を使用して裏込めがなされていた。取合部に面した保存施設の出入口部分では、東西脇の控え部分に後述のPC版庇の上部に置かれたものと同じ凝灰岩切石を11段積み上げて擁壁としていた（PL.57上）。

旧調査区の埋め戻し状況　石室解体にともなう発掘調査を開始するにあたり、墳頂部を覆う整備用盛土を除去したところ、上段調査区南半部で旧調査区の北端部分が姿を現した（Fig.106、PL.1下）。調査区は、橙・黄橙色の粘質土を互層状に敷き詰めるように埋め戻されており、途中にアスファルトコートされたポリプロピレン製の遮水布が敷かれていた。ただし、遮水布は調査区の壁際を覆いきれてはおらず、壁沿いの埋戻土にはひび割れや隙間が生じていた。この埋戻土を除去していくと、標高110m付近で保存施設、およびPC版庇の上面が姿を現した（Fig.107、PL.54）。

　PC版庇は、不整形な調査区の形状に合わせて先端部が台形を呈していたが、それのみでは保存施設入口脇の空洞（長さ0.6m、幅30cmほど）を完全に塞ぐことはできない（Fig.108）。この空洞を塞ぐためにPC版庇に直交するように、別材のPC版（ふさぎPC版）が置かれていた[1]。旧調査区とPC版との間の空隙には、直方体の凝灰岩切石（ふさぎ用凝灰岩）を置き、その下部にも細切れに砕いた凝灰岩の小片が詰め込まれていた（Fig.109）。さらに、切石の隙間は粘土を充填して密閉が図られていたが、乾燥により粘土はひび割れて隙間を生じていた。上述の調査区壁面沿いの埋戻土に生じた隙間や、この粘土のひび割れを通じて、取合部に雨水が浸透していった様子を把握できた。

　PC版庇は石室の解体作業や発掘調査の障害となるため、上段調査区の掘り下げ時に撤去することになった（Fig.110、PL.55）。ふさぎPC版を取り上げ、PC版庇を切断・撤去したところ、直下の旧調査区壁面は黒色のカビや汚れで覆われていた。ふさぎ凝灰岩の裏面や下部に詰められた凝灰岩の小片がカビにより黒色化していた。PC版庇の周辺からは、クモ、ヤスデ、ゴミムシなどが発見され、ふさぎPC版や凝灰岩の裏面には、クモの巣の付着も確認された。

取合部天井の崩落部分　昭和55年頃から墳丘土が露出する取合部の天井の崩落がしばしば確認され、平成13年に実施された崩落止め工事が平成のカビの大発生の引き金になったとされる。天井の崩落部分は、ふさぎPC版が旧調査区壁面と接する部分であり、ふさぎPC版取り上げ後に同部分の状況を観察することができた。旧調査区壁面は軟弱化しており、崩落を繰り返していた様子があきらかとなった。そこには、補修のために取合部内から発泡スチロール材や発泡ウレタンが充填されていた（PL.54・55）。

3 旧調査区と取合部

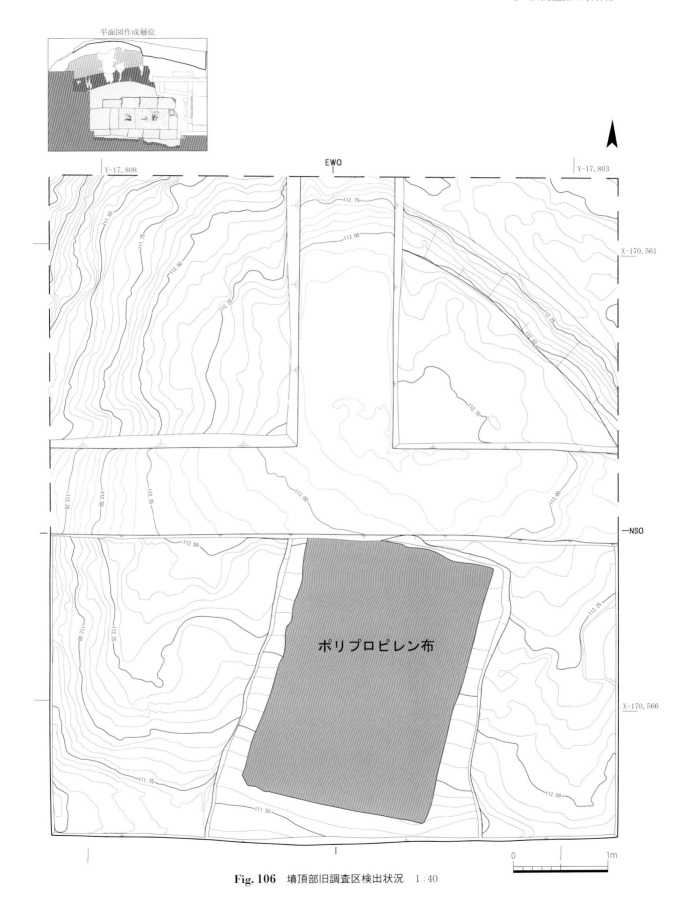

Fig. 106 墳頂部旧調査区検出状況 1:40

第5章 壁画保存環境の調査

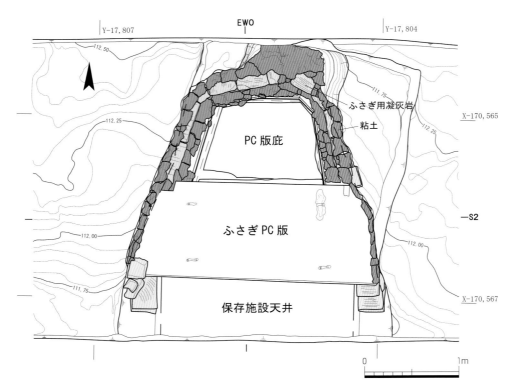

Fig. 107 取合部上面の閉塞状況（1） 1：40

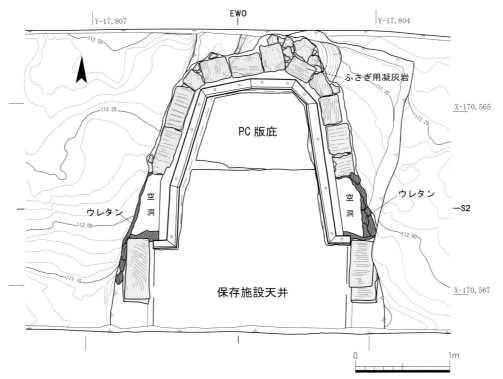

Fig. 108 取合部上面の閉塞状況（2） 1：40

130

3 旧調査区と取合部

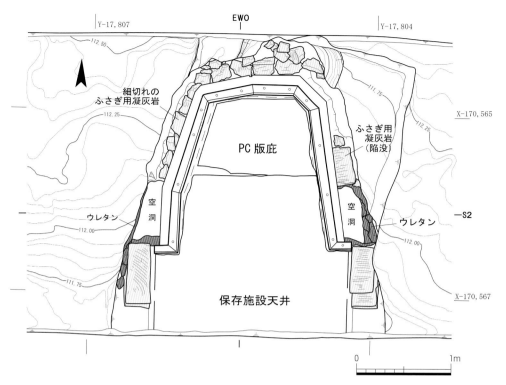

Fig. 109 取合部上面の閉塞状況（3） 1:40

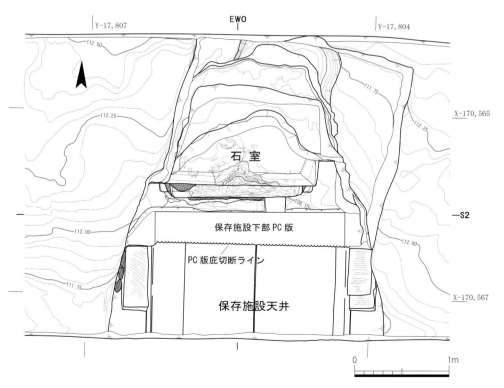

Fig. 110 取合部上面の閉塞状況（4） 1:40

第5章　壁画保存環境の調査

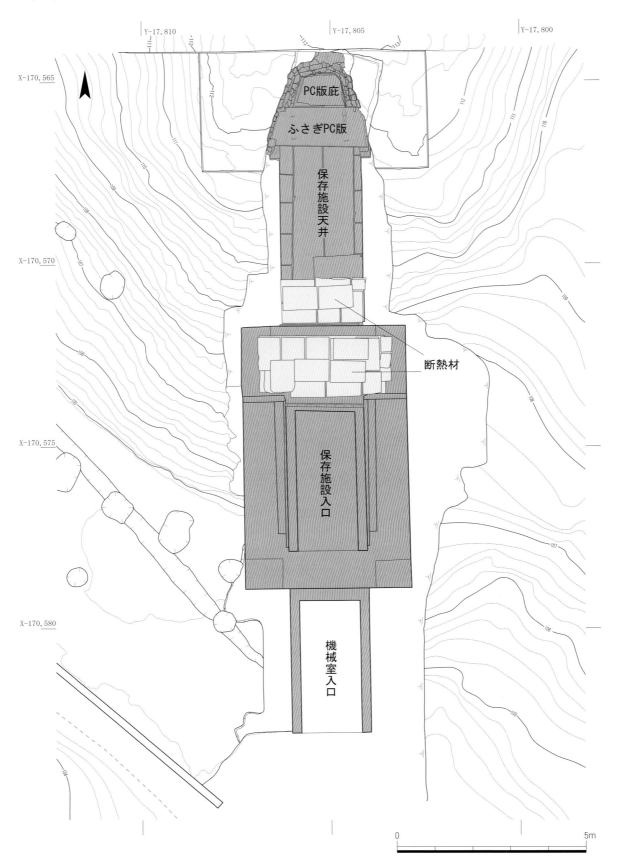

Fig. 111　旧調査区・保存施設検出状況平面図　1:100

132

3 旧調査区と取合部

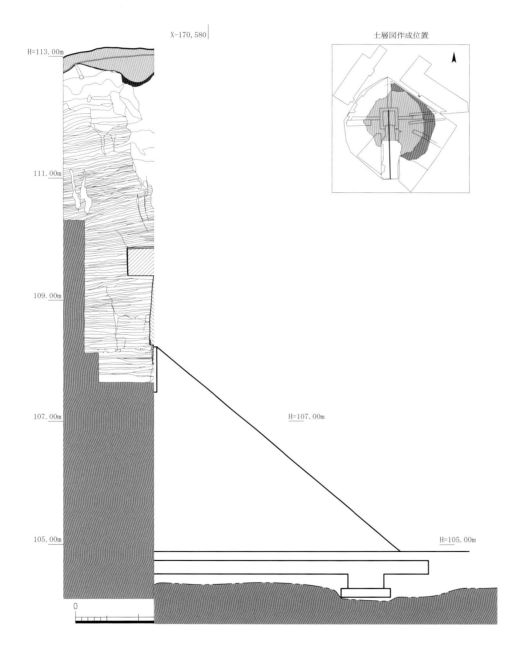

3　旧調査区と取合部

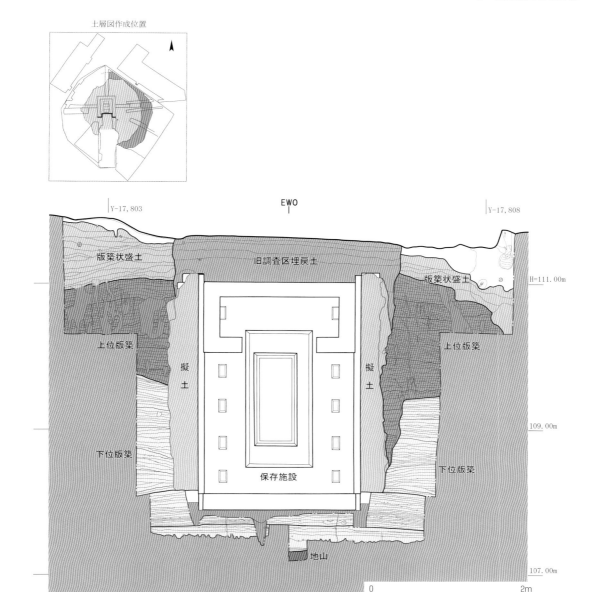

Fig. 113　上・下段調査区南壁土層断面図　1:50

　また、PC版庇の東側上部に置かれた凝灰岩切石のうち、南側の1石が取合部に落ち込むように傾いており、それを下部から支えるように発泡ウレタンが吹き付けられていた。平成2年には、取合部への凝灰岩の落下が報告されているが、それによって生じたとみられる空洞部分も確認できた。天井の崩落は、地震で地割れや亀裂が生じていた旧調査区壁面が雨水の浸透を受けて断続的に落下した結果と推測される。崩落部の空洞とウレタン材の周囲には黒色のカビが密生していた。

保存施設裏込土の流出　前述のように、保存施設出入口の東西脇に積み上げられた凝灰岩切石が東西脇の空洞を埋めるとともに、背後の裏込めを留める擁壁の役割を果たしていた。しかしながら、上段調査区の調査時に、切石の背面や側面を観察したところ、裏込めの山砂が雨水とともに取合部側へ流出し、裏込土内に空洞や隙間が生じているのが確認された（PL.54右上）。保存施設を覆う盛土に浸透した雨水が防水処置の施された保存施設の外壁を伝って裏込めに浸透し、切石積みの擁壁の脇から取合部へ流出

した可能性が高い。空洞部には、取合部天井と同様に発泡ウレタンが充填され、隙間には棒状に裁断された発泡スチロールが挿入されていた。また、取合部の切石積みの擁壁には、隙間を塞ぐように橙色の擬土が厚く塗られていたが、擬土の表面にはカビの痕跡が残り、背面の凝灰岩には黒色のカビが広く付着していた（PL.57上）。

取合部周辺のカビ　前述のように、取合部の天井や東・西・北壁をなす旧調査区壁面、石室の表面には、カビの痕跡が広範囲にわたって残存していた。加えて、取合部天井上のPC版庇の脇を塞ぐ粘土や凝灰岩、保存施設東西脇の切石積み擁壁の側面など、取合部からは見えない部分にもカビがおよんでおり、仮整備工事にともなう保存施設の撤去時には、保存施設に接するように積み上げられた切石の側面に取合部側から大量の黒色カビが侵入している様子を確認できた（PL.57右上）。

また、南壁石に穿たれた盗掘孔を保護する合成樹脂のプロテクターには、裏面に黒褐色のカビが濃密に付着しており、プロテクターが被されていた石材表面もカビで覆われていた（PL.57下半）。さらに墓道部床面には、保存施設建設時に敷かれた砂利の上に、前述の崩落土や流出土が20cm近い厚さで堆積しており、それにより昭和49年度調査検出の東壁石1北面や前述の切石積みの擁壁の下端が埋もれていた。それらの堆積土を取り除くと、埋もれていた部分から黒・白・緑・赤色のカビが検出された（PL.56右下）。

このように取合部では、内部の空間のみならず、目に見えない部分にもカビが拡散しており、壁画の保存環境に悪影響をおよぼしていた様子があきらかになった。

仮整備時の関連調査　平成20・21年度の仮整備にともなう発掘調査では、施設を覆う整備用盛土を全面的に除去し、保存修理施設と旧調査区の全体を検出した（Fig.111、PL.79・80）。保存施設の躯体をなすPC版の外面は断熱材と防水用のゴムシートで厚く覆われ、さらにその表面には発泡性の薄い白色シートが巻かれていた。保存施設の設計概要にはこの白色シートの記載はみられないため[2]、現場の判断で入念を期して外壁に貼られたものと考えられるが、34年の年月が経過した結果、シートは部分的に剥がれ落ち、竹や木の根によって表面を蝕まれていた。竹の根は、部分的にゴムシートや断熱材をも突き破っていた。

また、保存施設南側の天井部分には、発泡スチレン製の断熱材が二ないし三重に敷かれていた。この断熱材の敷設についても明確な記述は残されていないが、設計断面図には検出位置とほぼ同じ部位に断熱材の断面の表現があるため[3]、これについては当初から計画されたものと考えられる。ただし、保存施設天井上の整備用盛土には、断熱材敷設位置の北端に沿って掘り込みの痕跡が確認された。敷設に際して、一旦埋めた天井南側部分を再度掘り返したとみられるが、その理由は判然としない。（松村・廣瀬）

---

1) 島谷　徹「高松塚古墳保存施設の施工」文化庁編『国宝高松塚古墳壁画－保存と修理－』第一法規出版、82～95頁、1987年。

2) 三宅　晋・大野昌信「高松塚古墳保存施設の設計」文化庁編　前掲1)、68～81頁。

3) 前掲2) 78頁図4。

第6章　関連調査

1　三次元レーザースキャニングによる石室および遺構面の記録作業

廣瀬　覚・(株) 共和　枡谷健太

　高松塚古墳では、平成17年度に石室内部の三次元レーザースキャニングを実施している。石室解体事業にともなう平成18・19年度調査では、記録作業の効率化に加え、平成17年度の計測成果との統合、および今後の資料活用を目的に、株式会社共和の協力を得て、要所でレーザースキャニングによる三次元計測、および写真測量を実施し、石室外部の情報や各遺構面の記録作業をおこなった。さらに、仮整備にともなう平成20・21年度調査においても、引き続き計測を実施して、古墳南側の調査成果や墓道部の状況を記録した。三次元レーザースキャニングにおける使用機器は、ライカ社製HDS3000・3600で、データの取得と変換にはライカ社製の専用ソフトCycloneを使用した。

　三次元レーザースキャニングを実施したことにより、立体物である石室の記録作業を効率的に進めることができ、同時に遺構面の微細な高低差や地震による地割れ等に関する情報も適確に収集することができた。Fig.114は、16石で組み上げられた石室の状態を三次元計測し、取得したデータに画像処理を施して立体的に表現したものである。調査時には、石室の倒壊を防ぐために、石室全体を同時に露出させるのではなく、解体工程に応じて順次周囲の版築を取り除いていったため、石室外面の全体像を現地で目視することも写真に残すこともできなかった。しかしながら、解体工程に合わせて段階的に三次元計測をおこない、最終的に画面上で全データを合成することにより、石室の全体像を画像・資料化することが可能となった。ここで得られたデータは、高松塚古墳の石室の基礎資料として、今後、様々なかたちで大いに活用されることが期待できる。

　しかしながら、三次元で取得したデータの考古学や文化財における提示や活用の方法については、未だ試行錯誤の段階にあるといえる。こうした過渡期においては、従来的な二次元の実測図の作成も合わせておこない、これまでの調査・研究成果との連続性を確保しておくことが重要と考える[1]。そこで本書では二次元と三次元データを組み合わせて、石室外面の全体像の展開図（目地漆喰取り外し前と取り外し後の2面）を作成した。また、石室石材16石と墓道部凝灰岩切石を合わせた計17石分の個別展開図を三次元計測で作成し、付図として添付した。以上の各種図面には5mm間隔で等高線を記入し立体的な形状を捉えやすいようにした。また、本文中における各遺構平面図では、三次元計測の成果を取り込んで1cm間隔を主とする等高線を記入している。このように二次元の実測図作成にあたり、作図段階で等高線を容易に記入することができ、かつその間隔も自由に設定できる点は、三次元計測の強みといえる。Fig.114のように計測物の立体形状を視覚的に把握・提示できるのも三次元計測の利点である。さらに、三次元計測は対象物に非接触で計測がおこなえるため、漆喰など脆弱な資料の記録には絶大な効果を発

第6章　関連調査

揮する。

　また、通常の目視による実測図作成では、石室のような立体物の微妙な傾きや上下左右の各端部のライン等を正確に見通すことが困難であるが、三次元スキャニングではそれを正確に捉えることができた。第7章3で詳述するように、個別石材の計測では、東・西の壁石6石の上・下面が、いずれも北・南面に対して一律に1°強傾斜しており、床面の傾斜に合わせて当初から北側がわずかに高くなるように成形されていることが判明した。この点も目視では確認が困難な情報であり、三次元レーザースキャニングを実施して初めてあきらかになった事実といえる。

　一方で、三次元レーザースキャニングでは、石材や遺構の傾斜変換ラインや目地漆喰の範囲など、通常、実測図に記入される情報であっても、立体感が乏しい状態にあるものについては、当然、計測データや画像処理した情報からそれを読み取ることは困難である。今回の調査では、手測りの実測作業や写真測量も併用しており、それらの成果や目視の結果を反映させることでそれに対処した。計測にあたっては、当然のことながら実際の対象物に対する現地での目視や観察作業をおこない、その裏づけを十分に確保しておくことが肝要である。

　また、記録したい対象物や内容によって計測の情報量や精度を適切に管理していくことも求められる。今回、実施した計測レベルでは、加工痕跡や搗棒痕跡など凹凸がさほど顕著でない情報については必ずしも明瞭に捉えることはできなかった。これを克服するには、計測に時間をかけデータ量を増やしていく必要があるが、高松塚古墳の石室全面や調査区全域に対してそれを実施するとデータ量があまりにも膨大となり、情報処理が困難となると予想された。解体作業を控えた現地での計測は時間的制約を大きく受けることもあり、加工痕跡や搗棒痕跡に対しては拓本や写真測量を併用して記録作業を補った。なお、石材表面の記録については、現地で観察や拓本の採取が実施できなかった部分を中心に、仮設修理施設内において高精度での計測を実施した（Fig. 94・95）。

---

1)　金田明大ほか『文化財のための三次元計測』岩田書店、2010年。

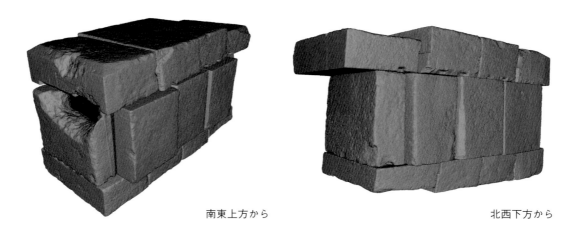

　　　　　　　　　南東上方から　　　　　　　　　　　　　　　　北西下方から

Fig. 114　高松塚古墳の石室（三次元モデルによる鳥瞰図）

2 版築の組成や成因に関する地質学的検討

(財) 地域地盤環境研究所　北田奈緒子

　高松塚古墳の石室を覆う版築の組成や版築に含まれる岩片の組成を検討し、当時どのような材料を用いて古墳を構築したのかを分析学的、地質学的立場から検討をおこなった。

(1) 版築内に分布する斑状の堆積物について

　上位版築層は全体的に赤色で斑状に粘土が分布する。版築内に分布する斑状の堆積物は、一見粘土状のもので、大きなものでは直径5cm程度のものである。茶色や白色の粘土は長石の風化物ではないかと考えられていたので、試料の産出状況を観察するとともに、サンプリングしてXRD分析を実施した。また、部分的に見られる黒色土についてもその鉱物組成をXRD分析で検討した。

　本調査ではすべての試料について、メノウ乳鉢で粉砕して粉末化し、凹部付きガラス板に粉末試料を固定し、測定試料とした。すべての試料について、共通の凹部付きガラス板を使用し、測定試料の量がほぼ同じになるようにした。黒色試料は、試料表面の黒色部をカッターナイフで削り、黒色部を選択的に粉末とした。また、①化学処理をおこなわない試料、②エチレングリコール処理を施した試料の二者を用意した。特定の粘土鉱物はエチレングリコール処理によりピーク位置がずれる性質を利用して、回折角が類似した粘土鉱物を厳密に同定するため、Fig.115の2パターンの測定をおこなった。①の未処理試料は乳鉢で粉末状にして凹部付きガラス板に固定した後、理学電気社製RADのX線回折装置（CuKα、Niフィルター）を使用して測定した。②のエチレングリコール処理試料は、①の試料にエチレングリコール水溶液を噴霧し、24時間後、半乾きの状態になるまで放置して試料表面を平滑にした後に測定した。未処理試料（①）は走査範囲2θ=2°～65°、エチレングリコール処理試料（②）は走査範囲2θ=2°～15°で、いずれも走査速度=1°/minで測定した。測定は大阪市立大学理学研究科、篠田準教授の元で実施した。理学電気社製RADを用いた。未処理試料は、走査範囲：2θ：2°～65°　走査速度：1°/min、

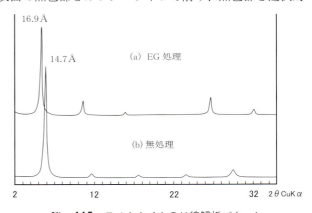

Fig. 115　スメクタイトのX線解析パターン
(a：エチレングリコール処理　b：無処理)

Fig. 116　版築土に見られる斑状粘土

第6章　関連調査

Fig. 117　長石 (標本)

CuKα（λ=1.5405Å）Ni filterを、EG処理試料は、走査範囲：2θ：2°～15°　走査速度：1°/min、CuKα（λ=1.5405Å）Ni filterを使用した。

　測定した試料は茶色の粘土および白色の粘土である（Fig.116）。版築中の粘土が長石の風化であれば、Fig.117に示すように柱状の長石が粘土化してもその原型をとどめることが多いが、版築中の茶、白粘土は非常に平板なものであり、サンプリングをすると、水平面にはよく広がっていても、鉛直方向には連続しないことが多かった。茶、白粘土は、一般に平板な薄い餅のような形状であり、Fig.117に示したような塊状の長石というよりも、粘土状のものを版築材料とともに撒いて、押し固めた際に平板状になったと思われる形状である（Fig.118）。

　一般に長石は風化変質すると、アロフェンやハロイサイトとよばれる非晶質鉱物に変化した後にカオリン系の粘土鉱物に変化する。よって、この白色や茶色の粘土が長石の変化物質であれば、カオリンを大量に含むと考えられる（Fig.119）。

Tab. 4　各試料の主な構成鉱物

版築層	構成物
全岩試料1	◎スメクタイト　◎石英　○斜長石　○正長石　○白雲母　△角閃石
全岩試料2	◎スメクタイト　◎石英　○斜長石　○正長石　○黒雲母
茶色粘土1	◎スメクタイト　◎石英　○斜長石　○正長石　○白雲母　△角閃石
茶色粘土2	◎スメクタイト　◎石英　○斜長石　○正長石　○白雲母　△エリノライト
白色粘土1	◎スメクタイト　◎石英　○斜長石　○正長石　○白雲母
白色粘土2	◎スメクタイト　◎石英　○斜長石　○正長石　○白雲母
黒色試料1	◎スメクタイト　◎石英　○斜長石　○正長石　○白雲母　△エリノライト
黒色試料2	◎スメクタイト　◎石英　○斜長石　○正長石　○黒雲母

含有量の目安　◎多　○中　△少　＊極少

　粉末X線回折図から、各試料の主な構成鉱物は、Tab.4の通りと考えられる。すべてのサンプルは、含有量の多いものから明記している。

　茶色試料1と2の粉末X線回折図のバックグラウンドは、300を越える一方で、白色粘土1と2のバックグラウンドは220程度である。用いたX線がCuKα線であることを考慮すると両者のバックグラウンドの違いは鉄の含有量の違いと考えられる。測定試料中の鉄の含有量が高い場合、鉄のK吸収端が銅の特性X線と重なるため、試料によりX線が吸収され、一般的にX線回折図のバックグラウンドは高くなる。試料の色からも、茶色の試料は鉄を多く含む鉱物の存在を示唆する。本試料の場合、茶色試料中のモンモリロナイトは、鉄の含有量が高いノントロライトの可能性がある。

　一方、白色粘土は、X線回折図の低いバックグラウンドと、その試料の色からも鉄の含有量は低いと考えられる。白色粘土中のモンモリロナイトはサポナイトの粉末X線回折図とよく一致するので、サポ

2 版築の組成や成因に関する地質学的検討

Fig. 118 版築土内の塊状粘土の検出状況

ナイトの可能性がある。一般的にノントロライトは鉄苦土鉱物、塩基性火山ガラスの変質鉱物として、またサポナイトは輝石、角閃石の変質鉱物として産するとされるので、本試料の原岩は花崗岩質というよりむしろ安山岩質あるいは花崗閃緑岩質の岩石と考えられる。

高松塚古墳周辺の明日香村一帯の基盤岩は花崗岩や花崗閃緑岩である。火成岩の一種で、いずれも地下深部でゆっくりとマグマが固まって構成された岩石である。花崗岩と花崗閃緑岩の違いは、化学組成の違いであり、ナトリウムやカリウムの含有量が比較的少ない花崗岩に対して、これらが多くなると花崗閃緑岩とよばれる。同じ成分のマグマが火山などの活動で急激に噴出した場合は、マグマが急冷される。化学組成は同じであるが、岩石中の鉱物がとても小さいため、見た目も強度も異なる。これらの岩石は、花崗岩に対して流紋岩、花崗閃緑岩に対して安山岩とよぶ。一般的には、花崗岩に対して、花崗閃緑岩は、やや黒っぽくなり、角閃石とよばれる鉱物の量比が増える。以上のことから全岩試料の鉱物組成からは、花崗岩、花崗閃緑岩など、墳丘の周辺に見られる基盤岩の風化物から構成されるものと考えられる。

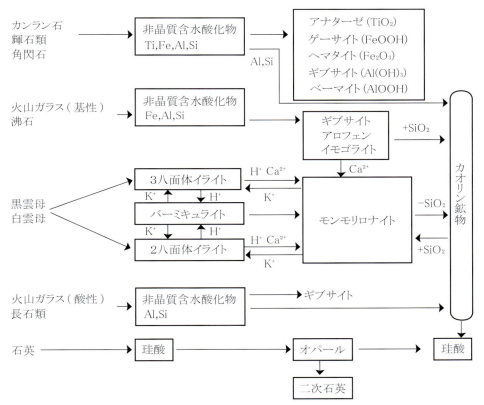

Fig. 119 主要鉱物の風化変質にともなう鉱物名称の変化

全岩試料1、2ともに茶色粘土と白色粘土の回折図の和のような図であることから両者の平均的な混合物と考えられる。また、前述の通り長石は風化によってカオリン鉱物に変化するとされる。茶色粘土、白色粘土ともにカオリン鉱物に相当するピークは観察されなかったことから、これらの粘土鉱物が長石の風化物であるとは考えにくい。

　黒色試料は2点とも、全岩試料と類似の結果であった。黒色試料で特徴的な新しいピークは顕著には観察されなかった。土壌の黒色化の原因としてマンガン鉱物の可能性も考えられるが、マンガン鉱物の存在を示す顕著なピークはなかった。またマンガンのK吸収端も銅の特性X線の吸収端と重なるため、一般的にX線回折図のバックグラウンドを上げる効果を持つが、黒色試料のX線回折図を見る限り、茶色粘土のバックグラウンドほど高くなっていないので、マンガン鉱物の可能性は低い。しかしマンガンの存在を確かめるには、さらに詳しい分析が必要である。石英の最強ピーク（3.343Å）がいずれの試料からも強く検出されるが、石英は含有量が低くても強い回折X線を与えるので、今回の測定試料で石英も含有量が一番高い。

（2）版築の性質について

　高松塚古墳の版築土は、表層から石室に向かって、赤色の上位版築層と石室周りに分布する下位版築層に区分され、後者はさらに天井石・壁石周りの白色の下位版築層と床石周囲の緑色の下位版築層の二つに分けられる。3種の版築層は色でも明瞭に区分することができるが、特にそれ以外に特徴的なのは、下位版築層では、青白い岩片が層状に混入していることがあげられる。青白い岩片は石室を構成する岩石に類似するが、その岩石の特徴や産地を特定することは、古墳の構築技術を知る上でも重要である。そこで、各版築層を用いて、地質学的な見地からの特徴について検討をおこなった。調査時に順次観察を実施したが、最終の分析結果はこれらの版築の区分が明瞭な墓道部東壁（Fig.120）にて採取した試料を用いた。各版築の特徴は次のようなものである。

上位版築層　赤色の版築であり、石室上部に分布する。数cmのレイヤーからなり、直径数cm程度の粘土のブロックが点在する。粘土ブロックは白色と茶色からなり、（1）で述べたように粘土の起源は長石ではなく、版築材料として混合された粘土と考えられる。全体の組成はXRD分析の結果からも、安山岩起源の土壌と考えられる。

下位版築層（天井石・壁石周囲）　白色の版築で、全体的に上位版築層に比べて緻密であり、丁寧に構築されたと考えられる。均質な版築には石室石材と類似した青白い岩片（凝灰岩粉末）が層状に混入する部分があり、岩片は火山砕

Fig. 120　版築層の区分
（墓道部東壁にもとづく）

屑物（凝灰岩）と考えられる。混入の要因については、強度向上のためや、水抜きの帯水層としてなどと推測される。

下位版築層（床石周囲の版築）　　緑色の版築で、版築の中でもっとも堅く、床石周囲を固める版築として丁寧に形成されたと類推される。緻密で均質な版築である。上述の凝灰岩粉末が一層ずつ連続して混入する。詳細についてはサンプルをとって薄片観察などの分析を実施したので、後述する。

以下、各版築の分析結果を用いてその特徴を示す。

（3）　各版築層の構成粒度について

各版築層の構成物質の粒度の違いを確認するため、版築層ごとに洗い出しをおこない、粒度区分をおこなった。試料の全重量を測定し、その後、250μm、60μm、それ以下の粘土に区分し、乾燥させてそれぞれの質量を測定し、各構成物の比率を求めた。250μm以上というのは、地質学における土粒子区分では中粒砂以上のもの、250〜60μmは細粒砂〜極細粒砂、60μm未満はシルト〜粘土となる。Tab.5に結果を示す。

上位版築層には、直径5cmにもおよぶ粘土が観察されたが、このような不均質な混入物は今回の検討の際には除去している。上位版築層は細粒砂〜極細粒砂がほとんどであるが、実際には、細かい粘土塊が混入するため、シルト〜粘土の含有量が白色版築よりも割合が多いと推定される。下位版築層はシルト〜粘土の含有量が3区分の中ではもっとも少ないが、岩石の構成粒子が3試料のうちでもっとも高い。下位版築層でも床石周囲の版築層では中粒砂がもっとも多いが、シルト以下の細粒粒子も22%混入し、版築層の中では細粒層の配合割合がもっとも多い。版築層に含まれる中粒砂以上の構成粒子は岩石風化によると思われる鉱物粒子からなる。実体顕微鏡で観察すると、石英や長石、雲母類が目立つ。

すべての版築層の中で、床石周囲の下位版築層がもっともシルト〜粘土の細粒分の混入割合が高い。これは、石室の下部を固める基礎として、もっとも緻密で賢固な版築を作ることを意図して、細粒分を多く混ぜて版築を作ったためと考えられる。中粒砂以上の試料について、それぞれ実体顕微鏡で確認すると、上位版築層は粒子が非常に粗く、床石周囲の下位版築層がもっとも中粒砂程度の粒度の揃ったものであった。構成粒子は前述の通り、石英や長石、雲母類が主なものである。

（4）　各版築層の構成鉱物について

各版築層の構成物質の粒度の違いを確認するため、版築層ごとにXRD分析を実施、その違いについて検討をおこなった。試料は（3）と同じ試料を用い、（1）と同様のX線回折分析を実施した。各試料の主な構成鉱物は、Tab.6のとおりと考えられる。Tab.6最下段に示した白色粘土層は下位版築内で見られる白色粘土を採取して同様にXRD分析をおこなったものである。

上位版築層の構成鉱物は、Tab.4の全岩資料とほぼ同じ構成物であり、花崗岩あるいは花崗閃緑岩を主体とする砂礫からなり、周辺の基盤岩の風化した土壌を用いたと考えられる。これに対して、下位版築層では、緑泥石が顕著に見られる。下位版築層も基本的な構成鉱物は上位版築層同様、花崗岩閃緑岩主体の土粒子からなるが、検出された緑泥石は主に、堆積岩や低温変成岩、変質岩に見られる鉱物であり花崗閃緑岩ではそれほど多量には産出しない。よって、緑泥石は上位版築土と同じ素材に改良を加え

第6章　関連調査

Tab. 5　各版築層の構成粒子割合

	250μm以上(%) (中粒砂以上)	250～60μm(%) (細粒砂～極細粒砂)	60μ未満(%) (シルト以下)
上位版築層	23.0	53.3	16.0
下位版築層　（天井石・壁石周囲）	44.7	33.4	10.3
下位版築層　（床石周囲）	39.6	30.1	22.2

Tab. 6　各版築層の主な構成鉱物

版　築　層	構　成　物
上位版築層	◎石英　◎スメクタイト　○斜長石　○白雲母
下位版築層 （天井石・壁石）	◎石英　◎緑泥石　◎スメクタイト　○セピオライト　△斜長石　＊角閃石
下位版築層 （床石周囲）	◎石英　◎緑泥石　◎スメクタイト　○斜長石　△黒雲母　△角閃石
下位版築層 （白色粘土）	◎石英　◎スメクタイト　△斜長石　△白雲母

含有量の目安　◎多　○中　△少　＊極少

る目的で添加された可能性が示唆される。古墳周辺で緑泥石を多産する地質体は、南部橋本地域以南で見られる三波川変成岩帯である。また、下位版築層に検出されるセピオライトは工学特性に優れ、その性質は吸着性能、シキソトロピー、可塑性、乾燥固結性などをもっていることから、地盤改良材としても利用されているものである。自然には火山岩分布域に脈状に産出することが多い。下位版築層内で採取された白色粘土の構成鉱物は、上位版築層内の白色粘土とほぼ同じ成分を示しており、版築層全体を通じて見られる白色粘土は同じ起源のものであると考えられる。

（5）　下位版築層に含まれる凝灰岩粉末と産地について

下位版築層に含まれる凝灰岩粉末について、産地特定のための調査を実施した。凝灰岩粉末はパミス状の火山砕屑物（凝灰岩）であり、近辺では、二上山に分布する火山砕屑物が地質調査の経験からも類似すると考えられた。この凝灰岩粉末は版築土中の水分を抜き取る目的で撒布された可能性が指摘されていたので、壁面観察時に採集した岩片を薄片（プレパラート）にして観察をおこなった。プレパラートの写真をFig.121～125に示す。

岩質は、白色、軟質の凝灰岩で、中央に褐色のレンズ状鉱物が含まれる。顕微鏡下で観察すると、軽石部と基質部、流紋岩、結晶片からなる。軽石中の組織は流紋岩質の軽石凝灰岩で、主要部はガラス質で、主に新鮮な軽石片と微細なガラス質基質からなる。このほかに流紋岩片、斜長石、石英、黒雲母の結晶片を少量ともなう。軽石片は非溶結、ガラス質で発泡度が高いが、褐色ガラスからなる発泡度の低いものも少量含まれる。砕屑物は基盤岩起源の砕屑物が二次堆積したものと考えられ、黒雲母、花崗閃緑岩片、花崗閃緑岩を構成する角閃石、褐鉄鉱などの鉱物片が含まれている。軽石部を観察すると、本質で脱ガラス化しておらず、透明ガラスと褐色ガラスにより発泡度が異なる。

特徴としては、①大量の軽石からなる。②軽石はきわめて新鮮である。③軟質で組織が均質、微細で

2　版築の組成や成因に関する地質学的検討

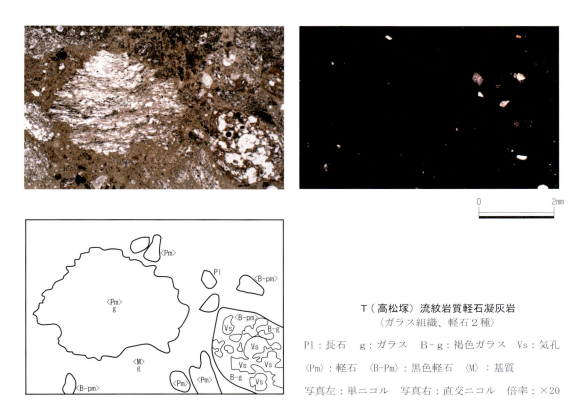

T（高松塚）流紋岩質軽石凝灰岩
〈ガラス組織、軽石2種〉

Pl：長石　　g：ガラス　　B-g：褐色ガラス　　Vs：気孔

〈Pm〉：軽石　〈B-Pm〉：黒色軽石　〈M〉：基質

写真左：単ニコル　写真右：直交ニコル　倍率：×20

Fig. 121　版築内凝灰岩片のプレパラート（1）

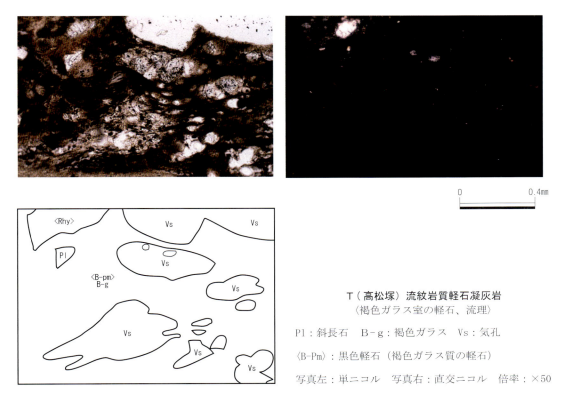

T（高松塚）流紋岩質軽石凝灰岩
〈褐色ガラス室の軽石、流理〉

Pl：斜長石　　B-g：褐色ガラス　　Vs：気孔

〈B-Pm〉：黒色軽石（褐色ガラス質の軽石）

写真左：単ニコル　写真右：直交ニコル　倍率：×50

Fig. 122　版築内凝灰岩片のプレパラート（2）

145

第6章　関連調査

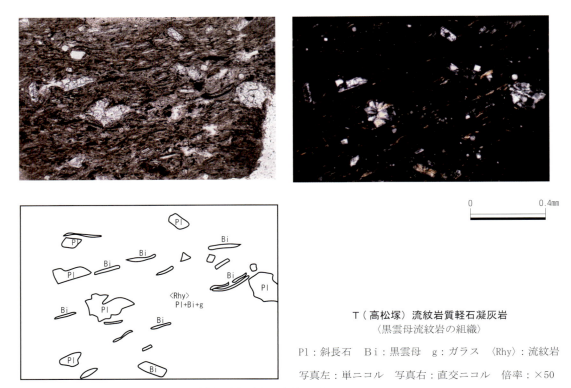

T（高松塚）流紋岩質軽石凝灰岩
〈黒雲母流紋岩の組織〉

Pl：斜長石　Bi：黒雲母　g：ガラス　〈Rhy〉：流紋岩

写真左：単ニコル　写真右：直交ニコル　倍率：×50

Fig. 123　版築内凝灰岩片のプレパラート（3）

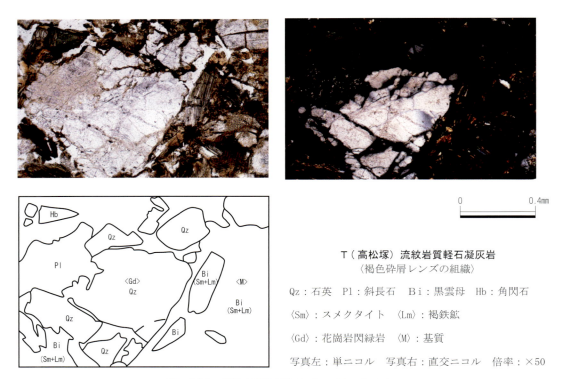

T（高松塚）流紋岩質軽石凝灰岩
〈褐色砕屑レンズの組織〉

Qz：石英　Pl：斜長石　Bi：黒雲母　Hb：角閃石

〈Sm〉：スメクタイト　〈Lm〉：褐鉄鉱

〈Gd〉：花崗岩閃緑岩　〈M〉：基質

写真左：単ニコル　写真右：直交ニコル　倍率：×50

Fig. 124　版築内凝灰岩片のプレパラート（4）

2　版築の組成や成因に関する地質学的検討

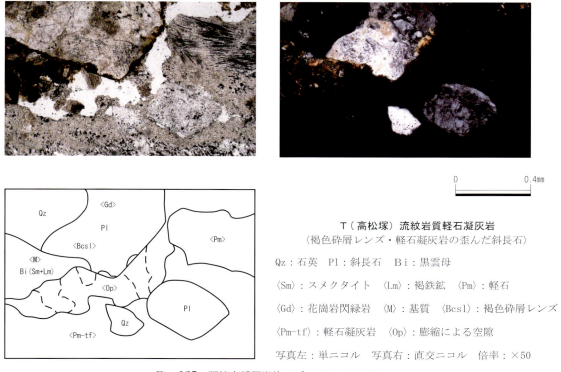

T（高松塚）流紋岩質軽石凝灰岩
〈褐色砕屑レンズ・軽石凝灰岩の歪んだ斜長石〉

Qz：石英　Pl：斜長石　Bi：黒雲母

〈Sm〉：スメクタイト　〈Lm〉：褐鉄鉱　〈Pm〉：軽石

〈Gd〉：花崗岩閃緑岩　〈M〉：基質　〈Bcsl〉：褐色砕屑レンズ

〈Pm-tf〉：軽石凝灰岩　〈Op〉：膨縮による空隙

写真左：単ニコル　写真右：直交ニコル　倍率：×50

Fig. 125　版築内凝灰岩片のプレパラート（5）

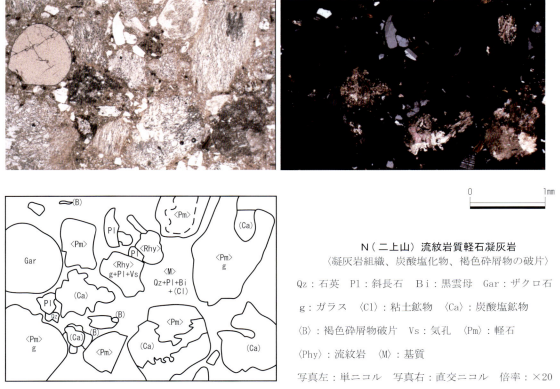

N（二上山）流紋岩質軽石凝灰岩
〈凝灰岩組織、炭酸塩化物、褐色砕屑物の破片〉

Qz：石英　Pl：斜長石　Bi：黒雲母　Gar：ザクロ石

g：ガラス　〈Cl〉：粘土鉱物　〈Ca〉：炭酸塩鉱物

〈B〉：褐色砕屑物破片　Vs：気孔　〈Pm〉：軽石

〈Phy〉：流紋岩　〈M〉：基質

写真左：単ニコル　写真右：直交ニコル　倍率：×20

Fig. 126　二上山凝灰岩のプレパラート（1）

第6章　関連調査

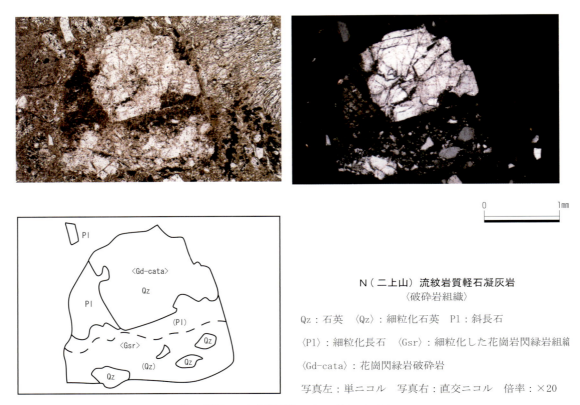

Fig. 127　二上山凝灰岩のプレパラート（2）

N（二上山）流紋岩質軽石凝灰岩
〈破砕岩組織〉

Qz：石英　〈Qz〉：細粒化石英　Pl：斜長石
〈Pl〉：細粒化長石　〈Gsr〉：細粒化した花崗閃緑岩組織
〈Gd-cata〉：花崗閃緑岩破砕岩

写真左：単ニコル　写真右：直交ニコル　倍率：×20

ある。以上のような多孔質の石材は、空気や水を通しやすいため、湿度・温度調整には最適である。一般的に軽石は最近に生成したものや特殊な好条件の場合を除き、続成作用によって気孔内部に二次鉱物が充填して塞がったり、気孔壁のガラスが結晶化（脱ガラス化）していく。常温・常圧で不安定な「空隙」と「ガラス」が地層中で新鮮な状態を維持しているのは、十分に外気が遮断される環境にあったことを示している。また、褐鉄鉱は鉄分の酸化により生じるが、更なる酸化反応が生じていないことは、石室周辺の版築内では全くの非酸化状態であったことを意味する。

つぎに、二上山岩屋峠下の採石場跡の凝灰岩の小片試料を岩石薄片（プレパラート）にして観察し、版築内の岩片の特徴と比較した（Fig.126・127）。岩質は同じで、顕微鏡下の特徴として見られる軽石の特徴（非溶結、粒径、褐色ガラス、斑晶・石基鉱物の量）が両者で一致することから、ほぼ二上山岩屋峠付近の凝灰岩と特定することができる。ガラスの変質度合いからいえば、高松塚古墳版築内の凝灰岩のほうが新鮮な状態であり、二上山で良質な凝灰岩を採取し、その後、版築内で外気と遮断されて、変質することなく現在に至ったと考えられる。

以上を取りまとめると、高松塚古墳の石室周辺の版築構造は非常に良質なもので、施工時にはほぼ完璧に石室の酸化を止めるような構造をしていた可能性が高く、現在も版築自身はそれほど変質していない。しかしながら、その後に被った地震動による地割れやそれに沿って植物根が侵入したことで、割れ目や根の周辺では変質が進んだ可能性が高い。

3 版築強度試験

京都大学大学院工学研究科　三村　衛

　高松塚古墳壁画の恒久保存対策として、石室を解体し、壁画を古墳から取り出して、温湿度環境をコントロールできる仮設修理施設において修理をおこなうことになった。この一連の作業を遂行するにあたり、墳丘の中心部を掘削し、クレーンによって石材を搬出しなければならず、その際には基礎となる墳丘地盤の力学特性を把握しておく必要があった。また、墳丘の剛性や強度についての情報は、古墳の構築方法など古代の土木技術を知るという意味とともに、文化財としての地盤構造物を現地で永く保全するための構造物としての安定性、さらには地震や豪雨といった自然災害に対する脆弱性を評価するための基礎資料となるものである。本節では、高松塚古墳墳丘地盤の力学的な特性を把握するために実施した室内土質試験と原位置強度試験について報告する。

（1）試料採取と室内土質試験

　平成16年度に実施された発掘調査において、墳丘地盤の版築構造を調べるために墳丘3ヵ所でボーリング調査と試料採取をおこなった。調査の詳細は文末の註掲載文献[1]を参照されたい。ボーリングと試料採取地点をFig.128に示す。同図に示すように、調査孔は石室からそれぞれ約2.5m外側に離れた西側（B-1孔）、北側（B-2孔）、東側（B-3孔）の3地点で実施した。上位版築の3孔の試料、石室周囲、および床石設置面下から採取した下位版築試料の基本的物性値をTab.7に、粒度分布をFig.129に示す。ここで、下位版築層については、天井石と壁石を取り囲むように構築された白色の版築層と凝灰岩の粉末を積層状に挟み込んで構築された床石周囲の版築層に分けて示した。Tab.7においてρ_sは土粒子密度（比重に相当する）を、w_nは自然含水比を表している。Fig.129からわかるように、床石周囲の版築は石室石材の削り粉を挟み込んで築造されていて、凝灰角礫岩の岩片が含

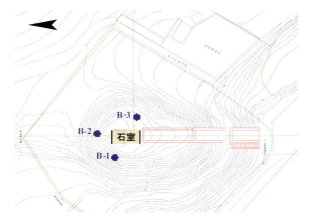

Fig. 128 墳丘部におけるボーリング・資料採取地点

Tab. 7 墳丘版築土の土粒子密度と含水比

	ρ_s (g/cm³)	w_n (w_{min}-w_{max}) %
上位版築 (B-1)	2.68	17.6 (16.1 - 18.6)
上位版築 (B-2)	2.71	22.8 (21.0 - 25.5)
上位版築 (B-3)	2.72	16.6 (15.3 - 18.6)
下位版築（天井石・壁周囲）	2.74	19.5 (17.0 - 22.7)
下位版築（床石周囲）	2.68	12.7 (12.3 - 12.9)

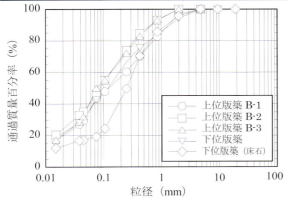

Fig. 129 墳丘版築土の粒度分布

第6章　関連調査

まれるため、砂粒径の粒子が多くなっているのが特徴的である。それ以外の上位版築、下位版築については、組成鉱物は異なるものの、土粒子密度の値や含水比、粒度分布的には似かよっており、74μm以下の細粒分を約40％程度含んだ良配合の土であり、いずれも締め固めには適した材料である。ただし、上位版築のうち石室北側のB-2試料については含水比が若干高く、他のB-1、B-3孔試料に比べて粘土質で細粒分が多くなっており、物性的にはやや異なっている。

　版築土の強度定数を求めるにあたり、対象が砂分の卓越したマサ土で、供試体への成形が容易ではないこと、試料の本数が限定されていることを考慮して、直径60mm、高さ20mmと比較的小型で、カッターリングで拘束しながら供試体化できるという利点がある一面せん断試験[2]を実施することとした。高松塚古墳は基盤から墳頂部までせいぜい数メートル程度の小さな盛土であり、低拘束圧下での挙動が問題となる。したがって、上載圧力を$15kN/m^2$～$120kN/m^2$間で設定し、低拘束圧下における力学特性を求めることとした。上位版築層に対する一面せん断試験における応力経路をFig.130に示す。図中のB-1～B-3はFig.128に示した試料採取位置である。Tab.7からもわかるように、B-2孔試料はやや粘土質で細粒分が多く、含水比も高めになっている。試験から得られる強度定数についても粘着力$c=150kN/m^2$、せん断抵抗角$\phi=25°$となり、比較的砂質系であるB-1、B-3孔の試料で$c=100$～$120kN/m^2$、$\phi=35$～$36°$となっているのと対照的である。下位版築層（天井石・壁石周囲、床石周囲）に対する一面せん断試験による応力経路をFig.131・132に示す。下位版築層の挙動は上位版築層に類似しており、$c=120kN/m^2$、$\phi=33°$という強度定数が得られた。これに対して下位版築でも床石周囲の版築層では、$c=250kN/m^2$、$\phi=48°$という非常

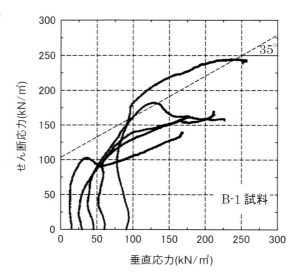

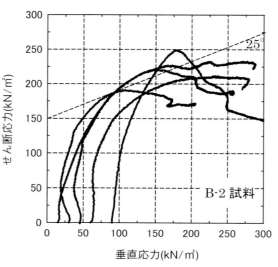

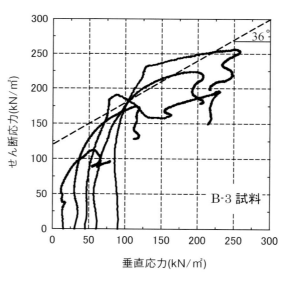

Fig. 130　上位版築層の一面せん断試験結果と強度定数

3 版築強度試験

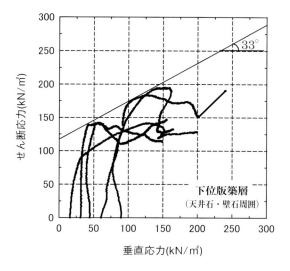

Fig. 131 下位版築層（天井石・壁石周囲）の
一面せん断試験結果と強度定数

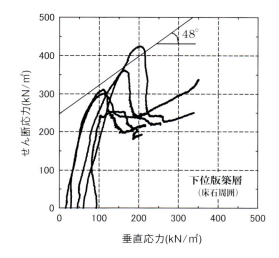

Fig. 132 下位版築層（床石周囲）の
一面せん断試験結果と強度定数

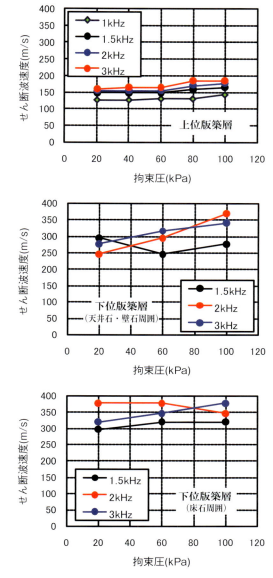

Fig. 133 ベンダーエレメント試験による
高松塚古墳墳丘版築土のS波速度特性

に高い強度定数が得られた。

　平成16年度の調査では、ボーリング調査孔を用いたPS速度検層を実施した。その結果については既に報告[3]しているように、版築部分に対応するS波速度が70～160m/sと非常に低い値を示した。その原因として、墳丘内部を縦横に走っている地震痕跡と思われる無数の地割れや亀裂の影響によるものではないかと推定されてきた。本節では、亀裂のない健全な状態にある版築土そのものが持つS波速度を室内ベンダーエレメント試験[4]によって測定し、既往のPS速度検層結果と比較することによって、地震痕跡の寄与についての結果を報告する。上位版築層、下位版築層（天井石・壁石周囲）、下位版築層（床石周囲）に対するベンダーエレメント試験結果をFig.133に示す。いずれの試料についても拘束圧が高くなるにしたがって、また入力波の周波数が高くなるにしたがってS波速度が若干増大する傾向が認められる。また1kHzの入力波を与えた場合、あきらかに高い周波数の場合と比べて低い速度値が得られる

151

第6章 関連調査

ことが上位版築層に対する試験で確認できたので、以後の下位版築層に対しては、1.5kHz、2kHz、3kHzの3種類の周波数の異なる入力波を与えて実験をおこなった。一連の結果から、それぞれの版築層のS波速度の代表値として、拘束圧によらず、上位版築層：160m/s、下位版築層（天井石・壁石周囲）：290m/s、下位版築層（床石周囲）：350m/sと評価した。このように、亀裂のない健全な状態で版築土のS波速度をベンダーエレメント試験によって測定した結果、強度に見合う程度の値を示し、現地で実施したPS速度検層による墳丘のS波速度に比べてかなり大きいことがわかった。以上の結果より、現地における低いS波速度値は、室内ベンダーエレメント試験で得られた健全な状態の版築土が有しているS波速度値に比べて低くなっており、墳丘内部を縦横に走る地割れや亀裂の存在に起因する墳丘地盤の不安定な状態を反映したものであると考えられる。

（2） 針貫入試験による墳丘版築土の原位置強度測定

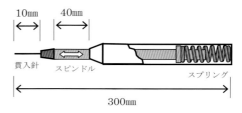

Fig. 134 針貫入試験機の構造と諸元

（1）において、墳丘版築土からの採取試料を用いて室内試験によって得られる強度定数について説明した。一方で、室内試験が強度に関する点情報を与えるのに対し、現地において墳丘そのものの強度を測定することによって面的に強度特性を把握し、構造体としての安定性を評価することも重要である。発掘調査にともない、墳丘を傷めることなく、非破壊に近い条件で原位置強度を測定する試験方法として、針貫入試験を実施した。本試験機は元々軟岩硬度計[5]というトンネル切羽の強度を現場で測定するために考案されたものであり、試験機がポータブルで重機などを使用せずに人力で先端針を対象地盤に押し込むだけで原位置強度を測定できるという特長を有している。Fig. 134に針貫入試験機の模式図を示す。貫入時にスプリング部分の圧縮によって生じるスピンドルの変位量から換算される貫入力P（N）が原位置で求められ、版築のような固結力を有する土質材料に適用できる。こうして求められたPを用いて、①針貫入量Lが10mmになった時のP（N）、②最大貫入力P（N）の時の針貫入量L（mm）のいずれかを用いて針貫入勾配$\Delta = P/L$（N/mm）を算定する。事前の較正試験によりΔと一軸圧縮強さq_u（kN/㎡）がほぼ一義的な関係にあることがわかっているので、針貫入試験測定結果を換算して一軸圧縮強さq_uを求めることができる[6]。石材吊り上げ用のクレーン基礎が設置される上位版築面における換算一軸圧縮強さq_uの分布をFig. 135（a）に示す。Fig. 135は上が北側であり、南に保存施設の一部である前室がある。発掘は古墳の断面を確認するために十字方向に畦を残しながらおこなわれたので、針貫入試験はその部分を除いて平面として現れた部分に対して実施した。Fig. 135（a）より、クレーン設置面の上位版築層の平均的な換算一軸圧縮強さは200〜400kN/㎡（c =100〜200 kN/㎡）となってFig. 130に示す墳丘外周部を形成する上位版築層の室内一面せん断試験結果と比べて若干大きめではあるが調和的な値を示している。強度定数の絶対値という観点からは、締め固めマサ土としては比較的大きなものであり、硬質に構築されているということができる。同図中央部に円形で示した領域は石室を覆う下位版築層が現れている部分で、細かく見れば、クレーンベース基礎地盤の外側に比べて、下位版築層近傍になる内側ほど強度が高くなる傾向が認められる。つぎに、Fig. 135（b）に示すように、石室天井から0.1m上の地点における下位版築層の換算一軸圧

3 版築強度試験

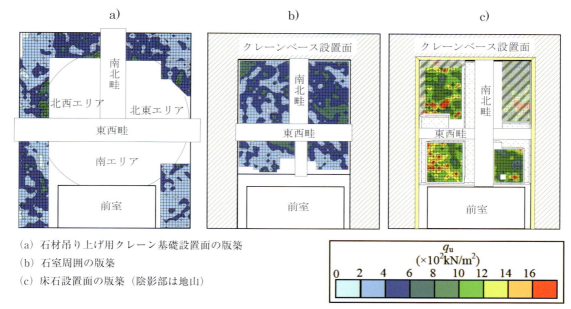

(a) 石材吊り上げ用クレーン基礎設置面の版築
(b) 石室周囲の版築
(c) 床石設置面の版築（陰影部は地山）

Fig. 135 針貫入試験による高松塚古墳墳丘版築の強度分布

縮強さq_u分布は300〜600kN/㎡で、上位版築層に比べて高い値を示している。この下位版築層とは上位版築層とは種類の異なる鉱物組成を有し、一層あたりの仕上げ層厚が薄く、ムシロ目痕跡や細い搗棒の痕跡が多数発見されているというのが特徴である（第3章3）。床石設置面下の下位版築層における換算一軸圧縮強さq_u分布は、Fig. 135（c）に示すように600〜1000kN/㎡となっているが、部分的には1000kN/㎡を超える部分も散見され、上位の版築層に比べてかなり高い強度を有している。この面における針貫入試験実施時点では、図中で陰影をつけた北東側ブロック、および北西側ブロックの北・および西側は地山と判定されている。北東側ブロックにおいて、下位版築（床石設置面下）の強度に比べて地山部分の強度が小さく評価されている部分がある。これは、固く締め固めた版築層に比べて、地山部分表層がマサ土状に強く風化して脆弱化しているためであると考えられる。

地質分析結果より、上位版築層と下位版築層の構成鉱物には目立った違いはないものの、下位版築中には緑泥石の岩片やセピオライトが含まれていることがわかった（第6章2）。セピオライトは吸着性、シキソトロピー（時間とともに硬質化する性質）、乾燥固結性を有しており、地盤改良材としても使われているという実績からみても、床石周囲の版築の高強度化に寄与しているものと考えられる。また、緑泥石岩片の混入率が高くなっていることが下位版築全体の版築強度を高めていると考えられる。

壁画を古墳から取り出した後に、石室南側墓道部に設置されていた保存施設の撤去にともない、一時的に墳丘の壁面が大きく露出する機会があった。Fig. 135に示した発掘にともなう針貫入試験結果は、各版築層において平面的に実施したものであるが、石室南側の墓道部東壁では上位版築層、下位版築層（天井石・壁石周囲）、下位版築層（床石周囲）という各版築層が鉛直壁面に一面として現れており、それぞれの版築層の強度を針貫入試験によって同時に測定した。墓道部東壁における針貫入試験結果にもとづく換算一軸圧縮強さの分布をFig. 136に示す。同写真中には版築構造の境界面をあわせて示してある。測定結果の分布図が示すように、版築構造の違いが強度特性に大きく寄与していることがわかる。具体的には、地表面に近く土壌化の進んだ版築状盛土の部分（図中①で示す領域）は、0〜200 kN/㎡の領域が広がる低強度帯となっており、上位版築層（図中②で示す領域）ではほぼ200〜400 kN/㎡程度のq_u値が

第6章　関連調査

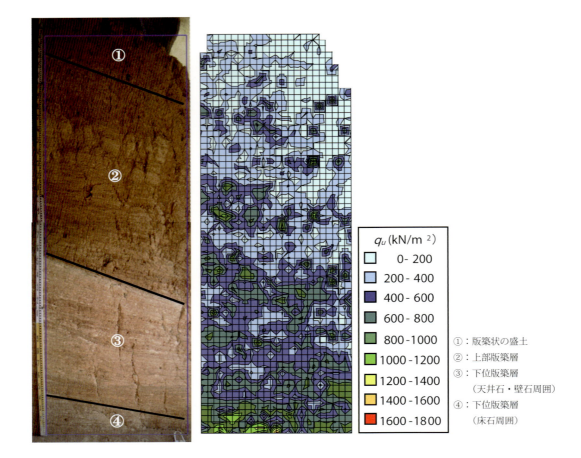

Fig. 136　墓道部東壁における針貫入試験による換算一軸圧縮強さ分布

支配的であり、下位版築層（図中③で示す領域）になると400〜800 kN/㎡程度のq_u値が支配的となり、床石周囲の下位版築層（図中④で示す領域）では1000kN/㎡に達するような硬さへと変化している。一連の試験結果はFig. 135に示した個々の版築層を平面的に測定した場合のq_u値のレベルと概ね調和的であり、高松塚古墳の墳丘が、壁石設置面を構成する非常に堅固な床石周囲の版築層、石室周りを保護するように形成された硬質な下位版築層、それを取り巻く上位版築層、さらに土壌化の進行した版築状盛土層という複合的な構造を持って構成されていることを、強度特性からも確認することができた。

1）奈良文化財研究所『高松塚古墳の調査－国宝高松塚古墳壁画恒久保存対策検討のための平成16年度発掘調査報告－』2006年。三村　衛・石崎武志「高松塚古墳墳丘の現状とその地盤特性について」『地盤工学ジャーナル』Vol. 1 No. 4、157〜168頁、2006年。

2）地盤工学会『土質試験の方法と解説』2009年。

3）前掲1）。

4）三村・石崎 前掲1）、三村　衛・吉村　貢・金田　遙「高松塚古墳墳丘の構造と原位置試験および室内試験による地盤特性評に関する研究」『土木学会論文集C』Vol. 65 No. 1、241〜253頁、2009年。

5）土木学会『軟岩の調査・試験の指針（案）－1991年版－』1991年。

6）前掲4）。

4 地震考古学の所見

寒川　旭

　飛鳥美人の極彩色壁画で知られる高松塚古墳は、北西－南東に細長くのびる丘陵の南西側斜面に築かれている。平成16年度に実施された発掘調査の過程で、墳丘の周辺から亀裂が検出され、過去に発生した地震の爪痕と考えられるに至った[1]。

　その後、石室解体にともなう発掘調査が実施され、墳丘や石室から多くの地震痕跡が検出されたが、その概要を報告して意義を述べたい。

（1）高松塚古墳に見られる地震痕跡

　平成16年度に実施した発掘調査では、墳丘周辺の盛土において、幅数cmの亀裂が多く検出された[2]。ついで、平成18・19年度の発掘調査において、墳丘の表層部の柔らかい盛土の下から、最大幅30cm前後の地割れをはじめ、数多くの亀裂が検出され、一部では6～7cmの段差が生じていた。

　調査が石室に近い深さまでおよぶのにしたがって、鮮明な地割れ・亀裂が数多く検出された（Fig. 137・138）。多くは石室と、これを覆う盛土の境界付近に分布していたが、石室を構成する石材の一部にも亀裂がおよんでいた（Fig. 139）。これらは、本書の第5章1に詳しく記載されている。

Fig. 137 石室南側の盛土に生じた地割れ・亀裂
（Fig. 137～143の写真は寒川撮影）

Fig. 138 石室の北縁に沿って生じた亀裂

Fig. 139 石室の石材に生じた亀裂

第6章　関連調査

　一方、昭和47年・49年度実施の発掘調査において、墳丘の南側にある墓道の盛土が明瞭に食い違った（変位した）痕跡が検出されている[3]。平成20年度にこの位置まで調査がおよび、再び、この痕跡（広義の地割れ跡）が姿を現したので、Fig.140を作成した。これを用いて詳しく紹介したい。

　Fig.140左下の平面図に示したように、幅約40～50cmの地割れが東西方向に、少なくとも2.8m以上の長さでのびていた。同左上の断面模式図は、その東側の断面形態を示したもので、説明の便宜上、盛土層をⅠ～Ⅲ層と名付けた。

　Ⅰ層は、うす褐色の柔らかいシルト層である。Ⅱ層は厚さ30～36cmで、砂とシルトで構成される固く締まった盛土層で、北ほどわずかに厚さを増している。Ⅲ層はシルトで、Ⅱ層と同様に固く締まっている。Ⅰ～Ⅲ層は、複数の場所で切断されて上下に変位しており、変位を与えた断層（正断層）や亀裂を、a～fと名付けた。

　aは最大幅10cmの開口した割れ目で、墳丘上部の未固結の盛土が流れ込んでおり、地層の変位はともなっていない。bに沿って、Ⅰ～Ⅲの各層は南側が約38cm低下している。bの上～中部は開口しており、未固結の盛土が流れ込んでいた。

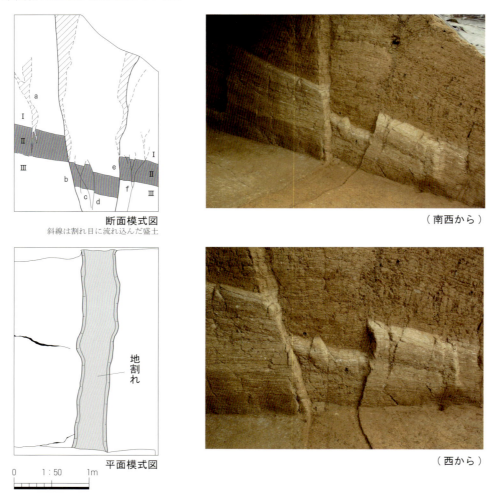

Fig.140　墳丘南側の盛土に生じた地層の変位

156

bの約30cm南にdが見られる。その間にあるcは枝状に分岐しており、Ⅱ層の上部が2つの小断層の間に少し（上下方向に約3cm）落ち込んでいた。また、dに沿って、Ⅱ層の上端が約10cm、下端が約4cm、南側が下がるように変位していた。また、dから約35cm南のeでは、Ⅰ〜Ⅲ層が上下方向に26〜30cm、北側が低下していた。このeが南縁となって、bとともにFig.140左下の地割れを形成している。

　また、eから15〜30cm南にfがあるが、上部では分岐し、Ⅰ層の下部で消滅している。そして、分岐する小断層の一部に沿って、Ⅰ層の上端が1〜2cm変位していた。

　bより北側のⅡ層の傾きを、そのまま南に延長すると、eより南側のⅡ層とスムーズにつながる。つまり、本来は、緩やかな傾斜で連続していたⅡ層が、b・e間の幅70〜80cmの範囲で40〜35cm低下したことになる。地層全体に、南北方向の強い引張力が加わって、地層が切断されて地割れを形成し、内部が沈降したと考えられる。

　高松塚古墳は北西−南東方向に細長くのびる丘陵の南西側斜面に築かれており、上述の痕跡は古墳の南端で東西方向にのびている。墳丘盛土が斜面方向に向かって滑り動くような力が加わったものと思える。

（2）　地割れや亀裂の原因となった地震

　高松塚古墳に地割れや亀裂が刻まれた原因として考えられるのが、地震による激しい揺れである。実際、この古墳が位置する奈良盆地南端の飛鳥地域は、日本列島の太平洋側に沿って海底にのびるプレート境界（南海トラフ）から発生する巨大地震の被害を繰り返し被っている。

　Tab.8は、太平洋海底のプレート境界である南海トラフを、西からA〜Eと5区分して示している。A・Bから発生するのが南海地震で、C〜Eから発生するのが東海地震である。後者について、1944年にC・Dから発生した地震は規模が小さかったので東南海地震とよばれ、割れ残ったE地域が「想定東海地震」の範囲となっている。

　この表には、過去の文字記録からわかる南海地震の発生年代を西暦年で示しているが、具体的には、昭和21年（1946）、嘉永7・安政元年（1854）、宝永4年（1707）、慶長9年（1605）、正平16年（1361）、承徳3・康和元年（1099）、仁和3年（887）、そして、『日本書紀』に書かれた天武13年（684）である。東海（東南海）地震については、昭和19年（1944）、1854年（南海地震の前日）、1707年、1605年、明応7（1498）、嘉保3・永長元年（1096）である。

　最近では、「地震考古学」の成果として、これまで地震の記録が無かった明応7年（1498）頃や西暦1200年前後に

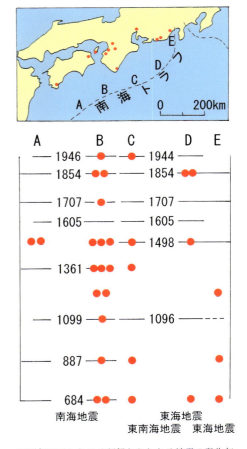

Tab. 8　南海トラフから発生した地震の年表

西暦年で示したのは記録からわかる地震の発生年、●は遺跡で見つかった地震痕跡で、上図では遺跡の位置、下図には地震痕跡の年代を示す。註4）ほかより。

第6章　関連調査

も南海地震が存在したことが、遺跡の発掘調査から把握されている。さらに、東海地震についても、地震痕跡の存在から記録の空白が埋められている[4]。この図から、南海地震は、ある程度定まった間隔で、東海（東南海）地震と同時、または、連続して発生していると考えられる。

　最近の事例では、1946年の昭和南海地震（M8.0）と1944年の東南海地震（M7.9）は地震規模が小さかった。しかし、1854年に連続して起こった安政東海地震と安政南海地震（ともにM8.4）、さらに、A～E全域から一つの地震として発生した1707年の宝永地震（M8.6）は地震規模が大きかった。

　南海トラフからの地震は、その都度、地震規模が異なるが、1707年のほか、1361年、887年、684年などは南海トラフ全体から発生した可能性が高い。奈良盆地南部は東海地震と南海地震の震源域の境界付近に位置しており、高松塚古墳の周辺で震度6弱以上の揺れが生じても不思議ではない。東海地震と南海地震が連続して発生した1854年や1498年も、これに次ぐ地震規模なので、この時にも強く揺れたことが考えられる。

　一方、京阪神・淡路地域に大きな被害を与えた文禄5・慶長元年（1596）の伏見地震は、大阪平野北縁の有馬－高槻断層帯や淡路島の活断層（および六甲断層帯）が活動したものだが、震源域から少し離れた奈良盆地南部では震度5程度の揺れである[5]。

　このように、南海トラフから繰り返し発生した巨大地震のたびに、高松塚古墳の墳丘に地震痕跡が刻まれた可能性が高い。

（3）　古墳に刻まれた地震

　奈良盆地の南部では、他の古墳でも、地震によって変形した事例が見つかっている[6]。

　天理市の黒塚古墳は、石室の側壁を構成する石材が放物線を描くようなかたちで石室の内部に飛び出しており、水平方向の大きな揺れが原因と考えられる[7]。

　同市の赤土山古墳の場合、墳丘の一部が地滑りによって大きく滑り落ち、朝顔形および円筒埴輪列も低い位置まで移動していた。地滑りは複数回発生しているが、最初の大きな地滑りは古墳の築造直後（古墳時代前期末頃）で、この頃に南海トラフから発生した巨大地震による可能性が高い[8]。

　明日香村のカヅマヤマ古墳は南半分が大きく滑り落ちていた。写真に示したように、石室の南半分が

Fig. 141　カヅマヤマ古墳の石室の地滑り跡

Fig. 142　カヅマヤマ古墳の墳丘盛土に刻まれた地割れ
（右側で墳丘盛土が滑り落ちており、左端に地割れが見られる。）

垂直方向に約2m滑り落ちており、壁面には地割れが刻まれていた（Fig.141・142）。地滑りが発生する直前に大規模な盗掘があり、地滑りの後にも盗掘を受けており、この時の遺物から、地震の年代が14世紀に限定され、1361年の正平南海地震（および東海地震）による地震痕跡と考えられている[9]。

正平南海地震について、法隆寺で書き綴られ『斑鳩嘉元記』には、法隆寺・薬師寺・唐招提寺の被害や、天王寺の金堂が倒れたことが書かれている。『太平記』には、天王寺の金堂の倒壊のほか、紀伊山地で地変が生じたことや、阿波の由岐港が津波被害を受けたことが記されているが、由岐町（現・徳島県美波町）では、康暦2年（1380）に建立された供養碑（康暦碑）が現存する。

Fig.143 スガ町古墳群の墳丘を引き裂く地割れ

一方、活断層から発生した大地震によって古墳が形を変えた事例として顕著なのは、1596年の伏見地震による高槻市の今城塚古墳と神戸市の西求女塚古墳の事例である。今城塚古墳は、地震を発生させた活断層（有馬-高槻断層帯）直上に築造されたため、墳丘の大半が地滑りで崩れ落ちた。また、活断層に近接した軟弱地盤に立地した西求女塚古墳も墳丘の南西部が大きく滑り落ちた[10]。

1927年に丹後半島を襲った北丹後地震では、震源となった活断層（郷村断層）に近接した丘陵の頂部に築かれたスガ町古墳群が、強い揺れに見舞われて墳丘が引き裂かれた[11]（Fig.143）。

（4） 21世紀の地震

高松塚古墳の墳丘に地割れや亀裂が刻まれている。その多くが石室と盛土の境界付近に分布しており、石室石材の一部にも亀裂が生じている。また、この古墳が丘陵の斜面に築造されたため、斜面に沿って引張力が働いて40cm以上の幅で地層が沈降している。

このような痕跡が生じた原因として、地震の激しい揺れが考えられる。実際、太平洋海底のプレート境界である南海トラフからは、南海地震や東海地震などのM8クラスの巨大地震が、ある程度定まった間隔で発生して奈良盆地南部も被害を受けている。地震が発生して、大きな震動が長く続く過程で、高松塚古墳の石室が様々な方向に揺れ動き、物性の異なる石材と盛土の間に亀裂を生じさせ、斜面に沿って盛土が移動するような変形を生じさせたものと思える。

21世紀中頃までに、南海トラフからの巨大地震が発生すると考えられており、高松塚古墳などの古墳をはじめ、貴重な文化財を守るための対策が必要である。同時に、周辺地域で暮らす多くの市民の生命・財産などを地震から守るという立場においても、地震痕跡の資料を、貴重な教訓として、将来に生かすことが大切である。

1）奈良文化財研究所『高松塚古墳の調査－国宝高松塚古墳壁画恒久保存対策検討のための平成16年度発掘調査報告－』2006年。

第6章　関連調査

2）前掲註1）

3）猪熊兼勝「特別史跡高松塚古墳保存施設設置に伴う発掘調査概要」『月刊文化財』第143号、30〜35頁、1975年。

4）寒川　旭『地震考古学』中公新書、1992年。同「地震考古学に関する成果の概要」『古代学研究』第150号、121〜126頁、2000年。同『地震の日本史』中公新書、2007年。同『歴史から探る21世紀の巨大地震』朝日新書、2013年。埋文関係救援連絡会議・埋蔵文化財研究会編『発掘された地震痕跡』1996年など。

5）宇佐美龍夫『最新版日本被害地震総覧416-2001』東京大学出版会、2003年など。

6）寒川　旭「古墳に刻まれた地震痕跡」『橿原考古学研究所論集』第十四、623〜645頁、2003年。同『地震の日本史』中公新書、2007年など。

7）奈良県立橿原考古学研究所『黒塚古墳』学生社、1998年。

8）天理市教育委員会『史跡 赤土山古墳』2003年。

9）明日香村教育委員会『カヅマヤマ古墳発掘調査報告書』2007年。

10）高槻市立しろあと歴史館『発掘された埴輪群と今城塚古墳』2004年。森田克行『今城塚と三島古墳群』同成社、2006年。神戸市教育委員会『西求女塚古墳発掘調査報告書』2004年。寒川　旭『秀吉を襲った大地震』平凡社新書、2010年。

11）寒川　旭『地震の日本史』中公新書、2007年。

5　ムシロ痕跡の植物珪酸体分析

（株）古環境研究所　杉山真二

　植物珪酸体は、植物の細胞内に珪酸（SiO$_2$）が蓄積したもので、植物が枯れた後もガラス質の微化石（プラント・オパール）となって土壌中に半永久的に残っている。この微化石を遺跡土壌などから検出することで、当時そこに生育していた植物の種類や量を推定することができる。

　高松塚古墳では、版築層においてムシロ目の圧痕が確認された。そこで、版築層におけるムシロの存在およびその素材となった植物の種類を把握する目的で植物珪酸体分析をおこなった。

試　料　分析対象は、上位版築下層で検出されたムシロ痕跡部分から採取された資料1～資料5の計5点である。ムシロ痕跡部分では、イネワラ状の痕跡（レプリカ）は認められるものの、植物片や繊維質などのムシロ本体に由来するものは確認できなかった。そこで、ムシロ痕跡の表面部分（微量）をカッターナイフの先端で採取して分析試料とした。

分析法　試料は微量であり、定量分析は困難であることから、次の手順で定性分析をおこなった。
1）超音波水中照射（300W・42KHz・10分間）による分散
2）沈底法による20μm以下の微粒子除去
3）封入剤（オイキット）中に分散してプレパラート作成
4）偏光顕微鏡を用いて400倍の倍率で検鏡（プレパラート2枚の全面精査）

結　果　検出された植物珪酸体の分類群は以下のとおりである。分析結果をTab.9に示し、主な分類群について顕微鏡写真を示す。

〔イネ科〕　ウシクサ族A（チガヤ属など）

〔イネ科-タケ亜科〕　ネザサ節型（主にメダケ属ネザサ節）、ミヤコザサ節型（主にササ属ミヤコザサ節）、未分類等

〔イネ科-その他〕　棒状珪酸体（主に結合組織細胞由来）、未分類等

〔樹木〕　ブナ科（シイ属）、その他

Tab. 9　高松塚古墳の版築層における植物珪酸体分析結果（定性分析）

分類群	学名	1	2	3	4	5
イネ科	Gramineae					
ウシクサ族A	Andropogoneae A type		*			
タケ亜科	Bambusoideae					
ネザサ節型	*Pleioblastus* sect. Nezasa	*		*		
ミヤコザサ節型	*Sasa* sect. Crassinodi	*		*	*	
未分類等	Others	*	*	*	*	
その他のイネ科	Others					
棒状珪酸体	Rodshaped					*
未分類等	Others	*		*	*	*
樹木起源	Arboreal					
ブナ科（シイ属）	*Castanopsis*			*		
その他	Others				*	

＊微量

第6章　関連調査

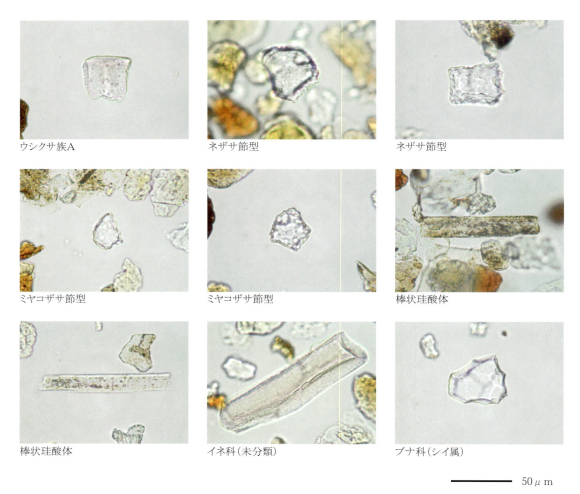

Fig. 144　高松塚古墳版築層の植物珪酸体（プラント・オパール）

考　察　分析の結果、部分的にネザサ節型、ミヤコザサ節型、ウシクサ族A、棒状珪酸体、およびブナ科（シイ属）などの植物珪酸体が検出されたが、いずれも微量である。また、ほとんどの植物珪酸体が比較的激しい風化を受けており、細胞組織片は認められなかった。ムシロの素材として想定されるイネ、ススキ属、マコモ属、カヤツリグサ科などは、いずれの試料からも検出されなかった。

　このように、今回の分析では版築層におけるムシロの存在およびその素材となった植物の種類を把握するには至らなかった。ムシロ痕跡から植物珪酸体が検出されない原因としては、1）ムシロの素材として植物珪酸体を形成しない植物が利用されていたこと、2）土を搗き固めた後にムシロが取り除かれ、痕跡だけが残っていることなどが想定される。

参考文献

杉山真二「植物珪酸体（プラント・オパール）」『考古学と植物学』同成社、189～213頁、2000年。

藤原宏志「プラント・オパール分析法の基礎的研究（1）－数種イネ科栽培植物の珪酸体標本と定量分析法－」『考古学と自然科学』第9号、15～29頁、1976年。

6 墳丘下整地土層内炭化物の放射性炭素年代測定と古環境調査

（株）パレオ・ラボ　佐々木由香、伊藤　茂、鈴木　茂、米田恭子、
小林克也、バンダリ スダルシャン、パレオ・ラボAMS年代測定グループ

　仮整備にともなう平成20・21年度調査では、機械室撤去後の旧調査区壁面において、土器片や榛原石などとともに大量の炭化物を含む層が検出された。この層に含まれる炭化物の性格解明、および放射性炭素年代測定の依頼を受け、調査を実施したが、土壌を水洗する過程で同層中にはイネ科の炭化穀類を含む植物遺体が含まれていることが判明した。ここでは、放射性炭素年代測定の結果とともに、炭化物の性格をあきらかにするために実施した各種自然科学分析の成果について報告する。

　なお、分析対象とした炭化物を含む土壌は、旧調査区西壁の高松塚古墳墳丘南端下層の墳丘下炭化物混整地土層第43層より採取されたサンプル①と、旧調査区南壁沿いの高松塚古墳南側の炭化物混整地土層第15層より採取されたサンプル②の2試料である（Fig.145）。サンプル①を採取した第43層は炭化物含有量が非常に多く、砂質シルト層で、土器片を少量含む。サンプル②を採取した第15層は青灰色砂質粘土層で、粘土ブロックと炭化物片を大量に含み、土器片を少量含む。炭化物は肉眼で多く確認された部分、横幅3〜4mの範囲から任意に採取された。

（1）　放射性炭素年代測定

　炭化種実3点について、加速器質量分析法（AMS法）による放射性炭素年代測定をおこなった。試料の選択は佐々木、化学処理は丹生越子・廣田正史・Zaur Lomtatidze・Ineza Jorjoliani がおこない、測定は伊藤 茂・尾嵜大真・小林紘一が担当した。

試料と方法　　測定試料の情報、調製データはTab.10のとおりである。測定試料は、水洗によって得られた炭化種実3点で、サンプル①から得られたコムギ炭化種子（穎果）2点とサンプル②から得られた不明炭化種実破片1点である（炭化種実の検討を参照）。共伴する土器片の時期が飛鳥Ⅱ〜Vであること

Tab.10　測定試料および処理

測定番号	遺跡データ	試料データ	考古学的な想定年代	前処理
PLD-14907	調査区：旧調査区西壁 位置：高松塚古墳墳丘南端下層 層位：墳丘下炭化物混整地土層（第43層） サンプル① 試料No.1	試料の種類：炭化種実 試料の性状：コムギ炭化種子1点 状態：dry	7世紀末〜8世紀初頭	超音波洗浄 酸・アルカリ・酸洗浄（塩酸：1.2N, 水酸化ナトリウム：0.1N, 塩酸：1.2N）
PLD-14908	調査区：旧調査区西壁 位置：高松塚古墳墳丘南端下層 層位：墳丘下炭化物混整地土層（第43層） サンプル① 試料No.2	試料の種類：炭化種実 試料の性状：コムギ炭化種子1点 状態：dry	7世紀末〜8世紀初頭	超音波洗浄 酸・アルカリ・酸洗浄（塩酸：1.2N, 水酸化ナトリウム：0.1N, 塩酸：1.2N）
PLD-14909	調査区：C区南壁沿い 位置：高松塚古墳南側 層位：炭化物混整地土層（第15層） サンプル② 試料No.3	試料の種類：炭化種実 試料の性状：不明炭化種実破片1点 状態：dry	7世紀末〜8世紀初頭	超音波洗浄 酸・アルカリ・酸洗浄（塩酸：1.2N, 水酸化ナトリウム：0.1N, 塩酸：1.2N）

第6章　関連調査

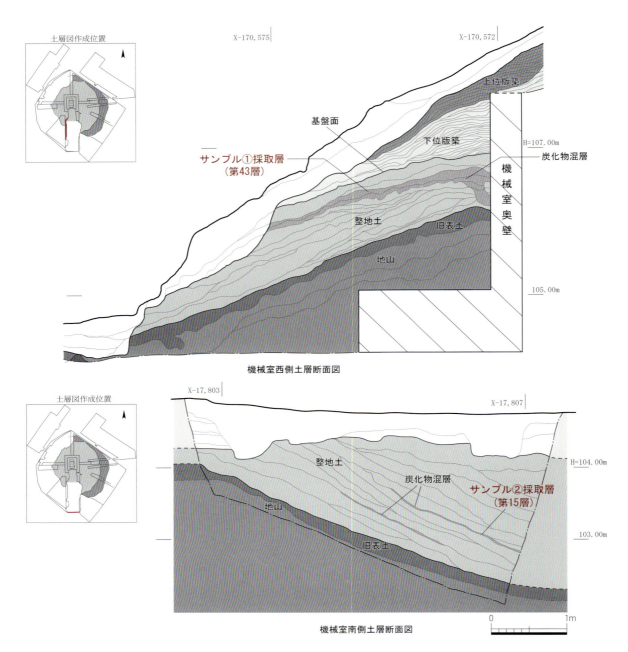

Fig. 145 墳丘下整地土内炭化物の採取位置　1：50

から、古墳の築造年代は飛鳥Ⅴ（7世紀末〜8世紀初頭）以降と考えられている。

　試料は調製後、加速器質量分析計（パレオ・ラボ、コンパクトAMS：NEC製 1.5SDH）を用いて測定した。得られた^{14}C濃度について同位体分別効果の補正をおこなった後、^{14}C年代、暦年代を算出した。

結　果　Tab.11に、同位体分別効果の補正に用いる炭素同位体比（$δ^{13}C$）、同位体分別効果の補正をおこなって暦年較正に用いた年代値、慣用にしたがって年代値と誤差を丸めて表示した^{14}C年代、^{14}C年代を暦年代に較正した年代範囲を、Fig.146に暦年較正結果をそれぞれ示す。暦年較正に用いた年代値は下1桁を丸めていない値であり、今後、暦年較正曲線が更新された際にこの年代値を用いて暦年較正をおこなうために記載した。

6　墳丘下整地土層内炭化物の放射性炭素年代測定と古環境調査

Tab. 11　放射性炭素年代測定および暦年較正の結果

測定番号	δ¹³C (‰)	暦年較正用年代 (yrBP±1σ)	¹⁴C 年代 (yrBP±1σ)	¹⁴C年代を暦年代に較正した年代範囲	
				1σ暦年代範囲	2σ暦年代範囲
PLD-14907 サンプル① No.1	-25.36±0.19	1290±19	1290±20	678-711 cal AD（40.9%） 745-764 cal AD（27.3%）	668-725 cal AD（59.6%） 738-769 cal AD（35.8%）
PLD-14908 サンプル① No.2	-22.62±0.11	1304±18	1305±20	667-694 cal AD（45.6%） 747-763 cal AD（22.6%）	663-718 cal AD（67.1%） 742-767 cal AD（28.3%）
PLD-14909 サンプル② No.3	-27.22±0.15	1454±18	1455±20	597-637 cal AD（68.2%）	571-645 cal AD（95.4%）

　¹⁴C年代はAD1950年を基点にして何年前かを示した年代である。¹⁴C年代（yrBP）の算出には、¹⁴Cの半減期としてLibbyの半減期5568年を使用した。また、付記した¹⁴C年代誤差（±1σ）は、測定の統計誤差、標準偏差等にもとづいて算出され、試料の¹⁴C年代がその¹⁴C年代誤差内に入る確率が68.2%であることを示す。

　なお、暦年較正の詳細は以下のとおりである。暦年較正とは、大気中の¹⁴C濃度が一定で半減期が5568年として算出された¹⁴C年代に対し、過去の宇宙線強度や地球磁場の変動による大気中の¹⁴C濃度の変動、および半減期の違い（¹⁴Cの半減期5730±40年）を較正して、より実際の年代値に近いものを算出することである。

　¹⁴C年代の暦年較正にはOxCal4.2（較正曲線データ：IntCal13）を使用した。なお、1σ暦年代範囲は、OxCalの確率法を使用して算出された¹⁴C年代誤差に相当する68.2%信頼限界の暦年代範囲であり、同様に2σ暦年代範囲は95.4%信頼限界の暦年代範囲である。カッコ内の百分率の値は、その範囲内に暦年代が入る確率を意味する。グラフ中の縦軸上の曲線は¹⁴C年代の確率分布を示し、二重曲線は暦年較正曲線を示し、横軸上の曲線は¹⁴C年代の確率分布と暦年較正曲線との交わりの程度から得られる暦年代の確率分布である。

考　察　試料について、同位体分別効果の補正および暦年代較正をおこなった。2σ（95.4%の確率）の暦年代に着目して考察をおこなう。試料は種実のため、得られた年代は結実し落下した年代を示す。

　サンプル①試料No.1から産出したコムギ炭化種子（PLD-14907）は668-725 cal AD（59.6%）と738-769 cal AD（35.8%）の暦年代範囲、同じくサンプル①試料No.2から産出したコムギ炭化種子（PLD-14908）は663-718 cal AD（67.1%）と742-767 cal AD（28.3%）の暦年代範囲を示した。¹⁴C年代では1σで±20年の誤差範囲であるが、この時期の暦年較正曲線は比較的平坦で、暦年代で約730年から760年にかけて較正曲線がやや上昇するため、得られた暦年代の確率分布は2つの年代範囲に分かれる。その結果、暦年代範囲は広くなり2点ともに7世紀中葉から8世紀後葉の暦年代範囲であった（Fig.146）。古墳の築造推定時期は7世紀末～8世紀初頭以降であり、2点ともにこの時期を含む7世紀中葉から8世紀前葉の確率が高かった。サンプル②試料No.3から産出した不明炭化種実破片（PLD-14909）は571-645 cal AD（95.4%）で、6世紀後葉から7世紀中葉の暦年代範囲であり、想定年代より古い年代範囲となった。試料は3点とも同じ時期と考えられている整地土層から得られたが、サンプル②の採取地点には古い時

第6章　関連調査

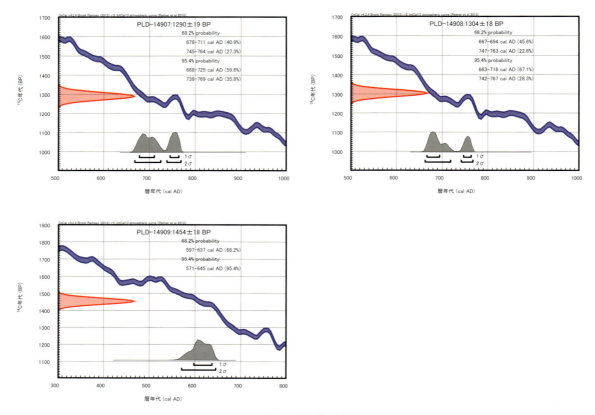

Fig. 146 暦年較正結果

期の炭化種実が混入した可能性がある。

　なお、暦年代で550-650年、680-880年の間は暦年較正曲線が比較的平坦なため、^{14}C年代の誤差が±20年でも、較正によって得られる暦年代範囲は広くなる。こうした時期で暦年代範囲をさらに絞り込むためには、炭化材試料の場合、最終形成年輪をもつ多くの試料について測定するか、最終形成年輪が残存し、かつ年輪数が多い生材または炭化材の１個体を複数点測定して年代を求めるウィグルマッチング法が有効である。今回の調査では微細な炭化材のみしか得られていないが、今後上記の条件を満たす炭化材を用いて年代測定をおこなえば、より年代範囲を絞って議論が可能になろう。　　　　（伊藤・佐々木）

（２）　試料中の植物珪酸体の検討

試料と分析方法　　試料は、放射性炭素年代測定に用いた試料と同じサンプル①とサンプル②である。このうちサンプル①については、塊状の土壌（試料１）、塊と灰状粒子が混じった土壌（試料２）、灰らしきものが混じった土壌（試料３）の３つに分けて分析をおこなった。また、サンプル②についてはシルト質の部分をねらって分析をおこなった。なお、サンプル②については図表では便宜的に試料４として示した。植物珪酸体分析はこれら４試料について、藤原宏志が示したガラスビーズ法（定量分析法）[1] にしたがっておこなった。

　秤量した試料を乾燥後、再び秤量する（絶対乾燥重量測定）。別に試料約１g（秤量）をトールビーカーにとり、約0.02gのガラスビーズ（直径約0.04mm）を加える。これに30％の過酸化水素水を約20〜30cc加え、

6 墳丘下整地土層内炭化物の放射性炭素年代測定と古環境調査

Tab.12 試料1gあたりの植物珪酸体個数

試料	試料番号	イネ（個/g）	イネ穎破片（個/g）	ネザサ節型（個/g）	ササ属型（個/g）	他のタケ亜科（個/g）	キビ族（個/g）	ウシクサ族（個/g）	不明（個/g）
サンプル①	1	45,800	155,000	11,700	1,200	1,200	10,600	4,700	18,800
	2	29,300	324,700	5,900	1,000	0	8,800	11,700	5,900
	3	33,100	403,400	8,500	2,800	900	11,400	15,200	9,500
サンプル②	4	6,400	0	25,700	2,800	0	3,700	6,400	8,300

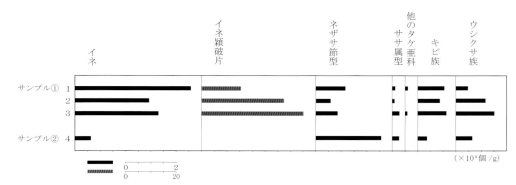

Fig.147 高松塚古墳採取試料の植物珪酸体分布図

脱有機物処理をおこなう。処理後、水を加え、超音波ホモジナイザーによる試料の分散後、沈降法により0.01mm以下の粒子を除去する。この残渣よりグリセリンを用いて適宜プレパラートを作製し、検鏡した。同定および計数はガラスビーズが300個に達するまでおこなった。

分析結果 同定・計数された各植物の機動細胞珪酸体個数とガラスビーズ個数の比率から試料1gあたりの各機動細胞珪酸体個数を求め、それらの個数をTab.12に、分布をFig.147に示した。以下に示す各分類群の機動細胞珪酸体個数は試料1gあたりの検出個数である。

検鏡の結果、全試料からイネの機動細胞珪酸体が検出された。個数的にはサンプル①の3試料がほぼ30,000個以上と多く、また、同試料からはイネの穎部に形成される珪酸体の破片が150,000個以上と、非常に多く検出されている。一方、サンプル②（試料4）では6,400個と、サンプル①に比べかなり少ない結果であった。

イネ以外では、ネザサ節型（ケネザサなど）、キビ族（イヌビエなど）、ウシクサ族（ススキなど）が10,000個前後の産出個数を示している。

イネについて 上記したように、全試料よりイネの機動細胞珪酸体が検出されており、サンプル①からはイネの穎部破片も非常に多く得られている。そのうち、機動細胞珪酸体は葉の部分に形成される珪酸体である。ここで検出個数の目安を示すと、イネの機動細胞珪酸体が試料1gあたり5,000個以上検出された地点から推定された水田址の分布範囲と実際の発掘調査とよく対応する結果が得られている[2]。こうしたことから、稲作の検証としてこの5,000個を目安として判断されている。上記したように分析をおこなった4試料はすべて5,000個以上を示している。またイネの穎部破片は、イネの穎、すなわち籾殻の部分に形成された珪酸体がばらばらになったものである。サンプル①には炭化材片が混入していることから、この炭化材片とともに稲藁や籾殻が焼かれた灰も混入していた可能性が高いと推測され

第6章　関連調査

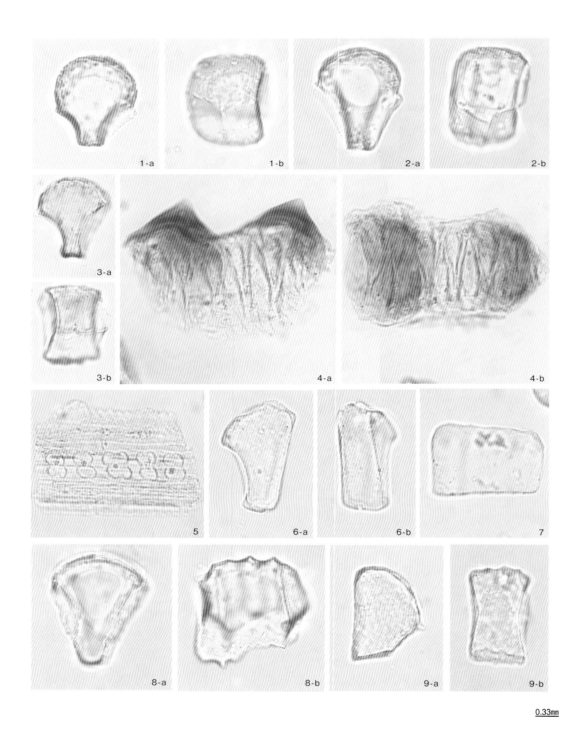

1～3.イネ機動細胞珪酸体（a：断面、b：側面）　1.試料1、2：試料4、3：試料3　4.イネ穎部破片（側面）　試料2
5.連なった状態のイネ型短細胞珪酸体　試料2　6.ウシクサ族（a：断面、b：側面）　試料1
7.キビ族（側面）　試料1　8.ネザサ節型（a：断面、b：側面）　試料3　9.ササ属型（a：断面、b：側面）　試料3

Fig. 148　高松塚古墳整地土中の植物珪酸体

る。

　サンプル②においても検出個数はサンプル①に比べかなり少ないもののイネの機動細胞珪酸体が検出されていることから、炭化材片ともに稲藁が焼かれた灰が極少量混入している可能性が推察されよう。

　なお、サンプル①からはコムギの炭化種子が検出されている（次項参照）。このコムギには機動細胞珪酸体は形成されないことから、機動細胞珪酸体からの検討はできないのが現状である。しかしながら、コムギを同定する根拠には至っていないが、コムギの葉の現生標本を観察すると泡状の珪酸体が認められる。また、穎の部分にものこぎりの刃のようなギザギザとした棒状の珪酸体が観察される。しかし、サンプル①とサンプル②においてこういった珪酸体は認められず、植物珪酸体分析からコムギについては言及できない結果であった。

（鈴木・米田）

（3）試料中の炭化種実の検討

試料と方法　土壌の回収は発掘調査担当者によっておこなわれた。水洗前の土壌は未計量である。サンプル②はサンプル①の約半分の量であった。土壌は約50gの土壌をプラント・オパール分析と保管用に分けた後、0.5mm目

Tab.13　高松塚古墳整地土から出土した炭化種実一覧（括弧は破片を示す）

分類群		サンプル①	サンプル②
イネ	炭化籾殻	(2)	
	炭化種子	(1)	
コムギ	炭化種子	8	
オオムギ-コムギ	炭化種子	(9)	
カヤツリグサ属	炭化果実	1	
不明	炭化種実		(1)
同定不能	炭化種実	(16)	

の篩を用いて水洗し、炭化種実の抽出・同定・計数は、肉眼および実体顕微鏡下でおこなった。炭化材は比較的大型のものを抽出し、後述する樹種同定の試料とした。試料および残渣は、奈良文化財研究所に保管されている。

結　果　同定の結果、得られた炭化種実に木本植物は含まれておらず、草本植物のイネ炭化籾殻・種子、コムギ炭化種子（穎果）、カヤツリグサ属炭化果実の3分類群が同定された。このほかに残存が悪いためにオオムギかコムギか不明であった一群をオオムギ-コムギ炭化種子（穎果）とし、科以下の同定ができなかった不明炭化種実と、同定の識別点を欠くために同定できなかった同定不能炭化種実が見い出された。同定結果をTab.13に示す。

　以下にサンプルごとの炭化種実出土傾向を記載する。

　サンプル①：コムギ炭化種子がやや多く、イネ炭化籾殻・種子とオオムギ-コムギ炭化種子、カヤツリグサ属炭化果実がわずかに得られた。同定不能炭化種実がやや多かった。残渣として、炭化材片が約2g、砂礫が約200g、土器片が3片（約5g）得られた。

　サンプル②：不明炭化種実がわずかに得られた。残渣として、炭化材が約0.5g、砂礫が約30g得られた。

　次に産出した分類群の記載と、図版（Fig.149）を掲載し、同定の根拠とする。

（1）イネ　*Oryza sativa* L.　炭化籾殻・炭化種子（穎果）　イネ科　Fig.149-1・2

　籾殻は完形ならば上面観・側面観が楕円形で縦に明瞭な稜線がある。表面には四角形の網目状隆線があり、隆線上の顆粒状突起が規則正しく並ぶ。果柄が肥厚する。本試料では果柄を中心に残存しており、残存長2.7mm、残存幅0.8mm。種子（穎果）の上面観は両凸レンズ形、完形ならば側面観は楕円形。基部側方に楕円形の胚の窪みがあり、両面に中央がやや盛り上がる縦方向の2本の浅い溝がある。残存長3.0

第6章　関連調査

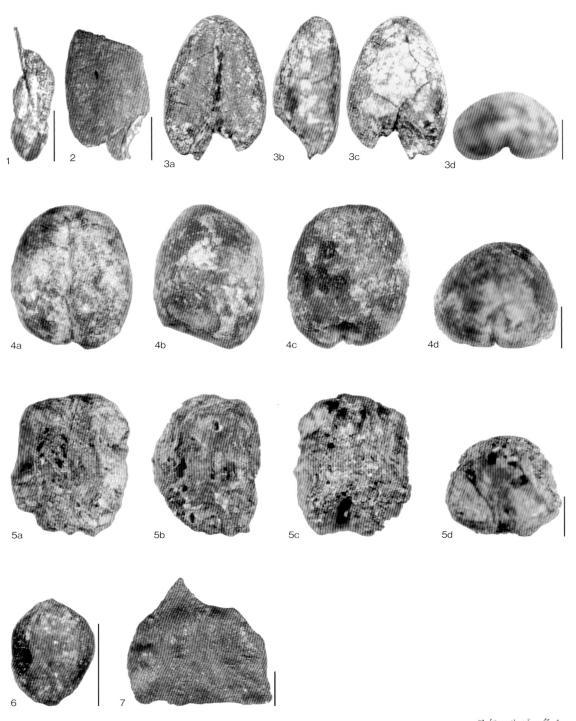

スケールバー各1mm

1. イネ炭化籾殻（サンプル①）、2. イネ炭化種子（サンプル①）、3. コムギ炭化種子（サンプル①）、
4. コムギ炭化種子（サンプル①、PLD-14907）、5. コムギ炭化種子（サンプル①、PLD-14908）、
6. カヤツリグサ属炭化果実（サンプル①）、7. 不明炭化種実（サンプル②、PLD-14909）

Fig. 149 高松塚古墳整地土から出土した炭化種実

㎜、残存幅1.8㎜。

（2）コムギ（パンコムギ）　*Triticum aestivum* L.　炭化種子（頴果）　イネ科　Fig.149-3〜5

　上面観・側面観共に楕円形。腹面中央部には、上下に走る1本の溝がある。背面の下端中央部には、扇形の胚がある。オオムギに比べて長さが短く、幅に対して厚みがあるため、全体的に丸っこい傾向がある。断面形状は腹面側が窪み、背面側が円形となる[3]。また、コムギの場合、側面観でもっとも背の高い部分（幅の広い部分）が基部付近に来る。コムギ属にはパンコムギやマカロニコムギなど複数種あるが、一般的に日本産コムギと呼称しているものはパンコムギである。ここでは一般的な呼称で記載した。長さ3.6〜3.8㎜、幅2.6〜2.9㎜、厚さ1.8〜2.8㎜。うち2点を年代測定試料とした。破片であったり変形などによりオオムギとコムギを明確に識別できなかったものはオオムギ-コムギとした。

（3）カヤツリグサ属　*Cyperus* sp.　炭化果実　カヤツリグサ科　Fig.149-6

　上面観は扁平で、側面観は倒卵形。先端がやや突出する。表面は平滑。長さ1.3㎜、幅1.0㎜。

（4）不明　Unknown　炭化種実　Fig.149-7

　果皮の破片か。表面には凹凸がある。残存長3.6㎜、残存幅4.1㎜。年代測定試料とした。

考　察　水洗によって得られた整地土層中の炭化種実を検討した結果、サンプル①からは栽培植物で水田作物のイネ、畑作作物のコムギとオオムギ-コムギが得られた。このほかに草本植物のカヤツリグサ属が得られた。カヤツリグサ属は種類が多く、多くは湿地に生えるが、畑作雑草や道端に生育する種もあり、属レベルの同定では生育域を限定することは難しい。果実は食用にはならず、茎も燃料材にしたと考えにくいことや、産出数が1点であることから、イネやコムギなどを燃やした場所に生育していたものが偶発的に炭化した可能性などが考えられる。サンプル②からは不明種実が得られた。

　プラント・オパール分析の結果、2試料ともイネの葉に形成される機動細胞珪酸体が検出されており、サンプル①からはイネの頴破片のプラント・オパールも非常に多く得られている。一方で、イネの炭化籾殻（頴）と種子は破片でわずかな量であった。ほとんどは灰となり、炭化種実として得られたのはこれらの焼け残りであった可能性がある。

　いずれにしてもサンプル①は、少量の土壌中における栽培植物の含有量が高く、同定された分類群数が限られる点が特筆される。穀類を用い、稲藁を燃やすような何らかの祭祀にともなう可能性も考慮される。ただし、サンプルが採取された炭化物層には土器片や建築・石室材として用いられる榛原石などが含まれており、後述の炭化材の樹種同定でも針葉樹と広葉樹の複数の樹種を検出している。コムギやイネなどの栽培植物は、これらの遺物や炭化材などの生活残滓に混じって整地土内に二次堆積したものとみられる。そのため、現状では、穀類や稲藁が燃やされた経緯を明確にすることは困難であり、同様の分析事例の蓄積が待たれる。

（佐々木・バンダリ）

（4）炭化材の樹種同定

試料と方法　試料はサンプル①から得られた7点、サンプル②から得られた3点の計10点の炭化材である。試料はここまでの分析と同様に、土壌水洗によって得られた試料である。各試料から樹種同定可能な一辺5㎜程度の大きさの材を抽出して同定をおこなった。そのほかにも炭化材片は見られたが、いずれも微小な破片で同定の際に必要な3断面を切り出すことができなかった。

第6章　関連調査

Tab. 14　高松塚古墳出土炭化材の樹種同定

試料No.	調査区	位置	層位	試料名	樹種
1	旧調査区西壁	高松塚古墳墳丘南端下層	墳丘下炭化物混整地土層（第43層）	サンプル①	ムクノキ
2					サクラ属
3					サクラ属
4					サクラ属
5					針葉樹
6					サクラ属
7					サクラ属
8	旧調査区南壁	高松塚古墳南側	炭化物混整地土層（第15層）	サンプル②	針葉樹
9					針葉樹
10					針葉樹

　炭化材の樹種同定は、材の横断面（木口）、接線断面（板目）、放射断面（柾目）についてカミソリなどで割断面を切り出し、整形して試料台に両面テープで貼り付けた。その後、乾燥させてから金蒸着を施し、走査型電子顕微鏡（KEYENCE社製　VE-9800）で観察および写真撮影をおこなった。なお同定試料の残りは、奈良文化財研究所に保管されている。

結　果　同定の結果、科以下の分類群が不明の針葉樹1分類群と、広葉樹のムクノキとサクラ属の2分類群の計3分類群が産出した。サンプル①からはサクラ属が5点と針葉樹とムクノキが各1点産出し、サンプル②からは針葉樹が3点産出した。同定結果をTab.14に記す。

　次に同定された材の特徴を記載し、走査型電子顕微鏡写真を示す（Fig.150）。

（1）針葉樹　Coniferous-wood　Fig. 150　1a-1c（試料No.8）

　仮道管と放射組織で構成される針葉樹である。炭化のため樹脂細胞の有無は確認できなかった。晩材部は薄く、早材から晩材への移行は急である。放射組織は単列で、2～6細胞高となる。分野壁孔は1分野に2個みられるが、壁孔の開き方が不明瞭で科以下の分類群の識別点が確認できず、針葉樹の同定にとどめた。

（2）ムクノキ　*Aphananthe aspera* (Thunb.) Planch.　ニレ科　Fig. 150　2a-2c（試料No.1）

　中型の道管が単独ないし2～3個、放射～斜線方向に複合し、疎らに散在する散孔材である。軸方向柔組織は周囲状、翼状、連合翼状となる。道管は単穿孔を有する。放射組織は上下端1列が方形となる異性で、2～4列となる。

　ムクノキは温帯の日当たりの良い適潤地を好み、海に近い所に比較的多い落葉高木の広葉樹である。材の強さは中庸であるが、靱性があり割裂しにくい。

（3）サクラ属（狭義）　*Cerasus*　バラ科　Fig. 150　3a-3c（試料No.2）

　小型の道管が単独ないし2～7個放射状ないし接線状に複合し、やや疎らに散在する散孔材である。道管は単穿孔を有し、内壁には明瞭ならせん肥厚がみられる。放射組織は上下端1列が方形となる異性で、2～5列となる。

　狭義のサクラ属にはヤマザクラやオオヤマザクラなどがあり、落葉ないし常緑高木の広葉樹である。材は中庸からやや重硬で、粘りがあり強靭である。切削加工も困難でない。

考　察　サンプル①からは、サクラ属が5点、針葉樹とムクノキが各1点産出し、サンプル②からは針葉樹が3点産出した。材の用途は、微破片のため形状からは確認できなかった。

6 墳丘下整地土層内炭化物の放射性炭素年代測定と古環境調査

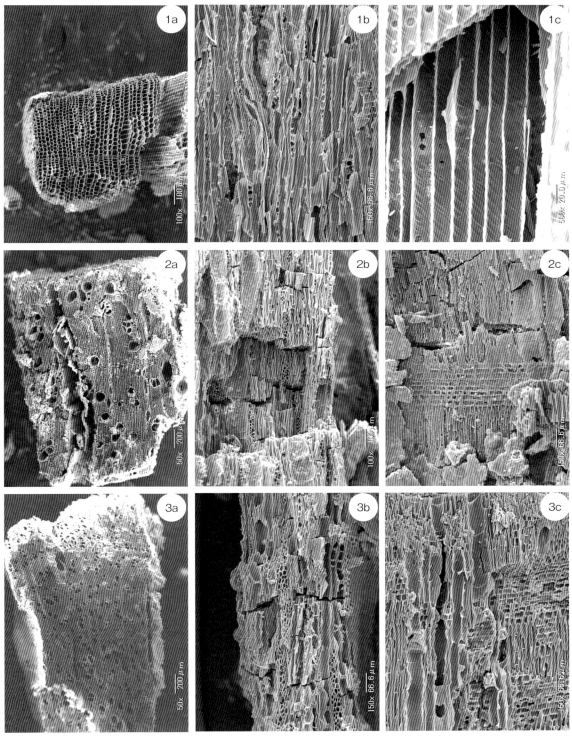

1a-1c. 針葉樹(No.8)　2a-2c. ムクノキ(No.1)　3a-3c. サクラ属(No.2)
a:横断面・b:接線断面・c:放射断面

Fig. 150　高松塚古墳整地土出土炭化材の走査型電子顕微鏡写真

173

第6章　関連調査

　炭化材が出土した炭化物混整地土層は、古墳構築時に丘陵斜面を開削して造成した基盤面を構成する層であり、土器などの遺物も出土している。そのため、得られた材は燃料材の残渣や炭化した木製品や土木用材などと考えられる。

　針葉樹は一般的に加工性が良く、木製品や建築材などとして多く利用されている樹種である。奈良県内における奈良時代の都城や寺院跡では、建築材や木製品としてヒノキが多く用いられている[4]。またムクノキは加工性が悪いため木製品や建築材に向いた樹種ではなく、サクラ属も現在でも薪炭材などとして多く用いられている樹種である。奈良県内の奈良時代の遺跡では燃料材の樹種同定例の蓄積が少なく比較できないが、これらの広葉樹は燃料材として利用されていた可能性がある。

　なお、今回の試料の同定に際しては、森林総合研究所の能城修一氏のご教示を得た。　　　　　　　　　（小林）

---

1) 藤原宏志「プラント・オパール分析法の基礎的研究（1）－数種イネ科栽培植物の珪酸体標本と定量分析法－」『考古学と自然科学』第9号、15～29頁、1976年。
2) 藤原宏志「プラント・オパール分析法とその応用－先史時代の水田址探査－」『考古学ジャーナル』227号、2～7頁、1984年。
3) Jacomet, S. and collaborators Archaeobotany Lab：Identification of cereal remains from archaeological sites. 2nd edition, IPAS, Basel Univ.（2006）
4) 山田昌久『日本列島における木質遺物出土遺跡文献集成－用材から見た人間・植物関係史－』植生史研究特別第1号、1993年。

参考文献

中村俊夫「放射性炭素年代測定法の基礎」『日本先史時代の^{14}C年代』日本第四紀学会、3～20頁、2000年。

Bronk Ramsey C：Bayesian Analysis of Radiocarbon dates,Radiocarbon,51（1）, pp.337-360（2009）

Reimer, P.J., Bard, E., Bayliss, A., Beck, J.W., Blackwell, P.G., Bronk Ramsey, C., Buck, C.E., Cheng,H.,Edwards,R.L.,Friedrich, M., Grootes, P.M., Guilderson, T.P., Haflidason,H.,Hajdas, I., Hatte,C.,Heaton,T.J., Hoffmann,D.L.,Hogg,,A.G., Hughen, K.A., Kaiser, K.F., Kromer, B., Manning,S.W.,Niu,M., Reimer, R.W., Richards, D.A.,Scott,E.M., Southon, J.R., Staff,R.A., Turney, C.S.M.,and van der Plicht, J.：IntCal13 and Marine13 Radiocarbon Age Calibration Curves, 0-50,000 Years cal BP. Radiocarbon, 55（4）pp.1869-1887（2013）

7 南壁石下検出赤色顔料の自然科学分析

　南壁石を取り上げた後、その下の床石上に赤色を呈する部分が3ヵ所観察できた。可搬型デジタル顕微鏡および携帯型蛍光分析装置を設置し、赤色部分3ヵ所および床石（バックグラウンド）の観察と測定をそれぞれおこなった。顕微鏡は、オムロン製デジタルファインスコープVCR800を使用、分析装置は携帯型蛍光X線元素分析装置OURSTEX100FSを使用した。測定条件は、管電圧40kV、管電流0.5mA、測定時間100秒、コリメータ径3mm、ターゲットPdである。分析の結果、3ヵ所の赤色部分から水銀を検出した。代表的な測定結果のスペクトル図を示す。赤色部は水銀朱であると考えられる。

（高妻洋成・降幡順子）

Fig. 151　蛍光X線測定風景

Fig. 152　顕微鏡による観察風景

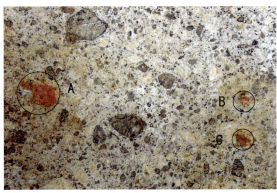

Fig. 153　床石上にて観察した赤色部分（A-C、3ヵ所）

Fig. 154　Bの拡大部

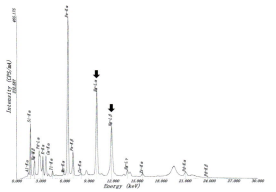
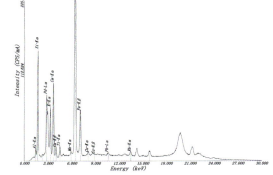

Fig. 155　測定スペクトル図（左：赤色部分、矢印のピークが水銀。右：床石部分（バックグラウンド））

8 石室石材に残存する「朱線」の自然科学分析

　石室石材の各所で発見された「朱線」(第4章3(2))の材質調査を目的として、携帯型蛍光X線分析装置を使用し調査をおこなった。赤色部分11ヵ所およびその近傍石材(バックグラウンド)のそれぞれを測定した。分析には携帯型蛍光X線分析装置NitonXLt-500(リガク)およびDelta Professional(OLYMPUS)を使用し、測定条件は管電圧10～40kV、電流10～200μA、測定時間60秒、X線照射径10mm～3mmでおこなった。

　測定の結果、朱線部の鉄(Fe)の積分強度は、近傍石材のそれと比較して大きく、朱や鉛丹など古代の赤色顔料に主に含まれる水銀や鉛は検出されなかった。鉄系の赤色顔料によるもので、ベンガラの蓋然性が高い。代表的な測定結果のスペクトルおよび積分強度比を図表に示す。

（降幡・廣瀬・青木）

Fig. 156　蛍光X線測定風景

Tab. 15　朱線測定結果の積分強度比

No.	測定箇所	朱線 Fe/Ca	石材 Fe/Ca
1	北壁石下面	1.4	0.31
2	東壁石3西面北端	10	4.7
3	東壁石3北面	0.71	0.29
4	西壁石1東面合欠部	5.9	0.44
5	西壁石3東面中央上端	13	12
6	西壁石3東面北端	16	7.1
7	北壁石西面	3.2	3.4
8	西壁石2東面北端	6.2	8.4
9	東壁石1西面合欠部	5.7	11

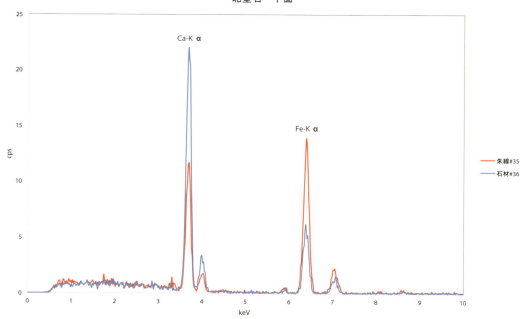

Fig. 157　北壁石下面の朱線と近傍石材の測定スペクトル図

9 床面出土ガラス小玉の非破壊分析調査

　発掘調査中に床石上より見つかったガラス小玉2点（Fig.101-1・2）およびガラス破片9点の計11点について、蛍光X線分析装置を用いて非破壊にて分析をおこなった。分析装置はEDAX製EAGLE Ⅲである。測定条件は、管電圧20kV、管電流200μA、測定時間300秒、コリメータ径50μm、ターゲットRh、真空雰囲気中である。今回分析に供した資料の色調は青色が10点、淡紺色1点である（Fig.158・159左・162）。定量化にはガラス標準試料（NIST（1412,620）、SGT（No.5,6,7））、およびJB-1aを用いて検出元素を各酸化物にし、100wt%になるよう規格化しFP法により定量をおこなった。分析結果をTab.16に示す。今回分析した資料は、色調の異なるNo.11（Fig.158右）を除くと酸化チタンを約0.4〜0.5wt%含んでいるアルミナソーダ石灰ガラスであり、No.11はソーダ石灰ガラスのうち、融剤にナトロンを使用したガラスの化学組成に類似していると考えられる。いずれも飛鳥時代までには日本列島に流入しているガラスである。キトラ古墳でみつかっている鉛系のガラスは今回の発掘調査資料では検出されなかった。破片資料では酸化ナトリウムの値にバラツキが認められる。これは破片資料の大きさが約1mmと小さく、風化の影響をかなり含んでいることが原因と考えられるが、青色のガラスは銅を約1.2wt%含有し、銅イオンの発色が主体といえ、また鉛や錫は検出限界以下であった。それに対し、資料No.11では、酸化マンガンやわずかに酸化コバルトを検出したことから、マンガン・コバルトにより着色していると判断される。酸化鉛をわずかに検出し、ほかと比較すると酸化カルシウムが相対的に多く、アルミナ、酸化カリウム、酸化マグネシウムが少ないなど、風化の影響を考慮する必要があるものの、ほかとはあきらかに異なる化学組成を示す。高松塚古墳出土ガラスの平均値（完形2点）とともに、古墳から出土している青色系ガラス小玉の比較検討資料として、キトラ古墳出土の淡青色ガラス7点（完形）、さらに飛鳥池遺跡出土の類似した色調のガラス片3点（Fig.160）の非破壊分析結果について、その平均値をTab.17に示す。

　これらの青色ガラスは、すべて非破壊での分析のため、風化を考慮に入れる必要があるが、基礎ガラスの化学組成は近似している。キトラ古墳出土ガラスは、着色剤としての銅原料に鉛をわずかに含む。

Tab.16　高松塚古墳出土ガラス（完形ガラス・破片）の化学組成（非破壊分析、wt%）

	Na_2O	MgO	Al_2O_3	SiO_2	P_2O_5	K_2O	CaO	TiO_2	MnO	Fe_2O_3	CuO	PbO
Fig.101-1（完形）	13.7	0.68	7.8	68.9	0.13	3.0	3.0	0.43	0.10	1.3	0.96	tr
Fig.101-2（完形）	13.1	0.54	8.9	68.3	0.14	2.9	3.1	0.45	0.10	1.4	1.08	tr
No.3	11.9	0.52	7.0	71.6	0.09	3.1	3.0	0.40	0.08	1.2	1.16	tr
No.4	2.1	0.62	8.8	78.6	0.17	2.5	3.8	0.53	0.08	1.5	1.27	tr
No.5	2.3	0.63	8.1	79.2	0.12	2.7	3.6	0.49	0.08	1.4	1.28	tr
No.6	3.1	0.52	7.6	80.1	0.09	2.1	3.3	0.45	0.08	1.3	1.28	tr
No.7	11.5	0.56	7.1	72.2	0.09	3.3	2.5	0.41	0.07	1.2	1.11	tr
No.8	2.2	0.66	8.0	80.0	0.13	2.1	3.5	0.48	0.08	1.4	1.30	tr
No.9	2.2	0.74	7.7	80.3	0.09	2.2	3.4	0.47	0.08	1.4	1.36	tr
No.10	2.7	1.0	7.9	79.9	0.15	1.6	3.6	0.47	0.08	1.3	1.24	tr
No.11	2.0	0.80	2.9	86.9	0.16	0.40	5.7	0.13	0.24	0.65	0.07	0.15

第6章　関連調査

Tab. 17 高松塚古墳（完形）ガラスとキトラ古墳ガラス（青色）の平均値（非破壊分析、wt%）

	Na_2O	MgO	Al_2O_3	SiO	P_2O_5	K_2O	CaO	TiO_2	MnO	Fe_2O_3	CuO	PbO	Sr/Zr
高松塚古墳	13.4	0.61	8.4	68.6	0.14	2.9	3.1	0.44	0.10	1.3	1.0	tr	0.59
キトラ古墳	12.0	0.55	6.4	72.9	0.11	2.8	3.1	0.40	0.06	1.0	0.67	0.05	0.63
飛鳥池遺跡	4.6	0.89	8.3	75.9	0.14	3.2	3.6	0.48	0.11	1.7	0.91	tr	0.65

Fig. 158 高松塚古墳出土ガラス破片資料（左：青色ガラス（No.4）　右：淡紺色ガラス（No.11））

Fig. 159 高松塚・キトラ古墳出土ガラス小玉（左：高松塚Fig.101-1　右：キトラ報告書No.74）

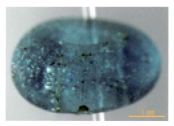

Fig. 160 飛鳥池遺跡出土ガラス小玉とガラス片（左からNo.1～3）

9　床面出土ガラス小玉の非破壊分析調査

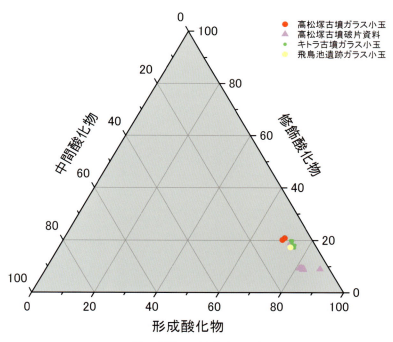

Fig. 161　三角形ダイアグラム

　またストロンチウム（Sr）とジルコニウム（Zr）の積分強度比を比較すると、それぞれ類似する値を示し、使用された原料を反映しているものと考えられる。

　ガラスの三成分について三角ダイアグラムをFig.161に示す。赤印は高松塚古墳出土ガラス小玉（完形）、紫印は高松塚古墳出土ガラス破片資料、緑印はキトラ古墳出土ガラス小玉、黄色は飛鳥池遺跡出土資料（完形）である。プロット上では、完形のガラス小玉は修飾酸化物（NWM）が約15～20、中間酸化物（INT）は約6～9と類似した分布をする。一方、破片資料は、これら完形資料とは異なり、NWMが10以下へとシフトしており、風化の影響を示しているといえる。

　Tab.18は、高松塚古墳出土ガラス完形品の大きさを表に示し、さらに化学組成の類似したキトラ古墳出土ガラスの1点（報告書No.74）、および飛鳥池遺跡出土の完形品1点（Fig.160左）と色調・化学組成は類似するものの、製作技法が巻き付け法である2点（Fig.160中・右）の大きさを示した。まず、高松塚古墳出土ガラス小玉2点の大きさはほぼ同一の規格と考えられる。つぎに製作技法が同一であるキトラ古墳と飛鳥池遺跡No.1のガラス小玉は、内径は1.2～1.4mmであり、比較的大きさが揃っているが、外径は3.7～4.1mmと、高松塚古墳出土ガラスの外径2.9～3.2mmよりも一回り大きい。高松塚古墳出土ガラス片は微小破片のため、詳細な形状や製作技法が不明であるが、完形品と同様の形状もしくは飛鳥池遺跡No.2・3のような、鉄芯の径が約2mmで外径8mm程度のガラス玉であった可能性もあるだろう。

　今回出土したガラス小玉で主体となるアルミナソーダ石灰ガラスは、古墳前期後葉あたりから流入が認められ、その出土地の分布から東南アジア産と考えられている。またソーダ石灰ガラス1点は、カリウムが多く、カルシウムが少ないという南～東南アジア産に多くみられる特徴を有している。これらのガラスは飛鳥時代までには流入しているガラスであり、これらを直接もしくは加工したガラス玉を高松塚古墳へ埋納したことが考えられる。

（高妻・降幡）

第6章 関連調査

Tab. 18 各遺跡から出土したガラス小玉の大きさ

資　料	高さ(mm)	外径(mm)	内径(mm)	製作技法
高松塚古墳　Fig.101-1	2.2	2.9 〜 3.1	1.2	引き伸ばし
高松塚古墳　Fig.101-2	2.0	3.2	1.3	引き伸ばし
キトラ古墳　報告書No.74	2.3	3.7	1.2	引き伸ばし
飛鳥池遺跡　No.1	1.8	4.1 〜 4.0	1.4	引き伸ばし
飛鳥池遺跡　No.2	3.9	8.8 〜 8.6	2.0	巻き付け
飛鳥池遺跡　No.3	3.8	7.9 〜 8.1	2.0	巻き付け

Fig. 162 高松塚古墳出土ガラス小玉およびガラス片

第 7 章　考　察

1　古墳の構築過程

（1）　旧地形と基礎造成

旧地形の復元　　高松塚古墳は、北西方向にのびる丘陵の南斜面に築かれている。これに対して、古墳は主軸がほぼ正方位に載るように築かれている。したがって、丘陵の傾斜が古墳主軸に斜交するかたちとなり、安定的に墳丘を築く上で必ずしも理想的な立地条件であったとは言いがたい。加えて古墳周辺部の調査の結果、墳丘が築かれることになる範囲の南東側には、斜面に直交して小規模な開析谷が入り込んでいた様子もあきらかになった。

　南東側に存在した古墳築造以前の谷の形状については、これを復元するためのいくつかの手がかりが得られている。まず、古墳南東側には、後世の谷水田の造成による比高差2.5mほど開削面がある。平成20・21年度調査時にその開削面を精査したところ、整地土下において30°前後の傾斜で北西に向かって下降する旧表土層を観察することができた。これが谷の東斜面にあたる。南西側調査区の第1区でも、南東側と同様に谷水田の開削面において、約30°で南東に向かって下降する谷の西斜面を捉えることができた（Fig.163）。

　さらに、保存施設撤去後の昭和49年度調査区壁面の再調査の際にも、東・西壁面で谷の西斜面をなす旧表土層の落ち込みを確認することができた。旧調査区東壁面沿いに整地土を断ち割って谷の形状を追求したところ、墳丘南端から南に4.5mの位置で谷底部分を検出することができた。なお、谷の上面を覆う暗灰色の旧表土層は、東・西斜面とも墳丘構築時の基盤面上端付近で途切れる。よって谷の本来の肩部分は、後述する基礎造成時の丘陵の開削にともなって失われているものとみられる。

　上記の調査所見にしたがって、古墳築造以前の旧地形を復元するとFig.165-①のようになる。高松塚古墳の墳丘は、以上のような旧地形をかなり大掛かりに改変した後に築かれている。具体的には、北側では丘陵斜面を平坦に削り出すとともに、南側では開析谷を埋め立てており、それによって確保された平坦面を基盤にして石室および墳丘が築かれる。

丘陵の開削　　丘陵の開削状況については以下のような興味深い知見を得た。平成16年度調査では、墳丘北端下で地山が平坦に開削されている状況を確認したが、それと石室解体後に下段調査区内で検出した地山面との標高差は1.5m以上を測ることが判明した。平面的な位置関係から判断して、墳丘北端と下段調査区の間の未掘部分には、地山の削り出しによる人工的な段差が存在することが推測される（Fig.164南北断面）。したがって、基礎造成としての丘陵の開削は、中央に大きな落差を有する2面の平坦面を造成するものであったことが推測される。

　この段造成を理解する上で重要となるのが、平成16年度の北側調査区南端で検出した地山の掘り込みSX135である。1.3m以上の落差があるが、瓦器片が出土したことから、平成16年度調査の報告書で

第7章 考　察

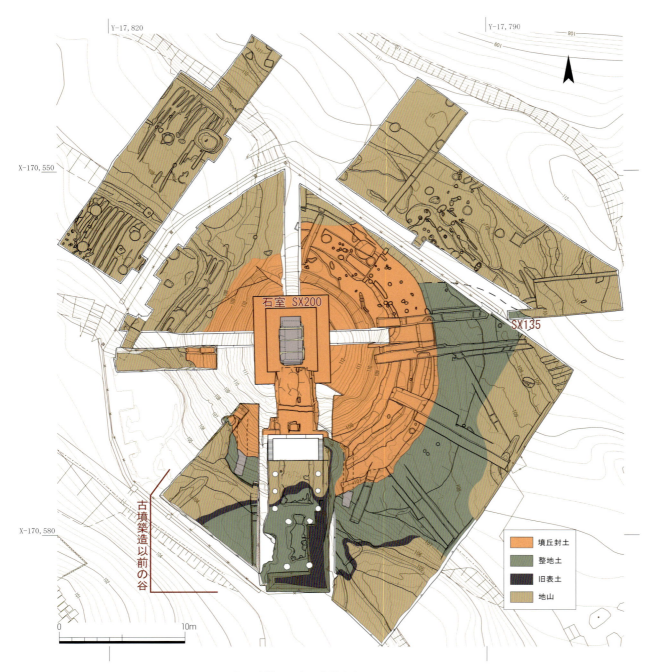

Fig. 163　調査区内検出土層平面図　1：300

は薬研堀風の中世溝状遺構の北肩として報告した。しかしながら、平成20・21年度調査では、南肩想定位置に明確な立ち上がりは存在せず、一方で、南東側調査区の北東隅では、南西向きに張り出す地山の高まりに沿って中世溝SD298（深さ30cmほど）を検出した（Fig.11・62）。この溝は北側の調査区外へとのび、SX135と重複する可能性が浮上した。そこで、旧東第1トレンチの延長部分を断割調査した結果、中世溝SD298の下層に先行する深さ1mほどの地山の掘り込みを確認した。その底面の標高は108.60mであり、SX135底面の標高108.68mに近似する。埋土は、地山起源のシルト混じり土で、層位的にも周溝埋土、および版築土よりも下層に位置することが明確であった。以上の平成20・21年度調査の成果を踏まえると、SX135は、上層の中世溝SD298と下層の地山の掘り込みとに二分でき、下層の深い掘り

1　古墳の構築過程

込みは古墳の基礎造成時にまでさかのぼるものと判断できる。

　このSX135の掘り込みをそのまま西に延長させると、北側の墳丘下部を通過して、先に墳丘北端と下段調査区との間に推定した地山の段差に対応させることが可能となる。一方、東側では、旧東第1トレンチ以南で、平面検出により地山と整地土の境界が直線的に南西方向に10mほどのびる状況を確認している。以上から、基礎造成時の地山の掘り込み範囲は、北辺が墳丘中心から北へ5mほどの位置を東西に走り、墳丘東端から約7mの位置で南にL字形に折れた後、深さを減じながら南西方向にのび、屈曲部から約10mの位置で収束するものと理解できる（Fig. 163）。

　このように、高松塚古墳では基礎造成としての地山の掘削作業がかなり大規模になされていたことが判明する。とりわけ1.3～1.5mほどの深さで北側をめぐると推測される地山の段差は、最終的に墳丘構築と一体的に版築で埋め戻されることから、いわゆる掘込地業と同様の性格を有するものと評価できる。ただし、段差は北側をめぐるのみで古墳周辺を全周するものではない。また、掘り込みによって生じた段差内に主たる構造物である石室を築く点も一般的な掘込地業とは異なる。

　そもそも斜面地では寺院や宮殿、平坦地の古墳でみられるような本格的な掘込地業をおこなうことが困難である。また、墳丘全体がおさまるように丘陵を大規模に掘り込むことは、掘削土量を増大させるだけでなく、背面に著しく高い段差を生むことになり、かえって作業効率の低下や完成時の景観上の問題を招く可能性がある。むしろ高松塚古墳では、斜面を雛壇状に造成し、かつ段差部分を墳丘内に巧みに取り込むことによって、斜面上に墳丘が載る終末期古墳特有の景観を維持しつつ、石室や墳丘の中心部分を確実に平坦面の上に築くことが当初から計画されていた蓋然性が高い。加えて平成16年度調査の報告書でも指摘したように、北辺の段差は下位版築施工時に堰板状の役割を果たしたものと推測される。

　なお、掘り込みの東辺付近の埋め立ては、南側では後述する南東側の谷の埋め立てと一体化しており、墳丘構築時には地山の段差は完全に消失している。おそらく、基礎造成の後に墳丘の割り付けがおこなわれ、東辺付近が墳丘外にあたることが明確になった時点で埋め戻されものと考えられる。SX135東端のコーナー部分は、南西方向から入り込む開析谷の延長上に位置しており、元来、旧地形の谷の北端部分をなしていた可能性が考えられる（Fig. 165-②）。

谷の埋め立て　　南側の開析谷の埋め立てについては、保存施設1階部分（機械室）撤去後の旧調査区東・西壁面の再調査において、詳しい状況を観察することができた。前述のように、同壁面には、谷の西斜面をなす旧表土層を確認でき、その上に厚さ0.3mほどの単位で整地土が繰り返し積み重ねられていた（Fig. 164）。整地土の上面は、後世の開削により当初の標高をとどめていないが、墳丘裾付近の標高をそのまま南に延長して基盤面を復元した場合、谷底部分から盛り上げられた整地土の高さは2.7m前後に達することになる。

　この谷の存在は選地の時点で十分認識されていたはずであり、それにも関わらずこの場所に古墳が築かれた背景には、選地に対して何らかの規制がおよんでいたことも想定される。一方で、この谷は古墳の南側を通過して丘陵に沿って走る谷の本筋へと接続しており、この場所が選ばれた合理的な理由を求めるならば、この谷が資材搬入時のスロープとして積極的に用いられた可能性も十分考えられる。

暗渠の設置　　さらに基礎造成完了後の基盤面上には、墳丘の構築開始直前に暗渠が設置される

第7章 考察

（Fig. 165-③）。2本の石詰暗渠は、古墳の南北軸を挟んで東西対称の位置にある（Fig. 48）。この点からも、基礎造成の完了時に、墳丘の範囲や石室の構築位置の割付けがなされたことがうかがえる。

　高松塚古墳における墳丘構築に先立つ基礎造成の存在は、以前から確認されてはいたが、以上のように、今回の調査では、その造成が予想以上に大規模で、かつ極めて入念で計画的な作業であったことをあきらかにすることができた。

（廣瀬・青柳）

（2）　墳丘と石室の構築

　高松塚古墳の墳丘構築の過程は、下位版築（総厚3m前後）による第一次墳丘と、上位版築（総厚0.8m前後）と版築状盛土（総厚1m前後）からなる第二次墳丘とに大別できるが、前者の構築は石室の構築と連動しており、第3章3で述べたように4つの小工程に分かれる。以下では、実際の築造順序に沿って、石室と第一次墳丘の構築過程を一体的に整理しながら、古墳完成に至るまでの全工程を振り返る。

床石の設置と加工　基礎造成によって整えられた基盤面上に版築を施して墳丘の構築が開始される。基盤面は丘陵本来の傾斜に規定されるかたちで南西側に若干傾いており、版築はこれを解消するように施されていく。ほぼ水平に近い面が形成されたところで、接合面や側面の目地に漆喰を塗りながら南から床石が据えられていく。その際、厚さの異なる4石の床石の上面が揃うよう、高さ調整を兼ねて床石下に階段状に版築が施される。ただし、この段階では床石の上面は完全には一体化していない。

　床石が据えられると、その側面を固定するように版築が施され床石の上面付近まで埋められる（Fig. 165-④）。床石側面を埋める版築層は18層ほどであるが、その内の15面に凝灰岩の粉末が撒布され（第15面は、局所的に北東側のみに存在）、3面にバラスが敷き詰められる。床石上面と同レベルにある版築面にも凝灰岩の粉末が撒布される。その面には、水準杭が打ち込まれる。水縄を張り水平をとりながら、4石の床石上面を一体的に加工する。外縁部を平坦に加工しながら中央部に高さ3cmの段差を削り出し、完成時の石室の床面とする。

壁石の設置　床石上面の外縁部とそれに連なる版築を設置面として壁石8石が配置される（Fig. 165-⑤）。版築上にはみ出した壁石の下端には小石を詰めて安定を図る。壁石は北壁石がまず据えられた後、東西とも壁石3→2→1の順で北から南へと据えられていく。壁石は床石上に設置された後に、南側の接合面を調整加工しつつ順次組まれたことが、床石上に残る工具痕跡から判明する。最後に、鈍角に加工された東・西壁石1の南面の切欠部に、南壁石が嵌め込まれる。北・南壁石側面下端には蒲鉾形の梃子穴が穿たれており、設置位置の微調整に用いられたものと考えられる。床石と同様に、壁石も設置後に上面を一体的に加工して平坦に仕上げる。

　壁石の設置が完了すると、版築による積土が再開される。壁石の上面付近まで埋められるが、その間にも5面にわたって凝灰岩粉末が撒布される。また、壁石側面の目地には版築を積み重ねながら数段階にわたって分厚く漆喰を充填する。

天井石の架構　平坦に加工された壁石上面に天井石が架構される（Fig. 165-⑥）。床石と同様に南から順に架構していく。天井石2〜4には東・西面にあらかじめ梃子穴が穿たれており、これを利用して設置位置の微調整をおこなう。他の3石とは規格の異なる天井石4は、北壁石を越えて40cm以上版築上に載り上げる。

1 古墳の構築過程

①古墳築造以前の旧地形。墳丘構築位置の南東側に開析谷が入り込む。

⑤床石上面まで版築で埋める。床石外縁と版築上面を設地面として、壁石8石を組み立てる。

②北側の斜面を平坦に削り出す。平坦面の北寄りに高さ1.5m程の段差を設け、雛壇状に造成する。

⑥壁石周囲を版築で固定する。壁石上面まで埋めた後に、天井石4石を架構する。

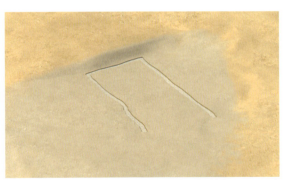

③南東側の谷を埋め立て、平坦面を南に拡張する。その上面に南北2条の溝を掘り、礫を充填して暗渠とする。

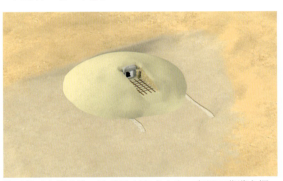

⑦天井石を埋め第一次墳丘が完成する。南側に墓道を掘り、南壁石を取り外して壁画を描き、棺を搬入する。

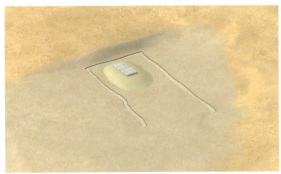

④完成した基盤面上に版築を施しながら、床石4石を設置する。

⑧石室を閉塞する。墓道を埋めつつ、第二次墳丘の構築に移行する。段築や周溝を削り出し、古墳が完成する。

Fig. 165 高松塚古墳の構築過程

第7章 考察

　天井石1・2間の上面と側面の目地、天井石1～3の西側面および天井石2東側面下端は、目地漆喰を詰める部分をチョウナで削り、加工により凹んだ部分に漆喰を塗り込む。

墓道の掘削　天井石が架構された後、その上部を土饅頭状に版築で覆って第一次墳丘が完成する。第一次墳丘の南斜面は、当初から墓道の掘り込みに備えて積土が控えられており、天井石1上面の南端が顔を出すとともに、南斜面全体がU字形に窪む。墓道はそれらを目安として掘り込まれる。墓道壁面に残る痕跡から、墓道の掘削には幅12cmほどの鉄製のU字形鋤先を装着した土掘具が使用されたことが判明する。

南壁石の開閉と描画　墓道を掘削して石室の南面を露出させた後に、南壁石下端に5個の梃子穴を穿ち、これを利用して南壁石を一旦取り外す。開口した石室内に漆喰を塗り、壁画を描く。壁画の下地漆喰が、東・西壁石1南面の切欠部におよんでいることや、南壁石下の床石上に壁画に用いられたものと同じ水銀朱が飛散していたことからも、南壁石の取り外し後に漆喰の塗布と描画がおこなわれたとみて間違いない。その後、棺を搬入し、石室を閉塞する。なお、墓道底面には4本のコロレールが設置され（Fig.99・165-⑦）、南壁石の開閉に使用されるが、墓道の埋め戻し前には撤去される。

第二次墳丘の構築　埋葬儀礼の終了後に第一次墳丘上に上位版築を施して、第二次墳丘が構築されていく。墓道部分の埋土も上位版築と同質のものであり、墓道部の埋め戻しと一体的に第二次墳丘が築かれていったことが理解できる。厚さ5cmほどの版築を0.8m前後積み上げた後、厚さ5～10cm単位の赤褐色・橙色砂質土からなる版築状盛土で墳丘上部を覆う。周溝と墳丘裾を一体的に掘削するとともに、段築細部の整形をおこない古墳が完成する（Fig.165-⑧）。

　以上のように、今回の調査では高松塚古墳の構築過程のほぼ全容をあきらかにすることができた。その上で、高松塚古墳の構築過程の特色としては、前述のように墳丘構築が第一次と二次とに大きく二分される点が注目される。墳丘構築における工程上のヒアタスに対しては、その間に何らかの儀礼が執行された可能性がしばしば指摘されるが、そこで葬送祭祀上のどのような場面の儀礼が執りおこなわれたのかについては不明な場合が多い。高松塚古墳の場合、オープンカットの墓道が上位版築と一連の版築によって埋め戻されていたことにより、第一次墳丘完成後に壁画の描画や棺の搬入、石室の閉塞や墓前儀礼がおこなわれ、その後に第二次墳丘が構築されるという経過を明確に辿ることができる。この墳丘構築の途中で葬送儀礼が執行されるという時間的な関係が、高松塚古墳に特有のものであるのか否かについては、現状では明確な判断を下すことができない。今後、他古墳の調査の進展を踏まえて検討を深めていく必要がある。

（廣瀬）

（3）　版築の工法とその特質

　今回の調査では、終末期古墳に用いられる版築の工法を具体的に知る上で重要となるいくつかの所見が得られた。以下、その要点を整理しておく。

版築の施工単位　高松塚古墳の墳丘封土は、版築状盛土、上位版築、下位版築の三者に大別できる。後者が第一次墳丘、前二者が第二次墳丘の構築に対応するが、この三者は使用される土砂や仕上がりの強度も大きく異なっている。

　版築状盛土は、砂質土が多用され締まりも弱いことから、墳丘上部の仕上げ土的な性格が強い。上位

版築は粘質土を基本としており、版築の断面は搗棒による締め固めにより波打ち、層理面にはムシロ目が明瞭に残る。これに対して、下位版築は上位版築よりも砂質の強い土が使用され、分析では緑泥石の岩片やセピオライトなどの鉱物が含まれることが判明した。結果的に下位版築は上位版築の2倍ほど、下位版築でも床石周囲の版築ではさらに2倍近い強度を持つことがあきらかとなった（第6章2・3）。下位版築については、石室の構築と連動して当初からもっとも強固に搗き固めることが念頭に置かれていたことは間違いない。上位・下位版築とも一層の厚さは3〜5cmほどであるが、使用される土砂は厚さ20〜40cmほどで変化しており、そうした小単位を繰り返して全体の積土がなされた様子を確認することができた。

なお、キトラ古墳では上段裾で堰板の使用が確認されているが、高松塚古墳では堰板の痕跡は一切確認されなかった。高松塚古墳では、上段裾がほとんど遺存せず、また下段裾も最終的に周溝と一体的に掘削成形されるため、当初から堰板が使用されていなかったかどうかは判然としない。ただし、前述のように、古墳北側では基礎造成時に地山を掘り込んで段差を作り出しており、この段差が堰板の役割を果たした可能性がある。また、版築の各層は必ずしも墳丘の端から端までを覆うようには施されておらず、墳丘内で収束する層や、斜面に貼り付くようにして新たに派生する単位や層も見受けられた。本古墳のような傾斜を有する版築の場合、技術的には堰板がなくとも積土をおこなうことが可能であったのだろう。

搗棒痕跡の特徴　　今回の調査では、搗棒の痕跡を平面検出し、写真撮影や図化、拓本の採取などを実施して、これを記録に残した。確認した搗棒痕跡は、直径4cm前後の円形を基本とする。北壁石北面に接する部分や、墓道北西隅では深さ2cm前後の明瞭な搗棒痕跡を検出したが、むしろこうしたあり方は、壁石や墓道壁面に規制されて十分な作業スペースが確保できず、搗き固めが不徹底となった結果と理解される。大部分の搗棒痕跡は隣接する単位が重なり合い、深さも0.5cm前後のわずかな凹みとして検出された。

本古墳以外にも、搗棒痕跡が確認された古代の類例はいくつか存在する。搗棒の直径が本古墳とほぼ同じ事例としては、福岡県水城の上成土塁があげられる[1]。一方、藤原宮大極殿院南門SB10700の基壇造成土の最下面にみられる搗棒痕跡は直径7cm前後であり、高松塚古墳の倍近い大きさである[2]。我が国で最初に本格的な基壇を採用した飛鳥寺では、塔基壇の版築層理面に直径約9cmの円形の搗棒痕跡が確認されている[3]。このほか、茨城県神野向遺跡の倉庫風建物SB400の掘込地業内の版築土にも直径5〜8cmの搗棒痕跡が検出されている[4]。

以上のように、これまでに確認された搗棒痕跡は、現状では事例がそう多くはないものの、直径4cm前後の小径のものと、直径7〜9cm程度の大径のものに大きく分かれる。こうした直径の差の成因については断定しかねるが、高松塚古墳と水城では版築が傾斜をもち、藤原宮などではほぼ水平に版築をおこなうという作業姿勢の違いを指摘できる。斜面で搗き固めをおこなう場合、水平面と同様の大径の搗棒では作業上の困難がともなうことが十分予想される。すなわち、小径の搗棒の使用は、斜面地における作業の利便性を考慮した結果と考えることができる。

ムシロ使用の目的　　今回の調査により、版築を施す際の工法の一つとしてムシロ状の編み物を敷く行為の存在があきらかとなった。ムシロ目の上からも搗棒の痕跡が確認できることから、積土上にムシロ

第7章　考　察

状の編み物を敷き、その上から搗棒を用いて搗き固めがなされたものと理解できる。

　古代の土木技術において網代などの植物繊維を用いる事例は、弥生時代以降、和歌山県徳蔵遺跡群13-②区堰状遺構（弥生時代前期）[5]をはじめ複数例が確認されている。ただし、それらは、高松塚古墳と時期が懸絶しており、直接、系譜がつながるとは考えにくい。古代の堰遺構と考えられる宮崎県町屋敷遺跡A区SO2・3では、水留め用に樹皮を横木に結束させて使用する[6]が、これも版築と併用されるわけではなく、高松塚古墳にみられる工法と直接関わるとは考えがたい。古代の土木技術の中には、植物繊維を敷く、あるいは貼り付けるなど、構造物の性格に応じた多様な用法が存在していたようである。

　高松塚古墳の版築内で確認されたムシロ目が、いかなる土木工学的効果をねらったものかは詳らかではないが、一案としては、現代の土木工事に用いられるジオテキストスタイル工法のように、ムシロと土の摩擦力を利用し積土の単位相互の結束力を強めるための工夫としてムシロが挿入された可能性が考えられよう。しかしながら、層理面からはプラント・オパールがほとんど検出されなかったことから（第6章5）、ムシロは版築内に埋めてしまうのではく、最終的には取り外された蓋然性が高い。ムシロ目の圧痕が細かい単位で重複することからも、上部から搗棒で搗いた後にムシロが取り外され、次の位置に移動しては同様の作業が繰り返されたものと考えられる。

　一般的に、段階を追って版築をおこなう際、土砂が乾燥していると、圧縮効果や積土相互の接着力が低下することが予想される。したがって、版築の施工に際して層理面を湿らせたり、逆に打ち水等で生じた余分な水分を取り除く目的で、ムシロが用いられた可能性が考えられる。地山付近の帯水した積土にもムシロが使用されていた事実は、ムシロに湿気抜きの効果が期待されていたことを示唆する。あるいは、湿った土砂が搗棒に付着するのを防ぐ意図で使用されたことも十分考えられよう。いずれにしても、版築におけるムシロの使用は、当時の土木技術に採用された工夫のひとつであったことは間違いない。

凝灰岩粉末の撒布　　高松塚古墳では、下位版築中において計20面（床石周囲で15面、壁石周囲で5面）、墓道の埋戻土中において2面の凝灰岩粉末の撒布面を確認した。天井石架構面において天井石側面下端を架構後に調整加工した際のものとみられる2片の剥片を検出したほかは、大振りの剥片や塊等をほとんど含まず大半がパウダー状を呈する。顕微鏡下での観察の結果、岩質は二上山凝灰岩と一致し、版築内で非酸化状態をとどめていたことが判明した（第6章2）石材の現地加工の際に生じた新鮮な削り屑のうち、粉末のみを意識的に回収し、版築施工時に撒布したものと考えられる。その目的はムシロの使用と同様に、版築層理面中の湿気を抜き、層理面における摩擦力を高め、土砂の噛み合わせを強化することにあったと推測される。

　凝灰岩粉末の撒布は石室の周囲ほど顕著に認められるが、これは石室を安定的に構築する上で周囲の版築をより強固に搗き固めることが求められた結果と理解できる。壁石の周囲では、前述した積土の小単位ごとに凝灰岩粉末を撒布していた。一方、床石周囲では15面にもわたって連続して版築面に凝灰岩粉末が撒布されており、石室の基礎となる部分の版築がより入念になされた状況を裏づけている。

　墳丘内で凝灰岩の層が確認された類例としては、奈良県下では平野塚穴山古墳[7]がよく知られており、このほか関東地方には、東京都の稲荷塚古墳[8]や武蔵府中熊野神社古墳[9]など多くの事例がある。ただし注意しなければならないのは、稲荷塚古墳や熊野神社古墳では凝灰岩の層に小塊を多く含む点で

1 古墳の構築過程

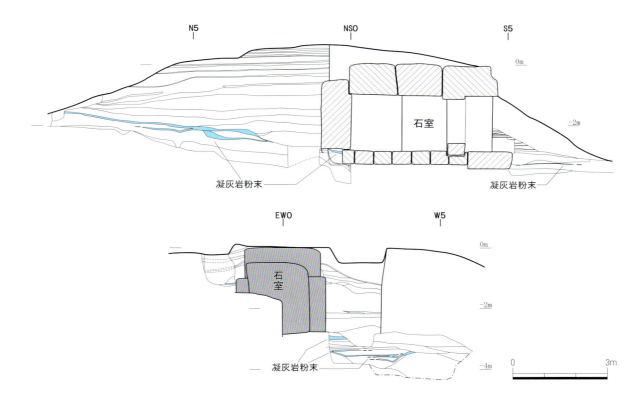

Fig. 166 平野塚穴山古墳墳丘土層図 1:120

ある。したがって、この２古墳の事例については、石材加工にともなう削り屑の飛散として理解できる。

　これに対して平野塚穴山古墳では、高松塚古墳同様に粉末のみが選択されているようであり、意図的に墳丘盛土内に撒布したものである可能性が高い。石室下部付近は凝灰岩粉末と淡褐色土の互層で数層にわたって版築状に積み上げられていると報告されており、高松塚古墳の床石部分のあり方に酷似する（Fig.166）。二上山の白色凝灰岩を使用した平野塚穴山古墳の石室は、キトラ古墳や高松塚古墳の石室と同系統にあり、構造的には平野塚穴山古墳の石室が先行すると理解されている[10]。よって、凝灰岩粉末を撒布する工法は、終末期古墳の石室構築技術と一体で、より古い時期から伝統的に用いられてきた可能性がある[11]。

　従来、凝灰岩の層や粉末の堆積については、一様に石材加工にともなうものとして理解されてきたが、以上のように、高松塚古墳の調査成果からは、積土を強固にするための工法として凝灰岩粉末の撒布がなされる場合があったことがあきらかとなった。加工時の飛散か、意図的な撒布かの識別が容易でない場合もあるが、層内に剥片や塊を含まず、粉末のみを集中的に撒布している場合については、湿気抜きを意図した工法である公算が高い。藤原宮朝堂院朝庭の調査では、大極殿院南門基壇に向かう高まりSX10810の上面において凝灰岩粉末の撒布が確認されており[12]、古墳以外の土木事業においてもそうした工法が定着していた様子をうかがえるようになってきた。凝灰岩の堆積層について、今後は、そうした土木技術的な観点からも検討を深めていく必要があろう。

（青木・廣瀬）

第7章　考　察

2　墳丘の復元

（1）　復元値の算出

　平成16年度以降の一連の調査成果により、高松塚古墳の墳丘は、2段築成の円墳として復元することが可能となった。ここでは、改めて築造当時の墳丘の細部形状や各部位の数値を調査成果にもとづいて導出する。

　まず、墳丘の断面形状については、東側墳丘裾において版築の立ち上がりが明瞭に残存するため、東西断面から検討することにする。その東側の墳丘の立ち上がりは最大50°前後の急角度を呈するが、当然ながら、そのままの角度で墳頂まで到達するとは考えがたい。第3章2で触れたとおり、現墳丘の東半には幅3〜4mの平坦面がめぐるが、その上面には小穴群やSD139などの中世遺構が存在している。この平坦面は、少なくとも中世段階には存在したことが確実であり、築造当時の下段上面の形状をある程度反映している可能性が見込まれる。SD139周辺の標高は109.1m前後であり、仮に厚さ20cm程度の封土流出を想定した場合、下段上面の標高は東側で109.3m前後、墳丘下段の推定高は1m弱となる。この東側墳丘裾から石室主軸線までの距離は11.5mであり、この値を倍にした23mが下段直径として復元できる。また、推定される下段上面の標高と幅から上段の直径は17.7mに復元できる。

　つぎに南北方向であるが、南側では墓道部東壁南端で版築端部が40°前後で立ち上がり、また北側でも北畔付近でわずかながら版築の立ち上がりが認められる。東西断面から推定した下段直径23mの円が平面図上で両部分を通過することからも、下段裾はほぼ正円にめぐるとみてよい。

　墳頂部については、墳丘東側と同様に封土の大量流出はないものと推測できる。現状での墳頂部の標高113.14mから厚さ30cm程度の土砂流出があったと仮定した場合、墳頂部標高は113.4m前後に復元される。墳頂部の形状については、ある程度の平坦面を有していたのか、あるいは明確な平坦面をもたず土饅頭状を呈していたのか、発掘成果からは明確な結論を下すことはできない。ただし、一般的に終末期古墳では、墳頂部で儀礼が執りおこなわれることはなく、高松塚古墳でもその痕跡はみつかっていないことから、墳頂部に平坦面が設けられていたとみる積極的な理由は存在しないといえる。

　現存する墳丘裾の標高は、南側で106.2m前後、北側で109.2m前後、東側で108.4m前後、西側で107.0m前後であるので、標高差は南北で約3m、東西で約1.4m存在することになる。厳密には、基盤面は北東側から南西側に向けて傾斜しており、南西側が最も低くなる。当然、下段上面の平坦面にも墳丘裾の標高差が反映された可能性が高く、南側へ10°前後傾斜しながら全周していたものと推測される。

　なお、直径23mとみた下段直径から墳丘の中心点を推定すると、その位置は南壁石の内側、石室中軸線のやや東寄りの地点に求めることができる。ただし、この中心点をもとに墳丘傾斜角を割り出すと、南側上段で50°前後と急傾斜になりすぎる。先に示した南側墳丘裾の立ち上がりの40°前後よりも傾斜がきつくなり、残存する墳丘形状とも齟齬をきたす。というのも、下位版築および版築状盛土の頂部は天井石3の上部、上位版築の頂部は天井石2の上部に位置し、いずれも頂点が南壁石よりも北側に寄るためである。つまり、残存墳丘や各版築単位の形状からすると、墳頂部の中心点は北側へ移動させた方

2　墳丘の復元

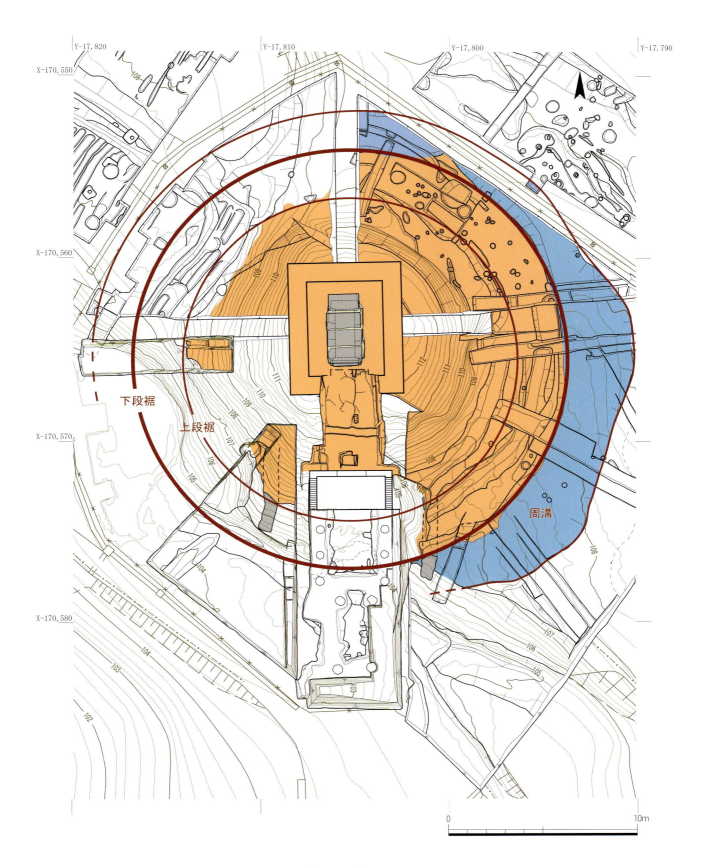

Fig. 167　墳丘復元図　1：200

第 7 章　考　察

が整合する。設計上の中心点は南壁石の内側付近であったとみられるが、施工段階では北寄りの天井石2ないしは3付近に中心点を移動させて、積土がなされたものと考えられる。

（2）　墳丘規模の比較

　前項で示した墳丘形状・規模に関する復元値をもとに、これまでも対比が試みられてきたキトラ古墳、マルコ山古墳、石のカラト古墳に加えて、7世紀後半以降に飛鳥地域に築かれた大王・天皇墓クラスの古墳も含めて墳丘規模や墳丘周辺の状況に関して比較検討し、墳丘からみた高松塚古墳の位置づけをおこなう（Fig. 168・169）。

野口王墓古墳（天武天皇・持統天皇陵）　　陵墓として宮内庁の管理下にある。従前から、対角長約39m、高さ約7mの八角墳と推定されてきたが[13]、近年、宮内庁による過去の調査成果が整理され、対角長約40m、高さ約7.7mを測る5段築成の八角墳であると報告された。墳丘表面には二上山凝灰岩の貼石を施し、外周にはさらに石敷をめぐらせ、石敷までを含む対角長は46mに達するという[14]。墳丘は、東西方向にのびる尾根の最高所に築かれているが、本来、墳丘の載る尾根は南東側の丘陵と接続していたとの見方もある。すなわち、墳丘の載る尾根の南側を幅50mにわたってカットして丘陵本体から切り離す大規模な造成がなされた可能性が指摘されている[15]。周囲を観察すると、丘陵北側も開削されているように見受けられる。古墳築造に際して、あたかも独立丘陵状に地形を改変したのかもしれない。

中尾山古墳　　5段築成とみるか、3段築成の墳丘に外部施設を二重にめぐらせたものとみるかで意見が分かれるが、5段築成とみた場合は対角長約30mの八角墳になる[16]。南東から北西にのびる丘陵尾根の最高所に築かれる。谷に囲まれた尾根の最高所に立地する点は野口王墓古墳と同じである。

牽牛子塚古墳　　以前から八角墳の可能性が指摘されてきたが、近年の発掘調査により、凝灰岩切石を八角形にめぐらせ、さらにそれを取り巻くように礫敷をめぐらす墳丘裾部の構造があきらかになった[17]。上部の構造は失われているため段築については不明であるが、野口王墓古墳と同様に墳丘表面に二上山凝灰岩の貼石を施した八角墳であり、対角長は約29mを測る。東向きに開く長い谷奥に位置し、谷に小さく突き出した尾根の頂部に築かれている。野口王墓古墳や中尾山古墳と選地が共通する。

束明神古墳　　中尾山古墳と同じく5段築成とみるか、あるいは3段築成の墳丘に二重の外部施設が付設するとみるか明確ではないが、外部施設まで墳丘に含めた場合、対角長約36mの八角墳となる[18]。古墳は、西からの山塊が東側へ展開する南側斜面に段造成して築かれる。墳丘周囲には広い平場が存在する。報告書が指摘するように、この平場は墳丘を中心に展開するものとみることができる。隣接する神社ではなく古墳造営にともなって造成されたものと推定する。

キトラ古墳　　下段直径13.8m、上段直径9.4mを測る2段築成の円墳[19]。墳丘は北西にのびる丘陵の南側斜面に築かれており、あらかじめ南北約15mの範囲を東西約30m、高さ3～4mにわたって段造成した上で築造されている。墳丘東側には南北7～8mほどの平場が存在する。

石のカラト古墳　　下段一辺の長さ13.8m、上段直径9.7mを測る2段築成の上円下方墳[20]。丘陵の比較的高い位置にある広い東向きの傾斜面に山寄せで築造される。墳丘外に一部敷石を敷設し、さらに墳丘周囲に排水用の長大な石詰暗渠を配するなど、墳丘周囲を広範囲に利用する。

マルコ山古墳　　一辺約12m、対角長約24mの2段築成の六角墳[21]。南西から北東方向に展開する丘陵

の南側斜面を段造成した上で墳丘が築造されている。段造成によって墳丘の周囲には平場が確保され、そこにバラス敷や排水溝が配される。石のカラト古墳に似た墳丘周囲の利用状況がうかがえる。

規模の比較　　以上、取りあげた事例の下段規模を比較すると、高松塚古墳の直径とマルコ山古墳の対角長、キトラ古墳の直径と石のカラト古墳の一辺の長さがほぼ同じであり、これらの古墳の規模には有機的な関係が存在したものと推測される。さらに全体として、ここで取りあげた事例には、大きく三つのまとまりを見出すことができる。すなわち、対角長30m前後あるいはそれ以上の野口王墓古墳、中尾山古墳、牽牛子塚古墳、束明神古墳の一群、次いで直径あるいは対角長が23m前後となる高松塚古墳、マルコ山古墳の一群、直径ないし一辺が14m弱の石のカラト古墳、キトラ古墳の一群である。また鳥谷口古墳[22]など周辺の古墳では、直径あるいは一辺が10m前後の例も存在するため、さらに小規模な一群も見出せそうである[23]。以上から、墳丘規模には明確な階差が存在しており、少なくとも4階層に区分することができる。墳形をみると、多角墳が23m前後の一群以上に認められ、八角墳は最大規模の一群にのみ採用される。野口王墓古墳は天武天皇・持統天皇陵であることが確実視され、中尾山古墳は文武天皇陵とみる理解が有力であることからも、墳丘の規模と形状には天皇を頂点とした階層差が反映された状況を改めて指摘することができる。

平場の存在　　飛鳥地域の古墳は、尾根上を造成して築造する古墳と、斜面を段造成して築造する古墳とに大きく分けることができ、前者は最大規模の一群に限定される点に特徴がある。規模の上で卓越する八角墳が丘陵尾根線上に立地することからも、八角墳が墳形の最上位であったことが追認できる[24]。

　一方、斜面を段造成して築造された古墳を観察すると、墳丘脇に平場が存在する例が多い点に気づく。この平場については、後世の改変による可能性も考慮すべきであるが、束明神古墳、高松塚古墳、マルコ山古墳、キトラ古墳のいずれにも存在するため、古墳築造にともなって造成された可能性が十分考えられる。仮に古墳築造時の所産とみた場合、平場を造成する意図としては、次の2案が考えられる。ひとつは、築造に関わる作業スペースとして機能した可能性である。版築に用いる土は構築段階に応じて性状が異なることが判明しているが、こうした各種の土や石室石材などの資材置き場として、一定のスペースが必要となることはいうまでもない。もうひとつは、石室開口方向には平場がほとんど存在しないことを勘案すると、墳丘脇の平場で古墳に関わる儀礼や祭祀を執りおこなった可能性も考えておく必要があろう。石のカラト古墳やマルコ山古墳のように、墳丘外に石敷や排水溝を設ける点は、墳丘完成後の平場の利用を意図したものと捉えることもできる。

　さらに、やや時期はさかのぼるが、御所市ドント垣内5号墳[25]、大阪府平石谷の3古墳（シシヨツカ古墳、アカハゲ古墳、ツカマリ古墳）[26]、同・田須谷1号墳[27]、兵庫県中山荘園古墳[28]、京都府山尾古墳[29]など、斜面地に築造された7世紀前半から中頃にかけての古墳では、石室開口部方向の墳丘外に段築状の施設が設けられており、そこで儀礼などが執りおこなわれた可能性が指摘されている。その後、こうした段築状の施設が認められなくなるが、それに代わる場所として墳丘脇の平場が設けられるようになったとも理解できる。ただし、墳丘の前面と脇という場所の相異を重視するならば、後者は古墳築造に関わる作業スペースとして理解した方が妥当といえる。当然、双方の機能をもたせていた可能性も捨象できない。今後、さらなる事例検討や類例の増加を待って結論を下すべきであり、現状では、平場の機能として以上の2案を提示しておくにとどめる。

第7章 考 察

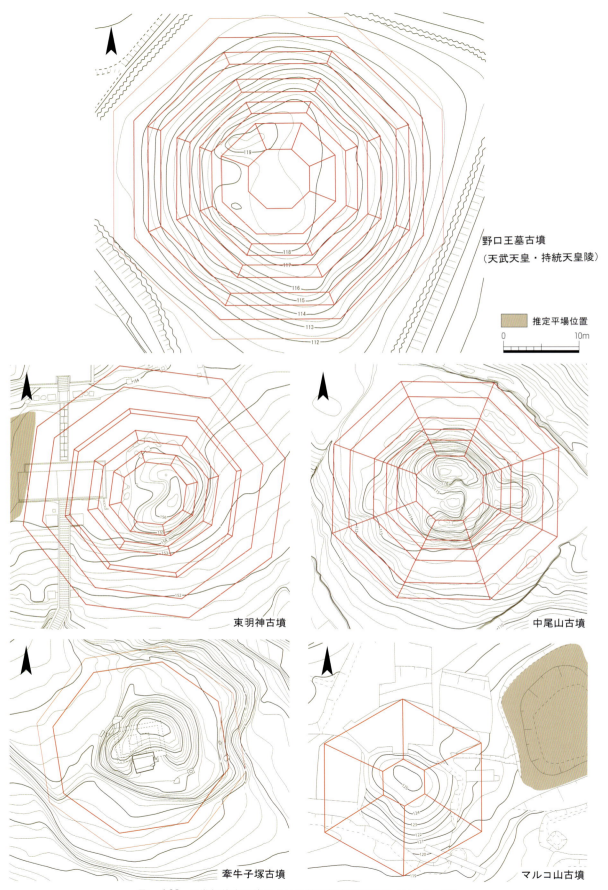

Fig. 168 7世紀後半以降における終末期古墳の墳丘（1） 1：500

2 墳丘の復元

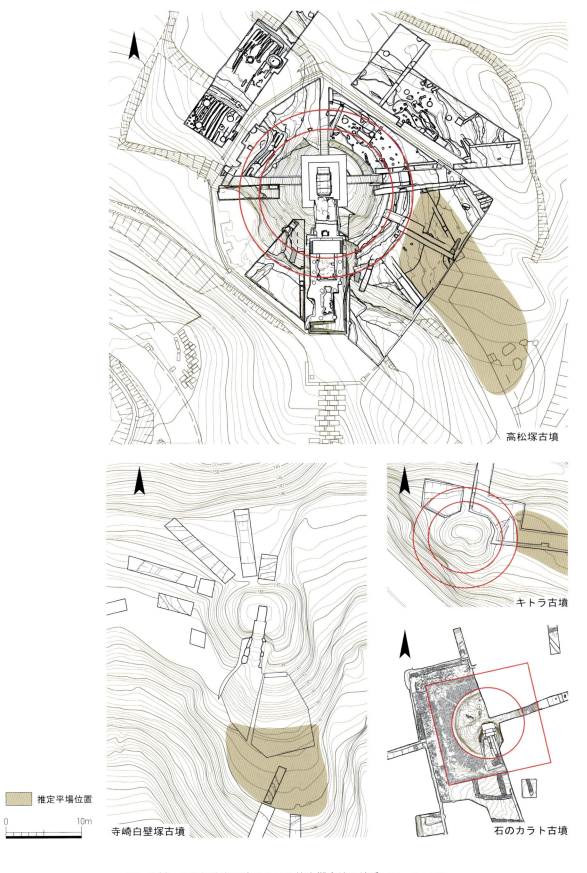

Fig. 169 7世紀後半以降における終末期古墳の墳丘（2） 1：500

第7章　考察

墳丘からみた高松塚古墳の位置づけ　　以上、高松塚古墳の墳丘を復元した上で、高松塚古墳の周辺に所在し、時期が近接する終末期古墳との比較をおこなった。その結果、墳丘規模からみて高松塚古墳は、4つに分かれるグループのうち、上から2番目の一群に帰属することがあきらかとなった。すなわち高松塚古墳の墳丘規模は、大王・天皇墓に次ぐクラスに位置づけることができる。また、墳丘周囲の観察から、斜面に立地する終末期古墳は、石室開口方向でなく、墳丘脇に平場を確保していたものと推定した。その機能としては、古墳築造に関わる作業スペース、あるいは古墳にともなう儀礼スペース、ないしはその双方の可能性が考えられる。高松塚古墳の東南側の平場についても、そうした用途にともなって設けられたものと考えられる。

（青木・水野）

3　石室の構造と構築過程

（1）　石材規格と構造

　石室石材は天井石4石、壁石8石、床石4石の合計16石で構成されている。天井石、壁石、床石については、それぞれの構造上の特性によって、石材の大きさや規格が異なるのは当然であるが、同じ用途の東・西壁石の中でもサイズや厚さが異なっている。同様に天井石も天井石4のみサイズが大きく異なっており、床石も厚みに齟齬がある。そうした観点から、各石材の寸法を比較すると、いくつかのグループに分けることができる。また、各石材の規格から、石室の当初の設計と施工時の誤差についても示唆的な事象がみられることから、以下、若干の検討を試みたい。

東・西壁石　　東・西の壁石は各3石ずつで構成されている。内面側は床面の段にあわせて設置するため一直線に揃うが、各石材の厚さが異なるため、外面では凹凸が激しい。この厚さに着目すると壁石は3種類に区分することが可能である。

　まずAグループは厚さが45cm以上となるもので、東壁石1と東壁石3が該当する。特に東壁石1は壁石の中で、最も厚く、最大53cmであるが、上面南側で計測すると47cmである。この値は東壁石3の厚さ45cmと近似する。Bグループは、厚さ44cm前後となるもので、該当する西壁石1と2の厚さはほぼ一致する。Cグループは厚さが40cm前後のもので、西壁石3と東壁石2が該当する。西壁石3は上部が38cm、下部は41cmと、下部に向って若干厚みを増す。一方、東壁石2は上面と下面が40cmで中央が44cmとややふくらむが、この2石は壁石の中では極端に薄く、他の石材との差は歴然としている。

　このように東・西壁石は2石ずつの3グループに区分できる。このことは、石材の採石段階において、2石分を一度に大きく切り出し、2石に分割したことを推測させる。そのように仮定した場合、採石段階におけるAグループの石材は長さが188cm、高さ116cm、厚さ45〜53cm、重量1,510kg、Bグループは長さが200cm、高さ116cm、厚さ44cm前後、重量1,590kg、Cグループは長さが172cm、高さ116cm、厚さ40cm前後、重量1,170kgとなる。当然、採石後に二分したり、合欠の加工、表面加工などの成形を施すので、これよりも一回り大きな石材であったと考えられ、そのプラスaがどの程度かは明確にはできないが、現状よりもそれほど大きな誤差はないと考えられる。さらに興味深いのは、これらの各値は天井石1〜3の規格と近似していることである。このことも壁石は採石段階においては、2石分を一度に切

Tab. 19 高松塚古墳石室石材法量計測値

石　材	幅（cm）	高さ・長さ（cm）	厚さ（cm）	重量（kg）	備　考
東壁石1	97	116	47～53	825	Aグループ
東壁石2	93	116	40～44	655	Cグループ
東壁石3	89	116	45	685	Aグループ
西壁石1	106	116	44～45	840	Bグループ
西壁石2	94	116	44～45	750	Bグループ
西壁石3	79	116	38～41	515	Cグループ
北壁石	152	116	43～48	1,215	
南壁石	137～140	114	47	835	
天井石1	183	97	63	1,400	
天井石2	186～188	98	61	1,530	
天井石3	181	96	59	1,430	
天井石4	159～162	100～102	42～47	1,130	1～3とは規格が異なる
床石1	160～164	90	55～57	1,140	
床石2	158～163	91	52	1,100	
床石3	163～166	84	49～51	1,015	
床石4	157～160	96	40	780	

り出し、その後、2石に分割したことを想起させる。

天井石　　天井石は4石で構成されている。このうち天井石1～3は微妙な誤差はあるものの長さが181～188cm、長さ96～98cm、厚さ59～63cm、重量1,400～1,530kgとほぼ同規格である。これに対して、天井石4だけは、幅159～162cm、長さ100～102cm、厚さ42～47cm、重量1,100kgと著しくサイズが異なっている。この天井石4の厚さは東・西壁石のBグループの厚さと近く、加工状況も壁石と共通点が多いことは興味深い。ただし天井石4の全体の法量は、後述のように床石1～3にもっとも近似する。

この天井石4のサイズだけが異なっている理由については、調査段階においても様々な意見が出たが、確定には至っていない。天井石4は、石室内側からみるとわずか14cmを塞ぐためだけの石材であるが、不必要に長大な石材を利用している。一方で、他の天井石よりも薄く、幅も短い。このことから、本来の天井石4に該当する石材が破損したため、別の石材で転用したという考え方や、施工段階で計画変更があり、別の石材を利用したなど、多くの推測が可能であるが、憶測の域をでるものではない。

そこで、天井石1～3が同規格であることを重視し、仮に天井は本来、3石で完結していた可能性を考えてみよう。天井石1～3を組み合わせた際の内面長は285cm前後であり、石室床面の長さである264.8cmよりも20cm、東・西壁石3の接合時の南北長273cmよりも12cm長い。したがって、3石だけでも天井部を閉塞することは不可能ではない。ただし、3石を天井部に均等に配置した場合、南・北の壁石に架かるのはわずか10cmずつであり、天井を架構する構造としてはかなり不安定なものとなる。キトラ古墳やマルコ山古墳、石のカラト古墳の天井石は、いずれも4石で構成されており、天井石1の南面は南壁石の南面に合わせるように計画されていることからすると、高松塚古墳でも、本来は同規格の4石で天井を閉塞することが計画されていた蓋然性が高いだろう。何らかの理由により当初の天井石4が別材に差し替えられたとみられる。

ただしその場合でも、実際に天井石を架構するにあたっては、天井石1南面が南壁石南面には一致せずに10cm北へずらして置かれていることから、一旦は3石での閉塞を試みた可能性は残る。いずれにし

第7章　考　察

ても、そうした天井石の取り替えや据え付け位置の変更は、キトラ古墳や石のカラト古墳のように内面に刳り込みをもつ天井とは異なる、平天井の高松塚古墳の石室でこそ出来うるものであったといえる。

床　石　　床石は4石で構成されている。幅は157～166cm、長さ84～96cmで、平面形はほぼ同規格とみてよい。しかし、厚さは40～57cmと幅があり、床石1が最も厚く、2つづいて3と少しずつ厚さを減じている。これに対して、床石4は、床石3に比べて10cmほど薄く、床石の中でもその差異は突出している。つまり厚さにわずかな差があるものの、床石1～3はほぼ同じ規格であることが注目される。ここで注目されるのは、先の天井石4である。長さはやや長いが、幅と厚さは床石1～3と近似する。あるいは天井石4は床石4として使用する予定であったのかもしれない。

　このようにみると天井石4は、床石にも壁石にも利用が可能であるが、結果的には天井石に使用されたことになる。高松塚古墳石室の計画と施行誤差を考える上で、天井石4は重要な存在となる。

（2）　石室構築の工程

　石室の構築工程については、すでに本章1（2）において概略を述べた。ここではもう少し詳しく全体的に検討を試みることにする。

床石の設置　　石室の構築の第一段階は、床石の設置である。床石の厚さは床石1が最も厚く、2→3と少しずつ薄くなる。さらに床石4はさらに10cm以上薄い。このため設置面を階段状に造成する必要がある。床石の小口に施されている合欠の構造からみて、床石は床石1→2→3→4の順番で、つまり南から北へと設置したことがわかる。よって、床石1を据えた後に、その北側に若干の造成をおこない、床石2を設置する。その際、床石1と2の接合面には接着剤代わりの漆喰が塗られるが、床石1の北面では刷毛状のものを用いて漆喰を塗った上で、床石2を接合している。この工程は床石2や3でも同様であり、設置済みの南側の床石北面に接着剤用の漆喰を塗る。床石2を設置した後は、その北側を若干造成し、床石3を設置する。床石4は3に比べて10cmほど薄いので、床石3設置後の北側の造成は、それまでよりも分厚くなされる。その上で、床石4を設置する。床石間の目地には、側面から漆喰を詰めるが、量はさほど多くない。

　床石4石を平面的にみた場合、東辺が直線的に揃い、西辺は石材の微妙な大きさの違いを反映して凹凸がみられる。このことから床石設置の目安としては、東側のラインを基準としたことがわかる。なお床石には梃子穴は設けられていないが、側面の下端に摩滅や凹凸が生じていることから、梃子棒を使って位置の微調整をしていたことが推測される。

床石上面の加工　　床石を設置した後、周囲に版築を施して床石上面の高さまで埋める。その後、床石上面の削り出しがおこなわれる。その際に使用されたと考えられる水準杭の跡が、床石上面と同レベルの版築面で検出されている。同面における凝灰岩粉末の撒布量が顕著であることから、この面が床石上面を加工し、さらに壁石を設置する際の作業面であったと理解できる。水準杭は先端を尖らせた直径8cm前後の角杭で、床石の東西両脇に4穴ずつ確認されている。深さは30cm前後であるが、地上部がどの程度の高さであったのかはわからない。この杭に縄を張り、水槽で水平を確認して、水平の基準としたのであろう。水縄に沿って、床石上面の微妙な段差をなくすために平滑に削り、さらに壁石の載る床石上面の縁部を3cmほど削り下げている。これによって床石上面は石室内部の床面に相当する南北264.8

cm、東西103.2cmの範囲が俎状に高くなった状態になる。

壁石の設置　床石の加工が終わると、つぎに東・西および南・北の壁石を設置する。床石上の壁石が載る部分には接着剤代わりの漆喰を薄く塗り、壁石を立てており、壁石どうしも接合面に漆喰を塗るが、その量は多くはない。東・西壁石については、合欠構造からみて、3→2→1の順番で、床石とは反対に北から南へ設置されたことがわかる。北壁石と東・西壁石3の設置順序は、施工の容易さや接合の厳密さなどからみても、北壁石を設置した後に、東・西壁石3が設置されたと考えられる。

床石4の上面には、北壁石の南面にあたるところに、工具が接触した痕跡がみられる。これは北壁石南面の東・西壁石との接合面を調整加工した際に生じたものと考えられる。同様の床石上の痕跡は、東壁石1と2、西壁石1と2、西壁石2と3、東・西壁石1と南壁石の間でも、合欠や切欠の形状に即して残存しており、いずれも壁石の南面の調整加工にともなって生じたものと理解できる。合欠自体は設置前に加工されたとみられるが、最終の微調整は設置後におこなわれたことがわかる。

南壁石はその構造からみて、壁石の中では最後に設置されたことがあきらかであるが、石室構築時に一旦、設置された後、取り外されたのか、あるいは当初から開口状態にあったのかについて、これまで判然としていなかった。今回の調査により南壁石には、梃子穴が東・西側面の下端に各1個、南面下端に5個穿たれていることが判明した。このうち東・西の梃子穴は、墓道完成後では墓道壁面からの距離が短く利用できないことから、北壁石同様に壁石設置時のものと考えられる。これに対して、南面下端の梃子穴は、床石上に残る工具痕跡から、床石上に設置された後に穿たれたことがあきらかである。この南面の梃子穴の発見により、南壁石を設置し石室を組み立てた後に、墓道を掘って南壁石を取り外し、埋葬後に再び閉塞をおこなったことが明確となった。

壁石の目地漆喰　壁石の目地部分は、漆喰を詰めて目地の隙間を埋めている。前述のように、壁石は石室内面側の面を床石の段に合わせて設置するが、外面側は石材の厚みが不均一であることから、石材間で凹凸が生じる。その目地部分に大量の漆喰を段階的に塗布する。

漆喰はまず目地の隙間に漆喰を詰め込み、その後、石材間の段差部分に垂直方向に大量の漆喰を充填する。この時、漆喰を壁石の高さ1.16mまで分厚く一気に積み上げることが困難であることから、9回に分割して積み上げられる。

なお、前述のように南壁石は石室構築時に一旦、設置された後、墓道掘削時に取り外され、埋葬完了後に再び閉塞される。したがって、南壁石と東・西壁石1の目地を埋める漆喰は、石室構築時ではなく、最終的に石室を閉塞し墓道を埋め戻す過程において充填されたものである。調査でその目地漆喰を取り外した際に、下部には先行する漆喰がみられなかった。石室構築時に他の壁石に対しては、いずれも目地漆喰が充填されていくなかで、南壁石を最初に設置した際にはその作業が省略されたとみられる。この点は、上述の南壁石の開閉工程が当初から計画されたものであったことを示している。

天井石の架構　天井石の架構は合欠の構造からみて、天井石1→2→3→4の順番で、床石同様に南から北へと設置したことがわかる。いずれも壁石上面に接着剤代わりの漆喰を薄く塗布した上で設置されている。天井石4は北壁石を越えてさらに北側にまで迫り出すが、載り上げた版築の上にも漆喰を塗布していた。天井石どうしの目地は比較的大きく開いていることもあり、この目地には側面から漆喰を棒で詰め込んだ痕跡がみられる。

第 7 章 考　察

西壁石1　　　　　　　　　　　　　　　西壁石2

東壁石3　　　　　　　　　　　　　　　東壁石2

Fig.170　壁石の傾斜状況　1：15

　天井石4石を平面的にみた場合、規格の異なる天井石4を除くと、天井石1〜3の西辺が直線的に揃い、東辺は石材の微妙な大きさの違いを反映して若干の凹凸がみられる。このことから、床石とは反対に、天井石は西側のラインを基準に設置されたことがわかる。なお、この天井石1〜3の西側のラインは、西壁石1・2の外面ラインとも一致している。

　天井石東・西面の下端には梃子穴がある。天井石2・3に各2個ずつ、天井石4では南寄りに各1個ずつの梃子穴が穿たれている。この梃子穴は、天井石の架構にあたり、石材位置を調整するために設けられたことが穴の破損や摩滅状況からわかる。ただし、梃子穴から外れた側面下端部分にも摩滅が生じていることから、梃子穴以外の部位に対しても梃子棒が差し込まれて石材の位置調整がなされた様子が

　うかがえる。
　ここで興味深いのは天井石1には梃子穴が設けられていないことである。天井石1は、最初に架構される石材であることから、他の天井石との位置関係をさほど意識せずに設置することが可能である。これに対して、天井石2以降の石材では、先に据えられた石材の北側に一旦、石材を降ろした後に、さらに合欠が組み合うように南側への調整移動が必要となる。天井石2〜4の梃子穴は、こうした作業に備えてあらかじめ設けられたものと理解できる。
　さらに注目されるのは、天井石4の梃子穴が南寄りの各1個のみで、北半の版築面に載り上げる部分には設けられていない点である。天井石4北半のように版築土の上に石材が据えられる場合、石材と土

第7章　考　察

の間に梃子棒を挿入して石材を移動させることが可能であるため、あえて梃子穴を設けなかったものと考えられる。逆に言えば、梃子穴が設けられているのは、前述の天井石1の例外を除くと、いずれも石材どうしが接触する部分となる。この点は、壁石のあり方とも一致する。すなわち、各石材が床石上面から版築上に迫り出すかたちで設置される東・西壁石では、梃子穴が全く設けられないのに対し、床石上面におさまる南・北壁石では東・西側面下端に各1個、梃子穴が穿たれているのである。こうしたあり方からすると、梃子穴は石材の上で別の石材を移動させるために計画的に設けられたものであったと理解できる。梃子棒を使用した石材移動は、梃子穴の有無に限らず全石材の各部位に対してなされるのであり、梃子棒の挿入が困難な石材どうしが接触する部位に対してのみ、あらかじめ梃子穴が穿たれたのであろう。

天井石の目地漆喰　天井石に関わる目地の部分にも大量に漆喰が塗布されている。天井石と壁石の目地については、東側では天井石東面よりも東壁石が外側に迫り出すため、この段差を埋めるように漆喰が詰められる。一方、西側では、西壁石1・2はほぼ天井石西面と同一面をなすが、西壁石3は天井石よりも内側に入り込むため、オーバーハングした部分にも漆喰を詰めている。天井石と壁石との間に段差が存在しない部分では、漆喰ののりが悪くなるので、あえて隅部をはつって、漆喰ののりを良くしている。同様の作業は天井石どうしの目地にもみられ、細かくはつった後に漆喰を積み上げ、さらに周辺に版築を施していく。天井石1と2の隙間は比較的狭いが、ここでも漆喰を詰めるために目地を細かくはつって漆喰の付着を良くしている。

天井石1の加工　天井石1上面の南・東・西辺の面取りは、墓道内に露出する部分だけにとどまらず、東・西の面取りが下位版築の内部にまで続いていることから、版築で天井石を覆うまでに設けられたことは間違いない。同様の理由から、南面および東・西面南半のみがきもこの段階に施されていると考えられる。また、南面下端では、南壁石に接する範囲に刳り込みが施されるが、面取りの位置や範囲を決定する必要があるため、石室構築後の加工と考えられる。上面の面取りと一連の作業として施された可能性もあるが、下部に南壁石がある状態では作業が困難であるにも関わらず、南壁石上面にもそれに付随するような明確な工具痕跡が残されていないことからすると、同部分の刳り込みは墓道掘削後の南壁石取り外し時においてなされた蓋然性が高い。

（3）　石室床面の傾斜について

平成17年度の三次元計測の結果、石室内の床面の高さは北東を0とすると、北西が-1.8cm、南東が-5.6cm、南西が-7.1cmと北東から南西に向けて傾いていることがあきらかになった。これは石室構築後に起きた巨大地震の影響により、石室が歪みながら傾いた結果と理解してきた。一方で、床石上面の加工にあたっては、床石周囲から水準杭跡が検出されており、これを利用して水平を割り出していた状況があきらかになった。しかし、築造当初、石室床面は厳密に水平加工されていたのであろうか。水準杭を利用して水平を割り出すことは可能であるが、これを利用して床面を一定方向に傾斜させることも当然可能である。

ここで床面の傾斜を考えるにあたって注意したいのは、壁石の形状である。東・西壁石の平面形は、石室内面側からみると厳密な長方形ではなく、わずかながら平行四辺形状を呈しているのである。すな

わち各石材とも四隅は完全な直角にはなっておらず、北辺・南辺を垂直方向に配置した場合、上辺・下辺が水平方向から1～1.5°前後傾くのである。さらに興味深いのは、上辺・下辺の傾きは、東・西壁石ともに、一律に北側が高く、南側が低くなっている点である（Fig.170）。当時の石材加工技術からみて、石材を直角にすることができなかったとは考え難い。東・西の壁石で同一方向に傾く状況からも、こうした石材の傾斜は当初からの意図的なものであった蓋然性が高い。

以上のような各石材の傾斜を確認した上で、当初は床面が水平であったと仮定してみよう。その場合、東・西壁石の南・北辺、すなわち縦方向の目地は、垂直方向から1°前後傾くはずである。しかしながら、解体前の石室内の縦方向の目地にはそれほど顕著な傾きは確認できなかった。さらに、北壁石の南北断面をみると、ほぼ垂直な南（壁画）面に対して、下面は直角に交わってはおらず、北側が高く傾斜しているのである（Fig.170右上）。こうした状況からすると、やはり、床面は当初から北から南へ向かって－1度（北端を0とすると南端では-4.5cm）ほどの傾きをもって成形されていたとみるのが妥当である。壁石の上・下面につけられた傾斜も、そうした床面の傾斜を十分に想定した上でのものであったと考えざるを得ない。床面に一定の傾斜がつけられた理由としては、石室内に浸透する水の処理を意図したものであった可能性が高いであろう。

このように考えてくると、解体前に確認された石室の傾きは、そのすべてが巨大地震による歪みとは理解できないことになる。ただし、こうした石室細部の設計に関する所見は、石室解体以前に現地で把握することがほぼ不可能であったと言える。解体後の観察や三次元計測等によって個々の石材の正確な形状が判明したことによって初めてあきらかになった点を強調しておきたい。

（相原）

4　石室石材の加工技術

今回の調査では、石室を構成する16石の凝灰岩切石に対して、それぞれの面ごとに加工痕跡を観察し、拓本採取、写真撮影等の記録作業を実施した。取り上げ前の観察が不可能な接合面や下面、さらに漆喰の塗布された壁画面については、仮設修理施設で補足的な調査・記録をおこなった。16石の石材各面の悉皆的な調査により、高松塚古墳の石室石材、および当該期における二上山凝灰岩の加工技術に関するいくつかの重要な知見を得ることができた。

（1）　技法と工具

高松塚古墳の石室石材も、当該期の大型石材において想定されている、「山取り→粗作り→仕上げ」の三工程を経て加工されている。山取り段階の技法についてはほとんど情報が残されていないが、北壁石や東壁石1、西壁石2・3などの隅部には、山取り時に生じたとみられる割面が未加工の状態で残る。四周に溝を掘り込み、岩盤につながる最後の一面を割りとる掘割技法[30]の痕跡とみられる。こうした山取り段階の痕跡が断片的ながら残存する状況からは、粗作り（成形）の工程は切り出し当初の形状を整える程度の最低限の加工であったことが理解できる。

粗作り段階の技法としては、先端が三角形状を呈するノミによる叩き、チョウナによる削りの2者が確認できる。各石材の接合面や合欠部分など直線的な加工が求められる部分では、朱線で割付けがなさ

れており、これを目印に石材が削り取られていく。合欠屈曲部や床面の段下端には、部分的に細い溝状の窪みが散見でき、あらかじめ溝で区画した内部を削り取る溝切技法が用いられた可能性がある。仕上げの技法には、チョウナ叩き技法、ノミ削り技法、みがき技法の3者がある。このうち、チョウナ叩き技法は、石材表面の凹凸を均す目的で粗作りの工程の直後に施されるもので、引き続きチョウナ叩き技法を密に重ねてそのまま仕上げとする場合と、上からノミ削り技法やみがき技法を施す場合とがある。

　以上のような各技法に用いられる工具については、痕跡から大まかな形状を復元することができる。チョウナは、幅3㎝、4～4.5㎝、5～6㎝の各種があるが、4～4.5㎝大のものが頻繁に使用されている。概ね直刃とみられるが、工具の全形が把握しやすい削りの痕跡からは、両隅部分が緩やかに湾曲していた様子がうかがえる。興味深いのは、同じチョウナ叩き技法でも、初期の段階と最終仕上げの際とで工具の使い分けがあったとみられる点で、前者では刃先が0.4㎝前後の厚みを有するものが多用されるのに対し、後者に用いられる工具は厚みが0.2㎝前後の薄いものが多く、刃先の薄い工具で丁寧に敲打することで石材表面の凹凸を目立たないように仕上げる狙いがあったものと推測される。天井石4北面にはそうした薄手のチョウナによる叩きの痕跡が集中するが、その中には工具幅が10㎝前後に達するものがある。最終仕上げ時のチョウナ叩きでは、力強く敲打する必要がない分、平滑な面を作り出すためには打ち込む単位の間隔を密にすることが求められる。そうした丁寧な加工による作業効率の低下を解消する意図から、幅広の工具が使用されたのであろう。

　一方、ノミと捉えた工具は、いずれも直刃で、幅は0.5㎝、1㎝、1.5㎝、2㎝、3㎝、3.5㎝の各種がある。古代の木工に使用された鑿にもこれに近い形状のものが確認されており[31]、同様の工具が使用されたものと考えられる。東壁石1北面の下半西寄りでは1㎝前後のピッチで石材の表面を削り取っている部分があり、石材に刃を沿わせながら連続的に工具を打ち込んでいった様子がみてとれる。上述のように粗作りの段階にはチョウナを用いた削り技法が施されるが、ノミによる削り技法は接合面の仕上げ調整を中心に施される[32]。工具幅の狭いノミが合欠や段差部分の細部調整に適していたためとみられる。とりわけ東・西壁石1北面の合欠には幅0.5㎝前後の特徴的なノミ削りが集中的に施されている。天井石4上面に残る先端三角形のノミについては、具体的な形状はよく分からないが、そのほかではほとんど確認できないことから、成形段階のごく初期の敲打にのみに使用されたと考えられる。

　以上のように、高松塚古墳の石材加工では、技法のみならず工具についても、工程や部位に応じてある程度使い分けがなされていた様子が見て取れる。

（2）　石室の構築過程と石材加工

　さらに、高松塚古墳の石材加工において興味深いのは、以上のような加工が石材の組み上げ以前だけでなく、組み上げ以後にも施される場合がある点である。こうした加工のタイミングの差異は石室の構築過程と密接に関係している。

　例えば、各石材とも外面の加工は、仕上げ調整が不徹底で、粗作り、ないし仕上げ初期の状態をとどめているが、個々の石材単位では対となる両側面の加工痕跡が酷似する一方で、異なる石材間では隣り合う面であっても加工のあり方は必ずしも一致していない。したがって、いずれの石材も、粗作り、および仕上げといった基本的な加工工程は、組み上げ以前に各石材単位で作業を終えており、かつ何人

かの石工が分担して加工に従事した様子を復元することができる。そもそも、当古墳の石室石材は厚さが揃えられてはおらず、内面合わせで石材が組み上げられた結果、外面には石材間に著しい段差が生じている。石材外面の仕上げの不徹底も、同部分が土中に埋もれる部位であることをあらかじめ認識した上での合理的な判断によるものといえる。

これに対して、床石の上面の段は石材を組み上げた後に、現地で一体的に削り出される。最終的にチョウナ叩き、ノミ削り技法で平滑に仕上げられており、現地で段の成形から仕上げまでが連続的になされたことになる。床石の上面は、上部に重量ある石材を載せる部分であり、安定的に石室を構築していく上で徹底した平坦仕上げが求められたのであろう。4石の床石の厚さもあらかじめ揃えられていないが、この点は下部に置土を加えながらその差の解消を図る。その上で、周囲の版築面に水平をとるための水準杭を配置し、組み上げた4石の中央に石室内部の床面となる長さ264.8cm、幅103.2cm、高さ3cmの段を削り出し、その外縁は壁石を設置するために平坦に加工する。その徹底した加工のあり方から、石工たちは、組み上げ後に一体成形する方が合理的であることを熟知していたものと推測される。床石上面に残るチョウナ叩きの痕跡は全体で10単位ほどに分かれる。これが石工の作業単位を示す可能性が高く、床石の設置後に、石工たちが一斉にその上面を削っていった様子がうかがえる。

一方、壁石下面や石室内を構成する面については、各石材とも極めて丁寧に調整されているが、物理的に組み上げ後の調整は不可能であり、組み上げ以前に仕上げ調整までなされていたことになる。天井石や壁石、床石の接合面も同様であり、原則として組み上げ以前に仕上げ調整までなされたものと考えられる。ただし、壁石の接合面のうち南側の面については、現地で調整加工をおこなったことが床石上に残された工具痕跡から判明する。すなわち、接合面については、組み上げの順序に応じて現地で微調整される場合があったことがわかる。

以上のように、高松塚古墳では、各部位の加工をどのタイミングにどこまでおこなうかについて、極めて合理的な判断がなされており、石室の構築過程を熟知した石工たちによる当初からの高い計画性の存在を指摘することができる。

（3） 加工痕跡からみた天井石4

上述したように、高松塚古墳の石室石材は、総じて土中に埋められる部分の加工が粗い。ただし、天井石1～3については、側面・上面とも比較的平滑な面に仕上げられており、また3石は長さ、幅、厚さも概ね一致している。したがってこの3石については、当初から一定の計画性にそって規格的に加工されたものと理解できる。これに対して最も北側の天井石4は、天井石1～3とは規格が大きく異なる。他の天井石よりも著しく薄い反面、天井北端のわずか14cmの隙間を塞ぐ石としては必要以上に長く、北壁石を越えて北半が版築上に載り上げていた。

この天井石4は、表面に残る加工痕跡の状況も他の天井石3石とは大きく異なる。上面は仕上げ調整が放棄され、前述のように大型のノミによる粗い敲打の痕跡が明瞭に残る。東・西面も粗いチョウナ叩きが主体で丁寧な仕上げ調整を欠く。ところが、北面は上面や東・西面と同様に版築中に埋もれる部分でありながら、精緻なチョウナ叩きによって必要以上に平滑に仕上げられていて、極めて特異な状況となっていた。このような加工のあり方は、南・北壁石ないしは床石の状況に酷似している。すなわち、

第7章　考　察

　十分仕上げが施されていない上面や側面は、南・北壁石でいうところの外面部分、そして必要以上に丁寧に調整された北面は、下面ないしは上面となることを念頭においた加工とみれば合点がいく。

　ただし、法量的にみると南壁石は、石室南小口に嵌め込まれることもあって、天井石4よりもあきらかに幅が狭い。一方、北壁石は高さこそ天井石4の長さを15cmほど上回るが、幅は天井石4に近似する。また床石は、長さに若干のばらつきが認められるが、床石4の長さは天井石4に近似し、幅は4枚とも天井石4とほぼ一致する。長さの多少の相異は、接合面や合欠の削り出しに起因する可能性もあり、むしろ幅が近似する点は切り出し時の近い関係を示唆する。

　このように、加工状況や規格の類似性からすると、天井石4は当初、床石や小口の壁石として使用することを念頭に加工された石材の一つであったとみることができる。あるいは、基壇外装などの石室石材以外の大型石材として加工されたものであった可能性も考えられる。いずれにしても、石切場やその周辺においてある程度、製品に近い状態にまで加工され、ストックされていたものが、何らかの当初計画の変更に応じて持ち出され、天井石として使用されるに至ったとみられる。逆に、こうしたストック材が存在する状況は、当該期の二上山凝灰岩製品の生産の恒常化および流通の拡大を示唆するものといえる。

（4）　二上山凝灰岩における切石加工の特色

　軟質の二上山凝灰岩は加工が容易な反面、その脆弱性ゆえに力任せの加工はかえって石材の破損を招く危険性がある。前述のように、一部の石材には部分的に掘割技法による不規則な割面が残されており、岩盤から石材を切り出す作業は、一定のリスクをともなうものであったことがうかがえる。したがって石材を切り出すにあたっては、厳密な規格性よりも安全に一定の大きさの石材を確保することが優先されたものと推測される。一方で粗作りの工程が、山取り時の痕跡を残す軽微なもので、当初の形状を大掛かりに改変するような加工ではなかったことからすると、切り出し時には仕上がりの寸法がある程度は考慮されていたものと推測される。

　これに対して、内面や接合面は徹底的に直線加工がなされる。一般的に、凝灰岩切石の「切石」のイメージはこうした精巧に加工された部分を捉えたものといえるが、それを可能にしたのは石材を「切る」行為ではなく、ノミやチョウナによる「削る」行為である。とりわけ、高松塚古墳の石材加工では、直線的な形状を削り出す上でチョウナ叩き技法が駆使されている様子があきらかになった。

　古墳～飛鳥時代の石工技術を体系的に整理した和田晴吾によれば、チョウナ叩き技法は仕上げの技法であり、飛鳥時代には花崗岩や竜山石等の硬質石材に多用され、稀に軟質石材にも使用が認められるという[33]。これに対して、高松塚古墳では、チョウナ叩きを密に重ねて最終的な仕上げとする場合もあるが、これとは別により丁寧な仕上げの技法としてノミ削り技法やみがき技法が用いられている。したがって、ここでのチョウナ叩き技法には、最終段階の仕上げに向けた下地作りの技法としての性格を見出すことができよう。そうした様子を明確に示すのが天井石2の北面の加工痕跡であり、ここでは何らかの事情により合欠上段部分の最終仕上げが放棄されている。その結果、合欠上段を粗く整えた際のチョウナ叩き技法の痕跡が全面にわたって残されていた。叩きの単位は円弧を描くように連続的に打ち込まれており（PL.46中）、石工の作業単位や姿勢がうかがい知れる。

　以上のように、軟質の二上山凝灰岩における精緻な直線加工は、チョウナ叩き技法によって実現され

ていたと理解できる。その際、加工の目印として重要な役割を果たしたのが朱線であり、朱線による割付ラインを目標にして徹底してチョウナ叩き技法が加えられていったものと理解できる。朱線は、高松塚古墳のほかにも、マルコ山古墳[34]やキトラ古墳[35]の石室石材、葛城市石光寺弥勒堂の礎石[36]でも確認されている。チョウナ叩き技法と朱線は、直線的な石材加工を実現するための一体的な技術として二上山凝灰岩の加工に導入されたものと推測される。

なお、チョウナやノミの痕跡には、単位ごとに刃こぼれの跡とみられる規則的な条線が生じている場合が多々見受けられた。軟質石材ではあっても、同一の工具を使用し続けることにより、工具も激しく消耗していった様子をうかがうことができる。

(廣瀬)

5　棺と棺台の復元

今回の発掘調査では、木棺と棺台についてもその復元に向けた貴重なデータが得られた。ここでは、従前の知見を整理し、新たに得られたデータを加えて、木棺・棺台の構造と形状、設置方法等を検討したい。

（1）既往の知見

まず、昭和47年の発掘調査と、その後の保存・修復作業の中で得られた既知の事実について整理すると、以下の4項目となる[37]。

①石室には漆塗りの木棺が納められていた。遺存した棺身材（底板）は、長さ約199.5cm、幅約58cmであった。

②漆塗木棺の棺身は、厚さ1.4〜1.6cmに製材したスギ板[38]を底板1枚、側板2枚、小口板2枚として組み合わせ、表面に布着せして漆で固めたものである。板材の組み合わせ方は底板の上に側板・小口板をのせ、側板と小口板は柄組（組手接ぎ）による。柄（組手）一枚の高さは6.4cmである。底板の下から側板・小口板を銅釘で釘付けし、側板と小口板の個々の柄も銅釘で交互に釘付けする。

③布着せの布の枚数は2枚で、表面は精製した黒漆で仕上げる。外面は黒漆の上に金箔貼りとし、内面は下地として鉛白を塗った上を朱塗りとする。

④木棺の表面には各種の飾金具が取り付けられていた。その内訳は、径10.4cmの金銅製透彫金具1点、径2.4〜2.5cmの金銅製六花形座金具2点、銅製座金具6点（七〜八角形5、方形1）、径4.8cmと3.5cm前後の大小2種類の金銅製円形金具6点（大2、小4）である。

棺身の概略の構造や平面規模に関しては、すでにあきらかにされた通りである。課題としては、棺身の高さ、蓋の形状と構造、棺台の有無を含めた設置方法などの諸点があり、今回の調査ではこれらの課題を解明するべくデータの収集につとめた。以下、その結果を踏まえて検討をおこなう。

（2）棺全体の形状と大きさ

棺全体の高さについては、棺身の高さが側板と小口板を組み合わせる際の組手1枚の高さの倍数にほぼ等しいであろうとの仮定と、壁画が描かれた高さとの関係に注目して、約45cmとした伊達宗泰の推

定がある。ただし、これは直接的なデータにもとづくものではない。今回の調査では新たな視点として、石室壁面に残された傷に注目した。

壁画が描かれた石室東・西両壁の漆喰面には、何かが接触して生じた筋状の傷が残されている（PL.44）。一連の傷は昭和47年調査の段階ではすでに存在しており、盗掘者の仕業と考えるのが合理的である。また傷の分布や形状から、接触した物体はかなり大型のもので、角張った箱形のものとみられ、まず想定されるのは木棺である。そこで、この傷を手がかりに検討を加えてみる。

東壁の傷は、北端は女子像付近から南端は青龍を越えて長く断続的についている。長さは最長で112cmである。南端は漸移的に薄れていくが、北端は北壁から南へ31cm付近に垂直方向の明瞭な境界線をなして終わっている。

北端にみられる垂直方向の境界線は厳密には一続きではなく、床面から高さ17.2cmの間と、高さ49.0cmから高さ68.5cmまでの19.5cmの間の2ヵ所が特に深く目立つ。さらに詳細に観察すると、上側の深い傷は床面から高さ64.0cmの位置まで垂直に15.0cm続いたあと南に折れ、斜め上方に向かって約4.5cm続いて消失する。

こうした状況を総合的に解釈すると、東壁に接触して傷をつくった物体は、床面直上に置かれていた高さ約17cmの扁平な箱状の棺台と、その上に置かれていた蓋・身あわせて高さ約52cm以上の木棺であり、木棺の上方には張り出しがついていたと考えられる。それらの北東角が特につよく接触して垂直方向の傷をつくり、東側面が若干擦れながら押し当てられるようにぶつかって、それと一連の水平方向の長い傷をつくったわけである。

傷をつくった木棺・棺台の動きを推定すると、盗掘者らが石室内に侵入した時、木棺と棺台はおそらくほぼ原形をとどめており、盗掘者は木棺を棺台ごと東側に押しやって西側から奥へまわり込んだのであろう。その際、棺台は北東角が、棺は東辺が上部を中心に東壁に接触し、現在みられる傷の大部分が生じた。後述する棺台の設置位置からすると、棺台は南へ5cm、東へ19cm、棺は北へ1cm、東へ25cm移動させられた計算になる。床面に残された棺台の範囲を示す漆喰の境界線が、東辺の北半分から北辺にかけて、西辺の南半分から南辺の西半分にかけてまったく遺存していない点も、盗掘者による木棺・棺台の移動方向と関連づけて解釈する余地があるかもしれない。

つぎに西壁の傷は、北壁から南へ113cmの白虎付近から男子像付近まで長さ93cmにわたってついている。北端で高さ48.5cm、南端で高さ54cmの位置に2ヵ所で途切れながらほぼ水平に続くやや深い傷があり、その上下に条線状の浅い傷がつく。東壁北端のように垂直方向の境界線をなして終わる状況はみられない。

西壁の傷は東壁とは様相が異なるが、参考となるのは昭和47年調査時の木棺底板の出土状況である。底板は西壁のやや南寄りに立てかけられたような状態で、端を巻き込み波打つように変形して出土した。当時の写真を見ると、底板は西壁の傷の直下にある。一つの解釈として、西壁の傷は盗掘者が木棺を乱暴に壁に立てかけ、解体した際についた可能性を考えたい。南壁石を破る盗掘孔に近い天井石1と2の継ぎ目付近の天井面には、西半分を中心におびただしい数の傷がついている。これらの傷は、盗掘者が斧や鉈のようなものを振り上げた際に天井面に接触した結果生じたものとみられ、木棺等の解体と関連する可能性もある。なお、盗掘者は解体した棺材の一部を持ち出しており、昭和47年の調査では

石室外の盗掘坑内からは最大で長さ1mに達する木棺材の残片が多数出土している。

　棺台については後述するとして、壁面の傷から得られたデータを加え、あらためて復元される木棺の形状と大きさを整理するとつぎのようになる。

　棺身は、遺存する底板から長さ約199.5cm、幅約58cmの箱形で、蓋を閉じた状態では高さ約52cm以上、底から高さ約32〜47cmの間に張り出しがある。この張り出しの正体は、棺身の上にのせられた被せ蓋の側面（垂直面）と考えるのが妥当である。橿原考古学研究所附属博物館保管の昭和47年出土漆塗木棺片には、棺蓋の垂直面を構成していた木板や垂直面から斜面にかけての木板の破片があり、垂直面の高さが約15cmであることが知られ、この東壁の傷とよく一致する[39]。東壁北端ではこの張り出しよりもさらに4.5cm上まで角の傷がのびるが、これは盗掘者による蓋の移動、たとえば蓋を開くといった行為に起因するものとも考えられる。その場合、蓋の垂直面稜角の上にはさらに稜角があることになり、頂部の平坦面と四垂直面の間に面取り状の四斜面を有する被せ蓋であったことが判明する[40]。

（3）　棺台の存在とその構造

　今回あらためて床面を精査した結果、床面中央に長さ約217cm、幅約66cmの長方形の物体を設置した痕跡が確認された。従来知られている棺身の大きさよりも一回り大きいことから、東壁女子像付近に残された床面から高さ17.2cmの傷とあわせて、木棺そのものではなく、木棺をのせていた棺台の設置痕跡と判明した。

　棺台は正確に床面中央に位置し、周囲は壁面との間に幅18〜24cmの余地を残す。床面に漆喰で固定され、さらに周囲の床面には表面仕上げの漆喰が塗られた。その結果、仕上げがおこなわれた棺台周囲と棺台の下部とはわずかな漆喰面の段差が生じている。

　棺台を床面に固定するために、漆喰を面的に塗って接着剤的に使用している以上、この棺台はキトラ古墳で想定されたような底抜けではなく、底板があったと考えられる。また、東壁女子像付近に残された傷は直線的に垂直に立ち上がっており、棺台の角には凹凸はなかったようである。

　これらの手がかりから復元される高松塚古墳の棺台の姿は、天板と底板、四周の側板で構成される低い箱状のもので、長さ約217cm、幅約66cm、高さ約17cmとなる。各部材の組み合わせ方は、底板の上に四側板を組み、その上に天板をのせたものであった可能性が高い。また、壁面に残された傷の状況からみて、天板と底板の外周は四側面と一致し、すっきりとした箱形となる。法隆寺五重塔塑像金棺[41]や御嶺山古墳石製棺台[42]には、天板・底板・四側板を組み合わせた木製棺台の外形が粘土や石に表現されており、こうした構造は木製棺台としては普遍的なものであったと想像される。

　高松塚古墳の木製棺台は、日本の古墳ではキトラ古墳に続く確認例である。こうした棺台と漆塗木棺あるいは夾紵棺の組み合わせは、石製・塼積・籃胎など各種の素材でつくられた棺台の存在からしても、終末期古墳においては一般的なあり方であったと思量される。

（4）　高松塚古墳木棺と棺台の復元イメージ

　以上の復元的検討を踏まえ、木棺と棺台の姿をより豊かにイメージするために、復元イメージ図を作成した（Fig. 171）。

第7章 考 察

　棺身は長さ約199.5cm、幅約58cmの箱形で、底から高さ約32cmの位置を上端とする蓋受けの突帯がめぐる。棺蓋は阿武山古墳夾紵棺[43]、牽牛子塚古墳夾紵棺などと類似した四周に面取り状の斜面を有する被せ蓋で、垂直面の高さ約15cmである。

　木棺の表面に取り付けられていたと考えられる飾金具として、径10.4cmの金銅製透彫金具1点、径2.4～2.5cmの金銅製六花形座金具2点、銅製座金具（大）1点（方形）、銅製座金具（小）5点（七～八角形）、径4.8cmと3.5cm前後の大小2種類の金銅製円形金具6点（大2、小4）がある。

　橿原考古学研究所附属博物館保管の漆塗木棺片には、合計4ヵ所でこうした金具類の着装痕跡が確認できる。いずれも、棺体が完成し、仕上げの黒漆、内面の朱塗りを施してから穿たれた歪な円孔と、内・外面に取り付けられた金具の痕跡である。それによれば、金銅製六花形座金具は外面に、銅製座金具（小）は内面に取り付けられ、さらに内面には金銅製円形金具（小）が釘隠し的に取り付けられている。

　金銅製六花形座金具は類品が御嶺山古墳（九花・1点）、牽牛子塚古墳（八花・3点）で出土している。御嶺山古墳木棺では、金銅製花形座金具は棒状の足の一端に小さな鐶のついた鐶金具の座金として外面に取り付けられ、内面には銅製方形金具をあてがい、その中央の孔に通した鐶金具の足の先端を潰してかしめとめている。牽牛子塚古墳でも金銅製花形座金具に対応する金銅製円形座金具2点が出土しており、夾紵棺本体には鐶金具を介在して両者を取り付けた痕跡（孔および着装痕）が観察される[44]。

　金銅製透彫金具の類品としては、文様は異なるものの、キトラ古墳出土の金銅製鐶座金具をあげることができる。キトラ古墳例では中央の孔はやや歪な方形で、取り付けのための孔であることがあきらかである。金銅製鐶座金具1点に対し、同様の方形の孔をもつ小さな銅製方形金具2点が出土しており、金銅製鐶座金具を外面に取り付け、銅製方形金具を内面にあてがって、かしめてとめたのであろう[45]。

　これらも参考にするならば、高松塚古墳の金銅製透彫金具も、金銅製六花形座金具とともに外面に使用され、鍍金されておらず、形状が十分整えられていない銅製座金具（大・小）がそれらに対応して内面に使用されたとみてまず間違いない。

　つぎに金銅製円形金具は、類品がマルコ山古墳（六花・3点以上）、キトラ古墳（六花・8点以上）、束明神古墳（円形・1点）から出土している。いずれも中央がふくらんだ薄い金銅板で、3本の小さな釘で取り付けるようになっている。これらの用途については、キトラ古墳出土の棺材残片の状況が参考となる。キトラ古墳では、貫通する孔の開いた棺材残片が5点出土し、そのうち4点に孔を覆い隠すように金銅製六花形金具を着装した痕跡があって、いずれも釘隠し的な用途が想定できる。遺存状態の良い残片では、表面の漆膜や仕上げの水銀朱の上から金銅製六花形金具を取り付けた状況が確認されている。

　高松塚古墳の金銅製円形金具（小）も同様の釘隠し的な用途が確認され、同（大）とともに内面に露出する銅製座金具に被せて隠すための金具と判断される。すなわち、外面の金銅製透彫金具・金銅製六花形座金具に対し、内面でそれらをかしめとめるための銅製座金具と鐶金具あるいは飾り鋲のようなものがあり、さらにそれを隠すための金銅製円形金具（大・小）が、それぞれ同数存在したと理解できる。

　すでに失われた金具の存在も考慮して組み合わせを検討すると、外面の金銅製透彫金具、内面のそれに対応する銅製座金具（大）と金銅製円形金具（大）、外面の金銅製六花形座金具、内面のそれに対応する銅製座金具（小）と金銅製円形金具（小）の、2種類の組み合わせが復元できる。前者は金銅製透彫金具1、銅製座金具（大）1、金銅製円形金具（大）2が遺存することから2組以上、後者は金銅製六花形

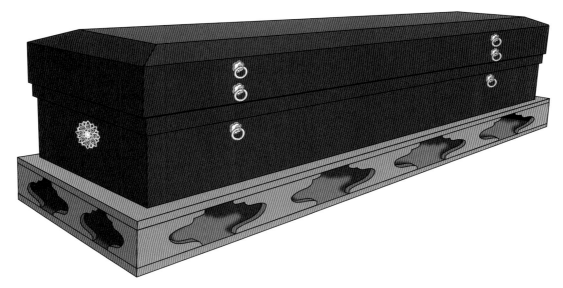

Fig. 171 高松塚古墳の木棺と棺台の想像復元図

座金具2、銅製座金具（小）5、金銅製円形金具（小）4が遺存することから5組以上存在したとみられる。

　これら全体の配置については不明な部分が多いが、橿原考古学研究所附属博物館保管資料の中には後者の組み合わせが蓋垂直面に心々で6.7cm間隔で上下に並んで取り付けられていたと考えられる部位がみられる。そこで、図では金銅製透彫金具計2個を棺身両小口面に、釣鐶を補った六花形座金具計12個を棺蓋・身両側面に配した。もちろん、すでに失われた他の金具類がさらに取り付けられていた可能性は残る。

　棺台は、長さ約217cm、幅約66cm、高さ約17cmの、天板と底板、四周の側板で構成される低い箱形のものである。法隆寺五重塔塑像金棺の側面には方形窓状の装飾が並び、御嶺山古墳石製棺台の四側面には格座間が表されている。キトラ古墳からは、格座間の一部かとも推定される刳りのある漆片が出土している。高松塚古墳の棺台も、四側面は格座間で飾られていた可能性があるので、『阿不幾乃山陵記』に記載のある天武天皇所用金銅製棺台の「彫透、左右ニ八、尻・頭ニ四、クリ（カ）タ四、尻二、頭二」[46]と同じ配置で図化してみた。

　木棺の外面については金箔貼りとする報告があり、今回の調査でも微細な金箔片が多数出土している。石室壁面にも微細な金箔片の付着が各所に認められ、木棺または棺台に金箔が使用されていたことは間違いない。ただ、現状で確実に金箔の付着が確認できるのは棺身の底面のみであり、金箔貼りであったのは棺台であった可能性も残る。木棺の外面全体が金色であったかどうかはなお検討を要するであろう。　（岡林）

6　土器からみた古墳の築造

　高松塚古墳では、これまでの5回にわたる調査により、少なからぬ土器が出土した。これらは細片が多いものの、器形や法量をうかがい知ることの可能な資料もあり、古墳の築造時期に関してある程度の示唆を与えるものとなる。そのため、ここでは昭和47年の石室および墳丘調査、昭和49年度の保存施設設置にともなう墳丘調査、平成16年度の壁画恒久保存対策検討のための墳丘調査、平成18・19、20・

第7章 考察

21年度の石室解体および仮整備にともなう墳丘調査で出土した土器について通観してみることとしたい。これら出土土器の多数は既に報告されている[47]が、ここではそれらを再録した。再録にあたっては、昭和47年調査出土土器で主要なものは再実測し、未掲載のものについても実測して提示した。なお、平成18・19、20・21年度調査出土土器は本書Fig.66に掲載しており、橿原考古学研究所附属博物館が保管していた土器については別途報告[48]がある。本古墳は特別史跡であり、そのため通常の報告書では掲載しないような小片も実測した場合もあるため、法量等には不確定要素も含む可能性があることをあらかじめ記しておく。個々の土器の属性は、観察表（Tab.20）にまとめたので参照されたい。

出土土器の概要　　古墳の築成に関わる土層は第3章に詳しいが、基本的に古墳造成のための版築下整地土、墳丘版築土、墓道埋戻土、周溝埋土、その他遺構、包含層に分けられる。以下、それぞれの層出土土器の概要を述べる。全体に土師器は風化が著しく、図示できるのはほとんどが須恵器である（Fig.172）。整地土出土土器（1～10）のうち、土師器高杯は1・2が7世紀に通有な杯部円盤成形のもので、3が脚部を面取りする飛鳥Vに属する。須恵器杯B蓋（4～6）は、口縁端部にかえりをもつものともたないものの両者がある。版築層出土土器（11～15）には、飛鳥IIの杯H（11・12）をも含むが、須恵器杯B蓋のあり方は、整地土出土土器との差は見出しがたい。墓道埋戻土出土土器（16～20）ではかえりをもたない須恵器杯B蓋は出土していないものの、脚部を面取りする土師器高杯（16）の存在から同様の時期が与えられる。

各土器群の位置付け　　7世紀後葉の土器は飛鳥IVから飛鳥Vであり、これは須恵器杯B蓋のかえりが

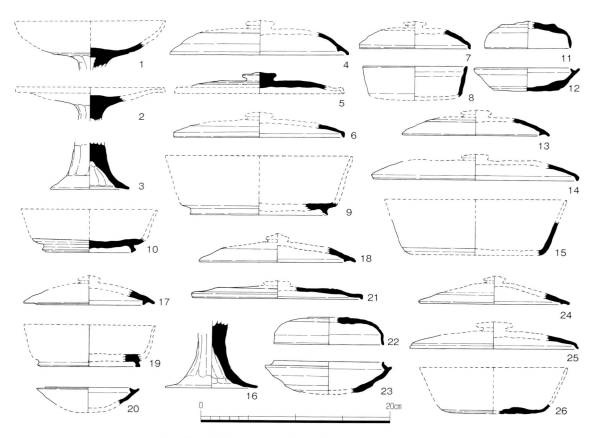

Fig. 172　平成18・19年度調査以前に出土した土器　1:4

6 土器からみた古墳の築造

Tab. 20 高松塚古墳出土土器観察表

番号	種類	器種	調査	出土地区	出土層位	胎土	焼成	色調	備考	残存率	掲載番号
1	土師	高杯	①	東トレンチ	版築下整地土	白色微砂	普通	茶褐色	杯部、風化著しい	15%	－
2	土師	高杯	①	東第2トレンチ	版築下整地土	白色微砂	良好	茶褐色	杯部、脚部面取り、風化著しい	10%	－
3	土師	高杯	③	旧東第1トレンチ	版築下整地土	白色微砂、くさり礫	やや不良	赤茶褐色	脚部面取り、Ⅱ群、風化著しい	15%	－
4	須恵	杯BⅠ蓋	①	東トレンチ	版築下整地土	白色微砂	堅緻	灰褐色	かえり有	5%	Ⅰ－7
5	須恵	杯B蓋	①	東トレンチ	版築下整地土	白色砂、黒色粒子流れる	堅緻	灰褐色	頂部ロクロケズリ	20%	Ⅰ－6
6	須恵	杯BⅠ蓋	③		版築下整地土	白色微砂、黒色粒子	堅緻	灰褐色	かえり無、頂部ロクロケズリ	10%	Ⅱ－4
7	須恵	杯BⅣ蓋	①	東第2トレンチ	版築下整地土	白色微砂、黒色粒子	堅緻	青灰褐色	かえり無、頂部ロクロズリ、内面降灰	5%	－
8	須恵	杯AⅣ？	①	東トレンチ	版築下整地土	白色微砂、黒色粒子	堅緻	青灰褐色		10%	Ⅰ－9
9	須恵	杯BⅠ	①	東第2トレンチ	版築下整地土	白色微砂、黒色粒子	やや不良	灰白色	底部ロクロケズリ	5%	Ⅰ－11
10	須恵	杯BⅢ	③		版築下整地土	白色微砂、黒色粒子流れる	堅緻	青灰褐色	底部ヘラ切り、胴下部ロクロケズリ	15%	Ⅱ－5
11	須恵	杯H蓋	③	断割トレンチ	版築層	白色砂	堅緻	青灰褐色	頂部ヘラ切り	10%	Ⅱ－2
12	須恵	杯H	③	断割トレンチ	版築層	白色砂、黒色粒子	堅緻	青灰褐色	底部ヘラ切り	70%	Ⅱ－3
13	須恵	杯BⅢ蓋？	①	東第2トレンチ	版築層	白色微砂	堅緻	青灰褐色	かえり有、頂部ロクロケズリ	5%	Ⅰ－4
14	須恵	杯BⅠ蓋	③	断割トレンチ	版築層	白色微砂、黒色粒子	堅緻	青灰褐色	かえり無	5%	Ⅱ－1・21
15	須恵	杯AⅠ	①	東第2トレンチ	版築層	白色微砂、黒色粒子	やや不良	淡灰色		5%	－
16	土師	高杯	②	石室前面	墓道埋戻土	白色微砂、くさり礫	やや不良	赤茶褐色	脚部面取り、Ⅱ群、風化著しい	30%	－
17	須恵	杯BⅢ蓋	②	石室前面	墓道埋戻土	白色砂、黒色粒子	やや不良	灰白色	かえり有	5%	Ⅱ－18
18	須恵	杯BⅢ蓋	②	石室前面	墓道埋戻土	白色砂	堅緻	灰褐色	かえり有、外面降灰	5%	Ⅱ－17
19	須恵	杯BⅢ	②	石室前面	墓道埋戻土	白色微砂	堅緻	青灰色	底部ロクロケズリ	5%	Ⅱ－19
20	須恵	杯H	②	石室前面	墓道埋戻土	白色微砂、黒色粒子	堅緻	灰褐色	外面降灰	10%	Ⅱ－20
21	須恵	杯BⅡ蓋	③		周溝	白色微砂、黒色粒子流れる	良好	灰褐色	奈良時代後半、頂部ロクロケズリ	10%	Ⅱ－6
22	須恵	杯H蓋	①	東第2トレンチ	その他遺構	白色砂、黒色粒子流れる	堅緻	暗灰褐色	頂部ヘラ切り、猿投産	60%	Ⅰ－2
23	須恵	杯H	①	東第2トレンチ	その他遺構	白色砂	堅緻	暗灰褐色	底部ロクロケズリ	20%	Ⅰ－8
24	須恵	杯BⅡ蓋	②		包含層	白色微砂、黒色粒子	堅緻	青灰褐色	外面降灰	5%	Ⅱ－22
25	須恵	杯BⅡ蓋	①	東第2トレンチ	その他遺構	白色微砂	堅緻	青灰褐色	かえり無	5%	Ⅰ－5
26	須恵	杯AⅡ	①	東第2トレンチ	その他遺構	白色砂、黒色粒子流れる	堅緻	暗灰褐色	底部ヘラ切り、猿投産	15%	－

・調査のうち、①は昭和47年、②は昭和49年度、③は平成16年度の調査とする。
・胎土の項で、「黒色粒子流れる」は、黒色粒子がナデやケズリで流れるもの。
・備考の「ヘラ切り」は、ケズリ調整を加えないものを示す。
・掲載番号は既報告の土器番号で、Ⅰは『壁画古墳高松塚 調査中間報告』1972年、Ⅱは奈文研『高松塚古墳の調査』2006年を示し、番号はそれぞれの図版中の土器番号を指す。

消失するなどの特徴により区分されてきた。しかし資料の蓄積が進むにつれ、かえりの有無はある程度共存する時期があることがあきらかになりつつある。現在の知見では、基本的にこの三者の土層から出土した土器は、須恵器杯B蓋や土師器高杯のあり方からみてそれほどの年代差はなく、各土層はそれほど時期をおかずに築成されたことを示している。この点は、平成18・19、20・21年度調査出土土器においても同様である。しいて言えば、土師器高杯脚部で墓道埋戻土出土土器（16）が整地土出土土器（3）より長脚化している傾向があるが、顕著な時期差を示すほどではない。それに対し、周溝埋土出土土器（21）はあきらかに後出のもので、平城宮土器Ⅲ新段階から平城宮土器Ⅳにかけた年代が与えられる。この様に、墳丘関連の土器は古いものの混入を除けばほぼ飛鳥Ⅴから平城宮土器Ⅰにかけてのもので、藤原宮期から平城京遷都直後にかけての時期となる。このことは、これまで推定されていた古墳の築造年代について、改めて追認するものである。

（玉田）

第 7 章　考　察

1）杉原敏之「水城の築堤」『季刊考古学』第102号、28〜33頁、2008年。
2）高田貫太ほか「大極殿院南門の調査－第148次」『奈良文化財研究所紀要2008』58〜69頁、2008年。
3）奈良国立文化財研究所『飛鳥寺発掘調査報告』奈良国立文化財研究所学報第5冊、1958年。
4）茨城県鹿島町教育委員会『神野向遺跡Ⅱ－昭和56年度発掘調査概報－』1982年。
5）(財) 和歌山県文化財センター編『徳蔵地区遺跡、近畿自動車道松原那智勝浦線（御坊〜南部）建設にともなう発掘調査報告書－本文編－』2005年。
6）宮崎県埋蔵文化財センター『町屋敷遺跡』宮崎県埋蔵文化財センター発掘調査報告書第39集、2001年。
7）奈良県立橿原考古学研究所『竜田御坊山古墳 付平野塚穴山古墳』奈良県史跡名勝天然記念物調査報告第32冊、1977年。
8）多摩市教育委員会『稲荷塚古墳－墳丘部確認にともなう調査－』多摩市埋蔵文化財調査報告39、1996年。
9）府中市教育委員会『武蔵府中熊野神社古墳』府中市埋蔵文化財発掘調査報告第37集、2005年。
10）和田晴吾「畿内横口式石槨の再検討」『立命館史学』10号、23〜49頁、1989年。広瀬和雄「横口式石槨の編年と系譜」『考古学雑誌』第80巻4号、34〜74頁、1995年。
11）刳抜の二上山白石凝灰岩製の石槨を納めた牽牛子塚古墳でも版築下部に凝灰岩の細片層が確認されている。網干善教編『史跡 牽牛子塚古墳－環境整備事業に伴う事前調査報告－』明日香村教育委員会、1977年。群馬県山名伊勢塚古墳でも北側のくびれ部の盛土内から凝灰岩粉末が確認されているが、検出位置は粉末の供給源とみられる凝灰岩を積み上げた横穴式石室からは20m近く離れた位置にあたることから、意図的に散布されたものの可能性が考えられる。土生田純之・小林孝秀・西松賢一郎編『山名伊勢塚古墳－前方後円墳の確認調査－』専修大学文学部考古学研究室、2008年。
12）玉田芳英ほか「朝堂院の調査－第153次」『奈良文化財研究所紀要2009』50〜61頁、2009年。この他にも、葛城市石光寺弥勒堂の調査では、須弥壇西側で「凝灰岩の屑がたたき込まれた状態で散布」する面が検出されている。奈良県立橿原考古学研究所『当麻石光寺と弥勒仏 概報』吉川弘文館、1992年。
13）白石太一郎「畿内における古墳の終末」『国立歴史民俗博物館研究報告』第1集、79〜120頁、1982年。
14）福尾正彦「八角墳の墳丘構造－忍阪内陵・山科陵・檜隈大内陵を中心に－」西光慎治編『牽牛子塚古墳発掘調査報告書』明日香村文化財調査報告書第10集、261〜292頁、2013年。
15）河上邦彦「終末期古墳の立地と風水思想」『堅田直先生古稀記念論文集』329〜347頁、1997年。
16）明日香村教育委員会『史跡 中尾山古墳環境整備事業報告書』1975年、白石太一郎 前掲13)。
17）西光編 前掲14)。
18）高取町教育委員会・奈良県立橿原考古学研究所『束明神古墳の研究』高取町文化財調査報告第18冊、1999年。
19）明日香村教育委員会『キトラ古墳学術調査報告書』明日香村文化財調査報告書第3集、1999年。文化庁・奈良文化財研究所・奈良県立橿原考古学研究所・明日香村教育委員会『特別史跡 キトラ古墳発掘調査報告』2008年。
20）奈良文化財研究所『奈良山発掘調査報告Ⅰ』奈良文化財研究所学報第72冊、2005年。
21）網干善教・猪熊兼勝・菅谷文則『真弓 マルコ山古墳』明日香村教育委員会、1978年。西光慎治「マルコ山古墳の調査」『明日香村発掘調査報告会2004』明日香村教育委員会、2004年。
22）佐々木好直編『鳥谷口古墳』奈良県文化財調査報告書第67集、1994年。

23）河上邦彦『後・終末期古墳の研究』雄山閣、1995年。

24）前園実知雄「高松塚古墳とその前後」『古代を考える 終末期古墳と古代国家』吉川弘文館、54〜88頁、2005年。

25）十文字健『ドント垣内古墳群』奈良県文化財調査報告書第119集、2007年。

26）枡本 哲・上林史郎編『加納古墳群・平石古墳群』大阪府教育委員会、2009年。

27）江浦 洋編『田須谷古墳群』（財）大阪府文化財調査研究センター調査報告書第43集、1999年。

28）直宮憲一・古川久雄編『中山荘園古墳』宝塚市文化財調査報告書第19集、1985年。

29）（財）京都府埋蔵文化財調査研究センター「京都縦貫自動車道関係遺跡（1）山尾古墳」『京都府遺跡調査概報』第67集、1995年。

30）和田晴吾「古墳時代の石工とその技術」『北陸の考古学』（『石川考古学研究会々誌』第26号）501〜534頁、1983年。同「石工技術」『古墳時代の研究』第5巻、127〜143頁、雄山閣、1991年。

31）植村昌子「建築部材刃痕にみる古代の鑿の形状と工作技術－建築生産工程における道具刃部の形状と使用方法の研究－その1」『日本建築学会計画系論文集』Vol.73 、No.634、2755〜2761頁、2008年。同「建築部材刃痕にみる古代の鑿の形状と工作技術」『竹中大工道具館研究紀要』第20号、19〜35頁、2009年。

32）一部、粗作りのままの面にも使用が確認されるが、それらも断片的なもので、仕上げ時に補足的になされた加工と考えられる。

33）和田 前掲30）。

34）網干ほか 前掲21）。

35）文化庁ほか 前掲19）。若杉智宏・廣瀬 覚「キトラ古墳の調査－第170次」『奈良文化財研究所紀要2012』146〜150頁、2012年。若杉智宏「キトラ古墳の調査－第173-8次・第178-6次」『奈良文化財研究所紀要2014』116〜118頁、2014年。

36）奈良県立橿原考古学研究所 前掲12）。

37）橿原考古学研究所編『壁画古墳高松塚 調査中間報告』便利堂、1972年。文化庁編『国宝 高松塚古墳壁画－保存と修理－』第一法規出版、1987年。

38）江本義数「奈良県高松塚古墳出土木棺の材種」『保存科学』第14号 、51〜52頁、1975年。

39）奈良県立橿原考古学研究所『高松塚古墳 奈良県立橿原考古学研究所附属博物館保管資料の再整理報告』奈良県立橿原古学研究所研究成果第12冊、2011年。

40）橿原考古学研究所附属博物館保管の漆塗木棺片には、棺蓋平坦面と斜面を画する稜角が150°前後、斜面と垂直側面を画する稜角が120°前後であることを示す部位が存在する。奈良県立橿原考古学研究所 前掲39）。

41）町田甲一ほか『奈良六大寺大観』第3巻、法隆寺三、岩波書店、1969年。

42）梅原末治「河内磯長御嶺山古墳」『近畿地方古墳墓の調査 二』日本古文化研究所報告第四、12〜20頁、1937年。

43）梅原末治『摂津阿武山古墓調査報告』大阪府史蹟名勝天然紀念物調査報告第七輯、1931年。

44）網干編 前掲11）。

45）文化庁ほか前掲19）。

46）秋山日出雄「檜隈大内陵の石室構造」『橿原考古学研究所論集』第五、131〜180頁、1979年。

47）橿原考古学研究所編 前掲37）、奈良文化財研究所『高松塚古墳の調査－国宝高松塚古墳壁画恒久保存対策検討のための平成16年度発掘調査－』2006年。

48）奈良県立橿原考古学研究所 前掲39）。

第 8 章　結　語

　国宝高松塚古墳壁画恒久保存対策事業の一環として実施した石室解体事業にともなう発掘調査は、解体作業で失われる考古学的情報を細大漏らさず収集し、あわせて壁画の保存環境の劣化原因を解明することを主たる目的として実施した。壁画が描かれた石室を解体して古墳から取り出すという前例のないこの大事業は、発掘調査班、石室解体班、環境・生物調査班、壁画養生・修復班、整備班からなる専門チームを編成し、その連携と協働のもとにおこなわれた。

　発掘調査は平成18年10月2日に開始し、平成19年4月5日から8月21日にかけての石室石材16石の取り上げ作業を経て、平成19年9月7日に完了した。

　発掘調査前の古墳は、緊急保存対策によって墳丘に冷却管と防水断熱シートが設置されていたが、これらを撤去しての発掘調査となるため、日射や降雨が壁画の保存環境に悪影響をおよぼさぬように、墳丘を覆うパラソレックス構造の外部覆屋を建設し、その内部での調査となった。さらに、石室の検出が近づいた平成19年1月には、石室上に石材の取り上げ用レールクレーンを設置した断熱覆屋を建設し、室温10℃、湿度90％に環境制御された室内で、防護服、防塵マスク、ヘルメット、ゴム手袋を着用しての発掘作業となった。

　一方、発掘調査班に課せられた壁画の保存環境の劣化原因に関する調査では、カビなどの微生物汚染の状態確認を中心に、ムシの棲息状況や植物の根の伸長状況の調査に重点を置いた。調査中に出現したムカデやクモなど114匹におよぶムシは、すべてにわたって写真やビデオ撮影をおこなった上で捕獲し、発見位置を遺物の取り上げに準じて記録した。カビなどの微生物汚染に関する調査は、汚染状況を写真やビデオ撮影で記録し、石材の接合面のほぼすべてにおいて試料のサンプリングをおこなった。サンプリング後、壁画面を除く石材の汚損部をエタノールで殺菌・洗浄し、石材の取り上げ・搬出前にカビなどの微生物の汚れを可能な限り現地で除去するように努めた。しかしながら北壁石の取り上げ直後には、掘削面に新たなカビの発生が相次ぐなど、カビの胞子が作業空間に多量に飛散する事態となり、発掘作業以外に微生物の除去と殺菌作業に神経と労力を費やすことになった。

　以上のように異例づくめの特殊な環境下での発掘調査であったが、石室の解体と取り出し作業を無事に完遂し、調査の所期の目的を達成することができた。発掘調査の成果については各章に詳述したが、最後に再度その成果を要約する。

（1）　墳丘の調査

墳丘の規模と形態　　古墳は北西方向にのびる丘陵の南斜面に立地する。古墳の築造に際しては、丘陵斜面を大きく開削して南東にある小谷を埋め立て、南方に緩く傾斜する基盤面を造成している。古墳の規模と形態については、平成16年度調査で上段部の直径17.7m（50大尺）、下段部の直径23.0m（65大尺）の2段築成の円墳に復元したが、平成20・21年度調査においても、その復元の妥当性を追認した。墳丘の高さは南の谷側で7m、丘陵斜面上方の北側で4mであり、墳丘裾には幅2〜4m、深さ0.3m前後の浅い周溝がめぐる。

古墳の築造時期　墳丘の築成に先立つ整地土や墳丘封土、周溝の最下層から出土した土器は、これまでの調査と同じように飛鳥Ⅴから平城宮土器Ⅰを下限とするものであり、古墳の築造年代は、藤原宮の営まれた7世紀末から8世紀初頭、平城京遷都直後の年代幅の中におさまる可能性が高い。この年代観は、壁画に描かれた人物像の服制や、副葬された海獣葡萄鏡の年代観とも矛盾しない。

版築とムシロ圧痕　墳丘封土はおよそ130層の版築からなり、土の色調や性状の違いによって、上から版築状盛土、上位版築、下位版築に大別された。調査時には下位版築を便宜的に白色版築層とよんだが、この白色版築層は石室の構築と一体的に施工された特に堅固な版築で、石室を土饅頭状に被覆していた。本書ではこれを第一次墳丘とよんだ。版築の掘り下げの過程で、層理面からムシロ目状の圧痕と搗棒の痕跡を発見した。搗棒痕跡はムシロ目の上にも認められ、ムシロ状編み物を敷いて版築をしたことがわかる。斜面に版築を施す際に、ムシロ状編み物と土の摩擦力や噛み合わせを利用して土の移動を止め、版築の層厚を均一にするとともに、軟質化した土の湿気を取り除くことを意図した工法と考えられる。搗棒痕跡は径4cmほどの円形の浅い凹みで、重複しながら版築層の全面におよぶ。

　また、下位版築層において凝灰岩粉末の撒布面を20面確認した。ムシロ状編み物と同様に、版築土の湿気抜きを目的とした凝灰岩粉末の撒布と推測される。一方、石室の床石上面と壁石上端近くの版築層理面には、石材加工にともなって飛散した凝灰岩の粉末や破片が薄く堆積しており、前者が床石加工時（壁石設置時）の作業面、後者が天井石架構時の作業面と判断できた。

（2）　石室の調査

石室の規模と構造　石室は、床石4石、壁石8石、天井石4石の計16石からなる二上山白色凝灰岩の切石を箱形に組んで構築されている。これまで床面は3石とされてきたが、平成18・19年度の調査によって4石で構成されることが判明した。

　石室の外観は使用石材の厚さが不均一なために凹凸が激しく、南北長は最長部で398cm、最大幅196cm、最小幅185cmを測る。石室の内法寸法は、昭和47年の発掘調査報告書では奥行き265.5cm、幅103.5cm、高さ113.4cmと報告され、平成17年度に実施した三次元レーザー測量では、奥行き265.2cm、幅102.9～103.7cm、高さ110.7～113.4cmという計測値が得られている。今回の調査では、床石上面に削り出された壁石設置用の小段差（高さ1寸）の存在から、石室床面の計画寸法が南北264.8cm（9尺）、東西103.2cm（3.5尺）であることが判明した。使用された基準尺は1尺29.42cm～29.49cmほどに復元される。

石室の構築法　石室石材は接合部に合欠を作り出し、接合面に漆喰を塗って組まれている。さらに石材の接合部には、目地を隠すように外から漆喰を厚く塗って石室の密閉を図っている。石室は版築で石材を固定しながら構築されており、合欠の形状から構築の手順があきらかになった。その手順は、最初に床石を南から北へ向かって設置し、床面の加工後に壁石を北から南へ向かって組み、最後に天井石を南から北へ向かって架構している。全体としては折り返すような手順で、床石1→床石2→床石3→床石4→北壁石→東・西壁石3→東・西壁石2→東・西壁石1→南壁石（閉塞石）→天井石1→天井石2→天井石3→天井石4の順に構築されるが、東西の壁石設置の先後関係は不明である。なお天井石と壁石の一部には、石材加工の割付線や基準線とみられる朱線が遺存した。

梃子穴　南北の壁石と天井石の外側面には、設置した石材の位置を微調整するために用いたとみられ

第8章 結 語

る梃子穴が存在した。平面が蒲鉾形をした幅10数cm、高さ5cm前後、奥行き7cmほどの穴で、穴の上縁部を中心に損傷や摩滅がみられることから、梃子棒を挿しこんだ穴と判断し、新たに梃子穴と名付けた。天井石2・3では両側面に2個がセットで並び、天井石4や北・南壁石では両側面に1個ずつ存在する。

南壁石の2種の梃子穴　南壁石には両側面に穿たれた1対の梃子穴のほかに、正面下端に梃子穴が5個連続して鋸歯状に穿たれていた。前者は石室構築時に使用した梃子穴、後者は葬送時の壁石の取り外しと再設置(閉塞)に使用した梃子穴と判断できた。この梃子穴の存在から、石室を版築で固定しながら一旦完全に組み立て、下位版築で土饅頭状に石室を被覆した後に、改めて下位版築の南端部に墓道を開削し、石室の南端部を露出させて南壁石(閉塞石)を取り外すという古墳築造と葬送の手順があきらかになった。

　壁画は南壁石を取り外した後に石室に入って描画されるが、それは石室の壁面に塗られた漆喰が、連続して東・西壁石1の南小口にもおよぶことや、南壁石直下の床石上面から描画に使用された赤色顔料の滴が発見されたことからも裏付けられる。壁画が完成すると、棺が納められ葬儀が執りおこなわれた後に、墓道は再び入念に版築で埋め立てられ、下位版築層の上に上位版築と版築状盛土が積まれて古墳は完成する。

水準杭と石室の傾き　床石の上面を加工した作業面において、「水ばかり」を使用して水平に水縄を張るための杭跡とみられる小穴を8基検出した。水準杭と命名したが、発掘調査で確認された初めての事例となろう。杭は使用後に切断され、版築層の中で腐朽して空洞化していた。シリコン樹脂を注入して型取りをおこなった結果、鋭利な刃物で先端を尖らせた角杭であることが判明した。

　平成17年度に実施した石室の三次元レーザー測量では、石室の床面が水平ではなく、石室が逆時計回りに約1°ねじれながら、南西方向に1.3〜1.6°傾く事実があきらかになり、大規模地震による石室の変形を想定した。しかしながら解体された壁石の三次元計測によって、壁石がいずれも平行四辺形を呈することが明確になり、石室の傾斜が当初からの計画的な施工である可能性が浮上した。床石と壁石の上・下面に一定の傾斜をもたせつつ、石室を垂直に組み立てるには高度な設計と正確な施工技術が必要である。そうした石室の設計と構築技術の解明が今後に残された課題となった。

棺と棺台　石室床面には薄く漆喰が塗布されているが、床面を精査した結果、長さ217cm、幅66cmの棺台の設置痕跡を確認することができた。壁画発見時の石室には、西壁に立て掛けられた状態で漆塗木棺の底板が遺存した。内外面に麻布を着せ、黒漆を塗り重ねた後に、外面に金箔を貼り、内面を朱塗りとした木棺で、昭和53年に保存修理がおこなわれ、長さ199.5cm、幅約58cmの棺身に修復されている。

　壁画発見時から、石室東壁の漆喰面に、何らかの物体が接触して生じた傷跡の存在が知られていたが、改めてこの痕跡を観察した結果、木棺および棺台が接触して生じた傷跡であることが判明した。とりわけ、東壁女子群像の北脇には、棺台と棺蓋、蓋受けの突帯とみられる圧痕が明瞭に残っており、棺台や棺の高さが推測されるとともに、大阪府阿武山古墳の夾紵棺や奈良県牽牛子塚古墳の夾紵棺に近似する形状の木棺が復元された。

　以上のように、高松塚古墳の石室解体事業にともなう発掘調査では、終末期古墳に関する貴重な考古学的情報と新知見を数多く得ることができたが、これらの成果は、特別史跡の石室解体という代償のもとに得られた成果であることを忘れてはならない。

（3）壁画の保存環境の調査

　発掘調査によって、壁画の保存環境に関わる多くの情報を得ることができた。

　過去の石室内の点検では、ムカデなどのムシが発見されており、ムシが外部からカビなどの菌を運び、さらに死んだムシを栄養源にカビが繁殖するといった食物連鎖が石室内で出来上がっている可能性が指摘されていた。発掘調査によって、石室に侵入するムシが地震で生じた石室外面の空隙部に棲息し、地震で接着が緩んだ目地漆喰の隙間から、石室への出入りを繰り返していた状況があきらかになった。予期せぬことに石室の外面や石材の接合面には、黒色や暗褐色のカビやバクテリアが濃密に分布しており、ダニなどの微小動物の存在も確認された。石室から目視できない部分での微生物汚染は深刻な状態にあり、土中環境における生物被害防止の困難さを改めて痛感させるものとなった。ただしそうした微生物汚染が、外部から石室内へおよんだのか、石室内から外部に拡散したのかは定かではなく、微生物被害の発生した経過や原因については、調査中に採取した膨大な微生物のサンプリング試料の分析結果を待って慎重に検討を加える必要があるだろう。

おわりに

　石室解体事業により、壁画の描かれた石室石材は無事に古墳から取り出され、古墳から約900m離れた「国宝高松塚古墳壁画仮設修理施設」に保管された。その後、この仮設修理施設において、壁画面のカビや汚れの除去と修理作業、石材の強化処置、壁画の自然科学的分析などがおこなわれている。一方、発掘調査後の古墳は、長年使用されてきた保存施設が撤去され、発掘成果にもとづいて古墳を築造時の姿に復元整備する仮整備事業が平成21年度におこなわれた。

　平成20年度には「高松塚古墳壁画劣化原因調査検討会」が設置され、石室の解体に至った壁画の劣化原因に関する検討が進められ、その検討結果が平成22年3月に『高松塚古墳壁画劣化原因調査報告書』としてまとめられた。そこでは保存施設の機器の不具合による石室内の温湿度環境の変化、壁画の修理作業における樹脂や薬剤の選択、度重なる石室への人の出入り、取合部天井の崩落、チェック体制の不備などが複合的に作用して、カビなどの微生物被害の拡大を招く結果になったと結論されている。そうした微生物被害の遠因の一つになったのが、発掘調査であきらかになった大規模地震による墳丘と石室の物理的損傷であった。特に、天井石1・2と床石2の3石には、南北に走る大きな亀裂があり、他の多くの石材にも破損や損傷が認められるなど、石材の劣化が予想以上に深刻な状態にあることがあきらかになった。また、版築で固定されながら構築された石室は、石材を元通りに組み直しただけでは不安定で自立しないなどの問題点もあきらかになった。

　石室を解体して古墳から取り出し壁画を修理することを決定した平成17年6月の「第4回　国宝高松塚古墳壁画恒久保存対策検討会」の恒久保存方針では、壁画の修理を終えた後に「将来的には、カビ等の影響を受けない環境を確保し、現地に戻す」こととされている。破損した石室石材の接合と強化処置の方法、粗鬆化が進む漆喰層の修理方法など、残された保存修理をめぐる課題も多いが、石室を現地に戻すための研究と技術開発の努力を今後も続けていかなければならない。

（松村）

図　版

上段調査区（1）　調査の開始　PL. 1

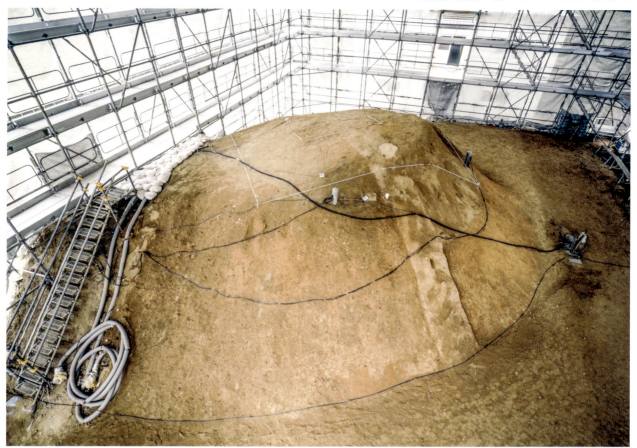

平成18・19年度調査開始前の墳丘　南東から

墳丘封土面と昭和49年度調査区の検出状況　南から

PL. 2　上段調査区（2）　地震痕跡（1）

上位版築頂部の地震痕跡　北から

同上　南から

上段調査区 (3) 地震痕跡 (2) PL.3

上位版築下層の地震痕跡　北から

同上　南から

PL. 4　上段調査区 (4)　下位版築頂部

下位版築頂部の検出状況　北から

同上　南から

上段調査区 (5) 搗棒・ムシロ痕跡　PL. 5

ムシロ痕跡の検出位置　北畦上位版築最下層　北から

同上　検出状況　北東から

搗棒とムシロ痕跡

ムシロ痕跡細部

PL. 6 　上段調査区（6）　完掘状況

上段調査区完掘状況　北から

土饅頭状に盛上がった下位版築頂部　北西から

下段調査区 (1) 搗棒・ムシロ痕跡　PL. 7

下段調査区調査開始状況　南から

搗棒痕跡の平面検出状況　南から

連なる搗棒の圧痕　北東から

搗棒痕跡細部

ムシロ痕跡細部　間隔 密

ムシロ痕跡細部　間隔 粗

PL. 8　下段調査区 (2)　墓道部 (1)

墓道部検出状況　南から

新たに検出した墓道部北西隅部　西から

墓道埋戻土内の搗棒痕跡　下から28層目上面　南西から

同上　下から26層目上面　南西から

下段調査区（3） 墓道部（2） PL. 9

北西隅部の掘り下げ状況　東から

墓道埋戻土内の搗棒痕跡と凝灰岩粉末　下から18層目上面　西から

明瞭に現れた搗棒痕跡　下から9層目上面　南東から

北西隅部の完掘状況と壁面の土掘具痕　東から

墓道西側土層断面　北から

PL. 10　下段調査区（4）　天井石 0.1m 上方の地割れ

石室の形状に沿って走る地割れ　東から

同　南西から

同　北西から

同　北東から

下段調査区（5）　天井石架構面　PL. 11

天井石架構面の検出状況　東から

同上　北から

凝灰岩粉末の撒布状況　南西側　西から

同上　北東側　北から

PL. 12　下段調査区 (6)　石室周囲の版築層 (1)

天井石を覆う下位版築層　東西畦南面　南東から

左上：壁石東脇下位版築層　東畦南面
左下：壁石西脇下位版築層　西畦南面
右：下段調査区西壁・南壁　北東から

下段調査区（7） 石室周囲の版築層（2） PL. 13

左上：北壁石背後の天井石4架構面　北から
左下：同　北西から
右：北壁石背後の下位版築層　北畦西面

壁石下部を固める版築層　西壁石2西脇　北から

壁石下端に詰められた小石　西壁石2　北西から

床石西脇下位版築層　西畦南面

床石北脇下位版築層　北畦西面

PL. 14　下段調査区 (8)　石室全景 (1)

解体作業開始直前の石室　南東から

同上　南西から

下段調査区 (9) 石室全景 (2) PL. 15

同左 北東から

石室東側面 北東から

石室西側面 北西から

PL. 16　下段調査区（10）　石材取り上げ工程（1）

（1）天井石4
（2）北壁石
（3）天井石3
（4）西壁石3
（5）東壁石3
（6）天井石2
（7）天井石1
（8）東壁石2

下段調査区（11） 石材取り上げ工程（2） PL. 17

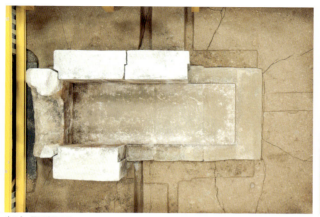

（9）西壁石2

（10）南壁石

（11）東壁石1

（12）西壁石1

（13）床石4

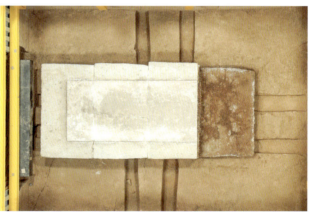

（14）床石3

（15）床石1

（16）床石2

PL. 18　下段調査区（12）　目地漆喰（1）

天井石1-同2-東壁石1　東から

天井石1-同2　細部　東から

天井石3-同2-東壁石3-同2　東から

天井石3-同4　東から

天井石3東面下端南半　東から

天井石3東面下端北半　東から

同上　楔子穴内に詰められた漆喰　東から

同上　楔子穴内漆喰取り外し後　東から

下段調査区（13）　目地漆喰（2）　PL. 19

天井石2-同1-西壁石2-同1　西から

天井石2-同1　目地内　西から

天井石2-西壁石2-同1　西から

天井石2-同1　目地内細部　西から

天井石4-同3　西から

天井石3-同2-西壁石3-同2　西から

天井石3西面下端に詰められた漆喰　北から

天井石3西面下端北側梃子穴内　西から

PL. 20　下段調査区（14）　目地漆喰（3）

東壁石3-北壁石　北東から

同左　上部　北東から

同左　下端　北東から

北壁石-西壁石3　北西から

同左　上端　北西から

同左　下端　北西から

下段調査区（15） 目地漆喰（4） PL.21

東壁石1-同2　東から

西壁石3-同2　北西から

東壁石1-同2　上端

同上　中央

同左　下端　単位内に凝灰岩粉末入

PL. 22　下段調査区 (16)　目地漆喰 (5)

天井石3取り上げ後　北から

天井石2北面東側　北から

同上　目地漆喰中の円棒痕跡　北から

壁石上面に薄く塗られた漆喰　東から

西壁石3南面　南西から

下段調査区（17）　目地漆喰（6）　PL. 23

石室南面　南から

西壁石1-南壁石　南西から

天井石1-南壁石　南から

南壁石南面　下端　南から

同左細部　上部　南西から

同左細部　下端　南西から

PL. 24　下段調査区（18）　石材目地（1）

左：北壁石　東面　北東から
中：同　　　西面　北西から
右上：同　　東面下端　東から
右下：同　　西面下端　西から

左：南壁石　東面　南西から
中：同　　　西面　南東から
右上：同　　東面下端　東から
右下：同　　西面下端　西から

下段調査区(19) 石材目地(2) PL.25

天井石1・同2取り上げ後の石室　北から

南壁石の閉塞状況　南上方から

南壁石全景　南から

石室入口部の形状　南上方から

左：西壁石1南面切欠部におよぶ壁画下地漆喰　南東から
右：東壁石1南面切欠部におよぶ壁画下地漆喰　南西から
下：西壁石1南面の調整加工にともなう床石の段差　南から

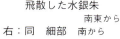

左：南壁石下の床石上に飛散した水銀朱
　　　　　　南東から
右：同　細部　南から

PL. 26　下段調査区 (20)　天井石側面

天井石1 東面

天井石1 西面

天井石2 東面

天井石2 西面

天井石3 東面

天井石3 西面

天井石4 東面

天井石4 西面

下段調査区（21） 天井石側面下端の加工　PL. 27

天井石1西面下端　北側　　　　　　　　同左　南側

天井石2西面下端　北側　　　　　　　　同左　南側

天井石3西面下端　北側　　　　　　　　同左　南側

天井石2東面下端　南側　　　　　　　　同左　北側

PL. 28　下段調査区 (22)　天井石上・側面目地の加工

天井石1-同2　上面目地　南から

同上細部　西側　南から

同上細部　中央部　南から

天井石1-同2　東側目地

同　西側目地

東側目地細部

西側目地細部

下段調査区（23） 梃子穴（1） PL. 29

天井石2東面　南側

天井石2東面　北側

天井石2西面　北側

天井石2西面　南側

天井石3東面　南側

天井石3東面　北側

天井石3西面　北側

天井石3西面　南側

PL. 30　下段調査区（24）　楔子穴（2）

天井石4東面

天井石4西面

北壁石東面

北壁石西面

南壁石東面

南壁石西面

南壁石南面

下段調査区 (25) 梃子穴 (3) PL. 31

南壁石南面　細部

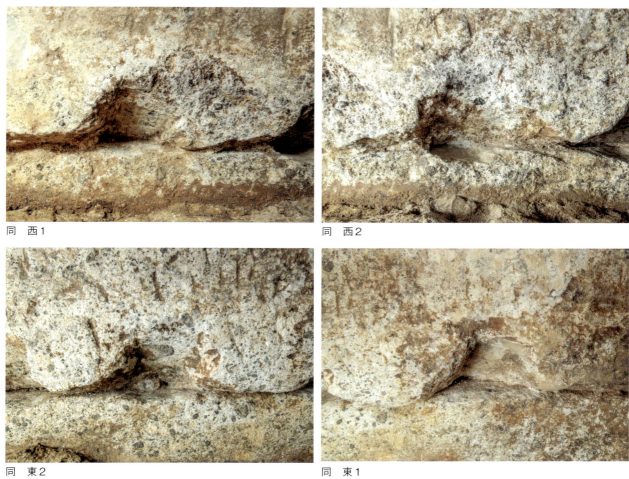

同　西1　　　　　　　　　　　　　　　同　西2

同　東2　　　　　　　　　　　　　　　同　東1

床石1上面南端　南壁石南面梃子穴の穿孔にともなう凹み

PL. 32　下段調査区（26）　朱線（1）

西壁石3東面　飛鳥美人上方の下地漆喰剥落部分　東から

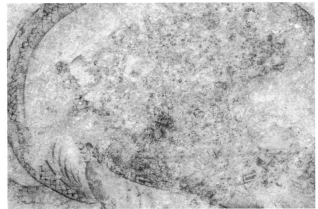
北壁石南面　玄武中央の下地漆喰剥落部分　南から

東壁石3北面　中央の朱線は石材上　左側は漆喰上　北から

東壁石3西面北辺　北壁石との接合により下地漆喰が塗布されなかった部分　左：北面　右：西面（壁画面）　北西から

西壁石3東面北辺　北壁石との接合により下地漆喰が塗布されなかった部分　左：東面（壁画面）　右：北面　北東から

下段調査区（27） 朱線（2） PL. 33

PL. 34　下段調査区（28）　床石周囲の版築（1）

バラス地業面　北から

同　北側　西から

同　細部　西から

バラス地業面を貫く水準杭跡SX221　西から

下段調査区（29） 床石周囲の版築（2） PL. 35

凝灰岩粉末撒布面　第3面

同　第9面

同　第14面

PL. 36　下段調査区 (30)　床石周囲の版築 (3)

連続する凝灰岩粉末撒布面　西畦北面　北西から

凝灰岩粉末撒布状況　南東側第13面　北から

厚く積もった凝灰岩粉末　第2面　床石2西脇　北西から

撒布面上の搗棒痕跡　第7面　床石4西脇　西から

撒布面上のムシロ痕跡　第9面

搗棒痕跡　細部　第11面

下段調査区（31）　床石周囲の版築（4）　PL. 37

粉末除去後に現れた搗棒痕跡　凝灰岩粉末第14（最終）面　南から

同　南西側　南から

同　南西側　西から

同　細部

PL. 38　下段調査区（32）　水準杭（1）

水準杭跡SX220・221検出状況　北から

SX221細部　北から

SX220細部　北から

床石周囲に配置された水準杭　南から

下段調査区 (33) 水準杭 (2) PL. 39

杭先端の空洞検出状況　北側　西から

同　南側　西から

SX220上部半裁状況　南から

SX221上部半裁状況　南から

SX220下部半裁状況　南から

SX221下部半裁状況　南から

PL. 40　下段調査区（34）　水準杭（3）

SX220先端空洞部　北から

SX221先端空洞部　北から

SX220空洞部シリコン型取り状況　南から

SX221空洞部シリコン型取り状況　南から

SX222半裁状況　南から

SX226半裁状況　北から

SX222先端空洞部　北から

SX226先端空洞部　北から

下段調査区 (35) 水準杭 (4) PL. 41

SX223半裁状況　南から　　　　　　　SX224半裁状況　北から

SX223先端空洞部　北から　　　　　　SX224先端空洞部　南から

SX225検出状況　北から　　　　　　　SX227検出状況　北から

SX225半裁状況　北から　　　　　　　SX227半裁状況　北から

PL. 42　下段調査区（36）　床石（1）

床石全景　西から

床石西側面　南西から

同　北西から

下段調査区(37) 床石(2) PL. 43

西壁石1南面の調整加工にともなう段差　床石1南西側　南から

東壁石1南面の調整加工にともなう段差　床石1南東側　南から

北壁石北面東側の調整加工にともなう工具痕 床石4北東側 北から

北壁石北面西側の調整加工にともなう工具痕 床石4北西側 北から

床石1−同2上面に跨がる加工痕跡　西側　北から

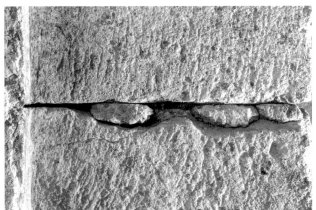
床石1−同2上面に跨がる加工痕跡　東側　南から

床石側面下端の梃子棒痕跡　床石4東面

同　床石2西面

PL. 44　下段調査区 (38)　棺・棺台痕跡 (1)

東側壁画面に残る棺・棺台の圧痕　北西から

東壁石3壁画面に写し出された棺・棺台痕跡

床面上の漆喰の凸凹　斜光写真　北から

棺・棺台の設置状況の復元　南西から

下段調査区（39） 棺・棺台痕跡（2） PL. 45

棺・棺台の設置状況の復元　南から

床面漆喰上に残る棺台痕跡　南から

棺のみの設置状況の復元　南から

棺の大きさを上回る棺台痕跡　南東から

棺台南東隅の設置痕跡　南から

床石2亀裂内で検出したガラス小玉　東から

PL. 46　下段調査区（40）　石材加工痕跡（1）

天井石上面の加工状況の相違　北から

天井石1西面　西から

天井石4上面　北東から

天井石2北面　北から

天井石3東面　東から

天井石4東面　東から

下段調査区（41） 石材加工痕跡（2） PL. 47

西壁石1北面　西側上端　北から

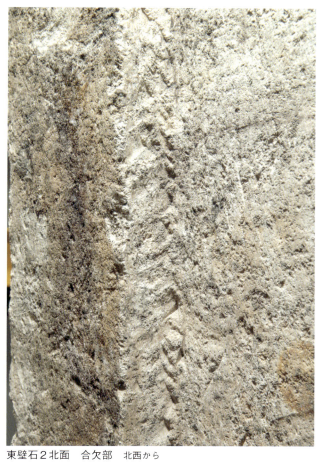
東壁石2北面　合欠部　北西から

東壁石1北面　東側中央　北から

床石4上面西側　西から

床石3西面北側　西から

床石1上面段下端の溝切状痕跡　南東から

PL. 48 　下段調査区（42）　石材加工痕跡（3）

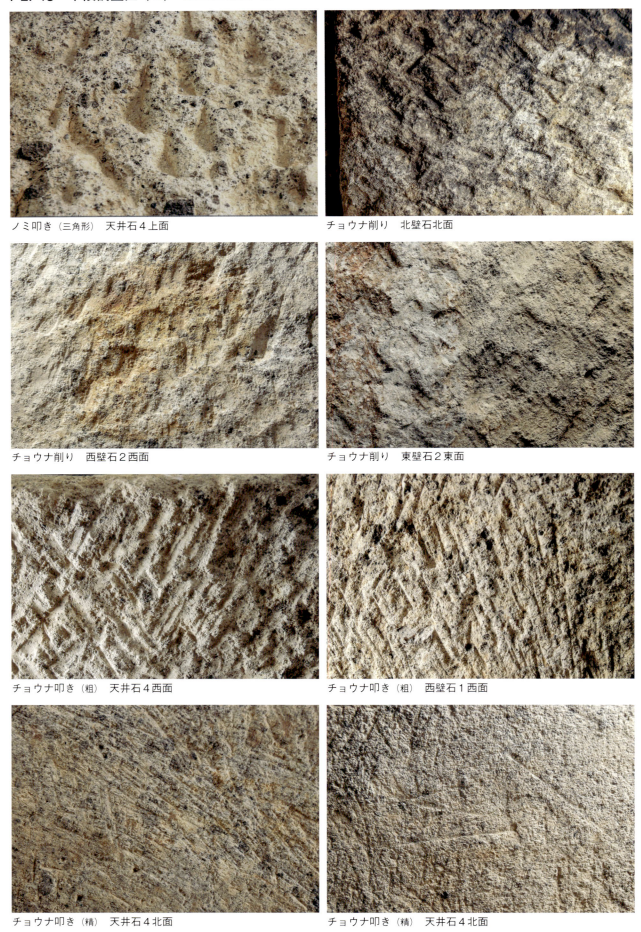

ノミ叩き（三角形）　天井石4上面　　　　　　　チョウナ削り　北壁石北面

チョウナ削り　西壁石2西面　　　　　　　　　　チョウナ削り　東壁石2東面

チョウナ叩き（粗）　天井石4西面　　　　　　　チョウナ叩き（粗）　西壁石1西面

チョウナ叩き（精）　天井石4北面　　　　　　　チョウナ叩き（精）　天井石4北面

下段調査区（43） 石材加工痕跡（4）　PL. 49

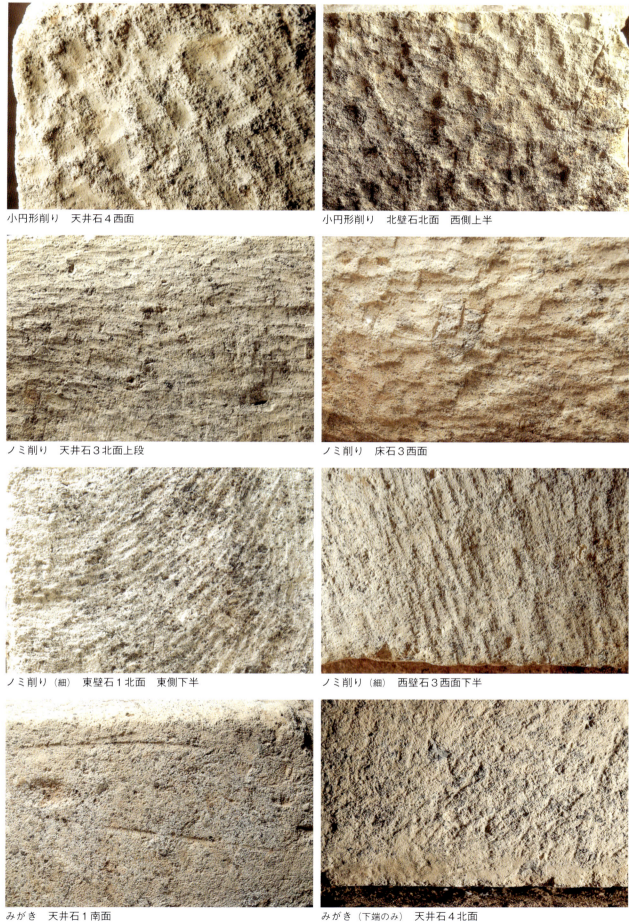

小円形削り　天井石4西面　　　　　　　　　小円形削り　北壁石北面　西側上半

ノミ削り　天井石3北面上段　　　　　　　　ノミ削り　床石3西面

ノミ削り（細）　東壁石1北面　東側下半　　　ノミ削り（細）　西壁石3西面下半

みがき　天井石1南面　　　　　　　　　　　みがき（下端のみ）　天井石4北面

PL. 50　下段調査区（44）　床石下の調査（1）

同　南から

同　南東から

階段状に造成された床石直下の版築　北から

床石下版築および基盤面調査状況　北から

下段調査区（45） 床石下の調査（2） PL. 51

南壁沿いのトレンチ内検出の褐色粘土と搗棒痕跡　東から

同　西から

地山直上の版築に残るムシロ痕跡

北西側基盤面（地山）上に残る土掘具痕跡　南から

SX230完掘状況　東から

土掘具痕跡細部

PL. 52　下段調査区（46）　床石下の調査（3）

調査終了状況　南から

同　南西から

下段調査区 (47) 床石下の調査 (4) PL. 53

床石下版築と地山　北畦西面

同　南畦西面

同　西畦南面

同　東畦南面

PL. 54　壁画保存環境（1）　取合部（1）

昭和49年度調査区埋め戻し状況　南畦西面　南西から

取合部上のPC版庇とふさぎPC版　南から

ふさぎPC版および充填粘土除去後の取合部天井　南から

保存施設裏込め土の流出状況　北西から

隙間に挿入された発泡スチロール板　北西から

同上　充填粘土除去後　北から

発泡ウレタンが充填された天井崩落部分　南から

壁画保存環境 (2) 取合部 (2) PL. 55

ふさぎ凝灰岩（上部）除去後の取合部天井　南から

PC版庇撤去後の取合部　南から

崩落止め工事がなされた取合部天井と壁面　西から

旧調査区の隙間に詰められた凝灰岩片　南から

隙間に陥没したふさぎ凝灰岩　西から

ふさぎ凝灰岩裏面のカビ

分層ラインが残る旧調査区北壁　南から

同上　東壁　南西から

PL. 56　壁画保存環境 (3)　取合部 (3)

取合部と石室南面　南から

天井石1と旧調査区壁面　南東から

墓道埋戻土に侵入したカビ　墓道北西隅　西から

取合部東壁　西から

取合部西壁　東から

崩落土埋没部分のカビ　東壁石1南面下端　南から

壁画保存環境（4） 取合部（4） PL. 57

保存施設北端　東から

切石積擁壁の発泡ウレタンと黒カビ　左：西脇　東から　右：東脇　西から

切石積擁壁下部の黒カビ　施設西脇　北から

切石積擁壁内面　施設撤去後　左：西脇　南東から　右：東脇　南西から

プロテクター取り外し後の盗掘孔　南から

取り外されたプロテクター　裏面にカビ付着

同上　石室内　北から

同上　細部

PL. 58　壁画保存環境 (5)　石材の汚損状況 (1)

天井石4-同3 西側目地漆喰取り外し後 北西から

天井石4南西隅下面の隙間　北西から

天井石4取り上げ直後の北壁石上面　西から

同左　天井石3北面と北壁石上面　北から

北壁石北面のカビ　北西から

北壁石西面目地漆喰取り外し後 北西から　同　西壁石3との目地部分　北西から

壁画保存環境 (6) 石材の汚損状況 (2) PL. 59

北壁石取り上げ直後の石室北小口　北東から

同　東壁石3北面　北から

同　西壁石3北面　北から

同　東壁石3北面下端細部　北から

同　床石4上面　北壁石下　北から

取り上げられた北壁石

同　底面

同　南面東側の東壁石3との接合面

PL. 60　壁画保存環境（7）　石材の汚損状況（3）

天井石3北面　天井石4取り上げ直後　北から

同左　東側下半　北から

天井石3下面　上が北　右が西

同左　北西隅　下が北　左が西

天井石3取り上げ直後　北から

同左　東壁石3上面のカビと根　東から

同上　西壁石2-同3上面のカビと根　東から

西壁石3-同2目地漆喰下のカビ　西から

壁画保存環境（8） 石材の汚損状況（4） PL. 61

天井石2北面　天井石3取り上げ直後　北から

同左　東側　北西から

天井石2下面　上が北　右が西

同左　南西隅　上が東　右が北

東壁石2北面　北から

西壁石2北面　北から

東壁石1北面　北から

西壁石1北面　北から

西壁石1下の設置面　西から

東壁石1下の設置面　東から

PL. 62　壁画保存環境（9）　石材の汚損状況（5）

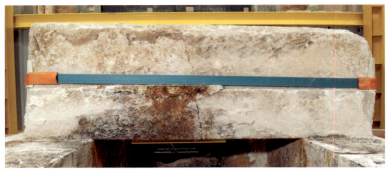

天井石1北面　天井石2取り上げ後　北から

同左　中央部下半　北から

天井石1下の設置面　天井石1取り上げ後　南から

同左　西壁石1上面　南から

天井石1下面　上が北　右が西

西壁石1-南壁石　目地漆喰上面のカビ　西から

天井石上面南西隅のカビと凝土　左が南西

天井石1下に侵入した褐色土と根　南壁石-西壁石1目地　南から

壁画保存環境 (10) 石材の汚損状況 (6) PL. 63

西壁石1-南壁石　目地上端　南西から

南壁石-東壁石1　目地中央　南東から

南壁石西面　目地漆喰取り外し後　西から　　同　東面　東から

南壁石北面

西壁石1南面　南東から　　東壁石1南面　南西から

南壁石下の設置面　南から　　　　　東壁石1南面切欠部　南から　　南壁石北面西側下端のカビ

PL. 64　壁画保存環境（11）　石材の汚損状況（7）

床石2 南面

床石2 北面　上段細部中央

床石2 北面

床石2 北面　上段細部東側

床石3 南面

床石3 南面　上段細部

床石3 北面

床石3 北面　上段細部

床石4 南面

床石3 北面　目地漆喰塗布時の刷毛目

壁画保存環境 (12) 石材の汚損状況 (8) PL. 65

天井石1上面　東から

同左　細部　東から

東壁石1東面上半　東から

天井石1東面-東壁石1東面上端　南東から

西壁石1西面上半　西から

東壁石1東面下半　南東から

床石西面　南西から

床石1西面北側下半　西から

PL. 66　壁画保存環境（13）　目地の隙間（1）

天井石3-同4目地　東から

同左　上から　上が北

同　漆喰取り外し後　東から

同左　上から　上が北

東壁石2-同3目地　東から

同　漆喰取り外し後　東から

東壁石2-同3目地　上から　上が北

西壁石2-同3目地　上から　上が北

壁画保存環境 (14) 目地の隙間 (2) PL. 67

天井石3-同2目地　西から　　同左　上から　上が北

同　漆喰取り外し後　西から　　同左　上から　上が北

西壁石2-同1　目地　西から　　同左　漆喰取り外し後　西から　　同上　漆喰取り外し後　西から

床石2-同1　目地　西から

PL. 68　壁画保存環境（15）　石材の損傷状況（1）

天井石1南面　南から

天井石南面の亀裂と盗掘時の掘削痕　南から

天井石1北面　北から

天井石1　北東隅下面の亀裂　北東から

天井石2　南北に走る亀裂　壁画面中央　地が北

天井石2　北面中央　北から

天井石2　北東隅の亀裂　北東から

天井石2　北面東側　北から

天井石2　北東隅の亀裂から石室内に流れ込んだ雨水の痕跡　北西から

壁画保存環境（16） 石材の損傷状況（2） PL. 69

天井石3東面　亀裂検出状況　東から

天井石3　東面の亀裂全景　東から

天井石3　北面東側の亀裂　北から

同左　下面にまわり込む亀裂　北西から

同上　梃子穴内で複雑に分岐する亀裂　東から

西壁石1東（壁画）面北端上隅の亀裂　東から

同左　細部　東から

PL. 70　壁画保存環境（17）　石材の損傷状況（3）

天井石4　北東隅の亀裂　北東から

天井石4北面　北から

天井石4下面　南東隅の亀裂　東から

北壁石上面　北西隅の亀裂

東壁石2上面　南側合欠部の亀裂　天が北

西壁石2西面　下半の亀裂　西から

南壁石東面　盗掘孔脇の亀裂　東から

壁画保存環境（18） 石材の損傷状況（4） PL. 71

床石2上面　中央を南北に走る亀裂　上が南

同左　北面中央

床石4　西面の亀裂　西から

同左　細部　西から

床石4　東面の亀裂　東から

同左　細部　東から

PL. 72　壁画保存環境 (19)　地震痕跡と根 (1)

石室と反対方向に伸びるモチノキの根　北から

版築内を縦横無尽に走る地割れ　上段調査区　北西から

地割れ沿いに伸びる古株「高松」の根か　北畦西面

断層風に陥没した版築層　上段調査区　北から

地割れ内に充満した軟質土　北畦西面細部

V字形に開く地割れ　北畦西面

亀裂内に伸長する根　上段調査区東壁

亀裂内に溢れる根　上段調査区東壁細部

壁画保存環境（20）　地震痕跡と根（2）　PL. 73

石材目地沿いに版築層をつき破る地割れ　南西から

地割れ内の根　北畔東面　北東から

目地漆喰上を走る根　天井石1-同2

天井石3西面を覆う根　西から

北壁石背面にまわり込む根　西から

東壁石1東面を覆う根　北東から

天井石1-同2　上面目地内　漆喰取り外し後　南から

床石下版築亀裂内に達した根　床石4

床石下面に入り込んだ根　床石3下　西から

北壁石北面に接していた版築表面の根

床石接合面に侵入した根　床石2北面

PL. 74　壁画保存環境 (21)　ムシ (1)

クモの巣　天井石1-南壁石　南東から

クモ　西壁石3東 (壁画) 面下端

クモ　西壁石2西面　版築との隙間

クモ　床石2北面　床石3との接合面

ハサミムシ　床石1上面　南壁石下

ハサミムシ　床石3-同4間の東目地を出入りする

ゴミムシ　床石1-同2間　目地に詰まった土中

ゴミムシ　床石2南面　床石1との接合面

壁画保存環境 (22) 　ムシ (2) 　PL. 75

ムカデ　天井石３西面　版築との隙間

ムカデ　北壁石北面　版築との隙間

ムカデ　西壁石３西面　版築との隙間

ムカデ　床石２南面　床石１との接合面

ムカデの幼虫　床石１上面　東壁石１下

ムカデとヤスデ　床石２東面　版築との隙間

ヤスデ　取合部天井　清掃中

トビムシ　北壁石北面　版築との隙間

PL. 76　壁画保存環境（23）　ムシ（3）

ゴキブリの幼虫　上位版築亀裂内　調査区北東側

ワラジムシ　西壁石1西面　版築との隙間

ワラジムシ　東壁石1東面　版築との隙間

ワラジムシの遺骸　床石1上面　東壁石1下

ワラジムシ　床石2南面　床石1との接合面

ワラジムシ　床石3下の版築上

ダンゴムシ　床石2南面　床石1との接合面

ダンゴムシ　床石4下の版築上

墓道部凝灰岩切石の調査（1） PL. 77

保存施設準備室下に収容されてきた
墓道部凝灰岩切石　南から

凝灰岩切石全景　南から

上面南端の風化状況　南から

収容スペース南西隅のカビ　東から

PL. 78　墓道部凝灰岩切石の調査 (2)

凝灰岩切石取り上げ後　南から

取り上げ直後の凝灰岩切石底面　上が南

底面北東隅のカビ

設置面北側のカビ　北から

凝灰岩切石側面のカビ　左：北面　右：東面

同　左：西面　右：南面

平成 20・21 年度調査（1） 古墳南斜面　PL. 79

保存施設と整備用盛土に覆われた古墳南斜面　南から

整備用盛土上半の除去状況　南から

PL. 80　平成 20・21 年度調査 (2)　保存施設

整備用盛土除去後の保存施設　南東から

同　北から

平成20・21年度調査 (3) 中世遺構　PL. 81

中世遺構検出状況　南東側調査区　東から

竪穴状遺構SX270と周辺の小穴群　南から

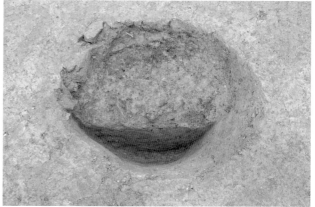

SX261炭混じり土検出状況　南から

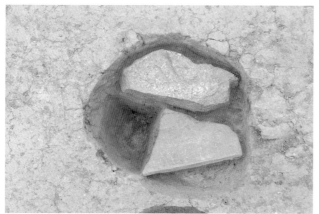

SX273平瓦・角礫検出状況　南から

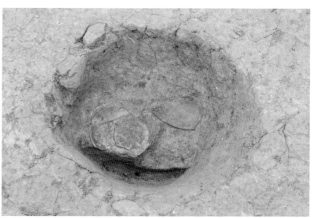

SX261下層瓦器椀片出土状況　南から

PL. 82　平成20・21年度調査（4）　墓道部（1）

墓道部西壁　墓道を埋め戻した際の上位版築層が残る　南東から

墓道部東壁　北西から

平成20・21年度調査(5) 墓道部(2) PL. 83

墓道部東壁　下半の白色版築部分が墓道壁面　南西から

断層状の地割れ　東壁中央　西から

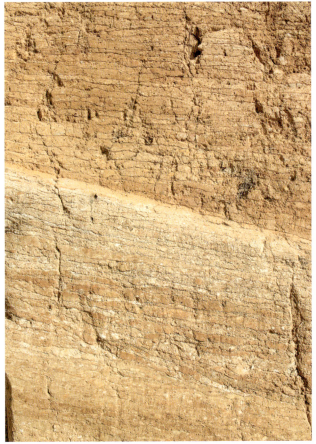

版築層細部　東壁　上半：上位版築　下半：下位版築

PL. 84　平成20・21年度調査（6）　南西側調査区

保存施設撤去後の古墳南斜面　南から

南西斜面の地滑りと暗渠SD251　南西から

平成20・21年度調査 (7) 南東側調査区　PL. 85

南東側調査区全景　南東から

墳丘南東をめぐる周溝SD110と暗渠SD250　南西から

PL. 86　平成20・21年度調査（8）　機械室撤去後（1）

機械室撤去後の古墳　全景　南東上空から

機械室西脇の昭和49年度調査区壁面　東から

平成 20・21 年度調査（9） 機械室撤去後（2） PL. 87

機械室撤去後の調査区全景　南から

機械室東脇の昭和49年度調査区壁面　西から

『特別史跡　高松塚古墳発掘調査報告』（頒布版）について

　『特別史跡　高松塚古墳発掘調査報告』は、2017年5月に刊行されましたが、これは行政報告書であるため印刷部数も限られました。このため、各方面から頒布版の要望を頂き、このたび、表紙デザイン・奥付を一部変更した上で、同内容の報告書を刊行することにいたしました。

　　2017年9月

文化庁文化財部古墳壁画室

◎頒布版の箱および表紙写真
　国宝高松塚古墳壁画　西壁　女子群像(部分)
　2006年8月撮影の高精彩フォトマップ写真。奈良文化財研究所撮影。

報告書抄録

ふりがな	とくべつしせきたかまつづかこふんはっくつちょうさほうこく						
書　　　名	特別史跡高松塚古墳発掘調査報告						
副　書　名	高松塚古墳石室解体事業にともなう発掘調査						
巻　　　次							
シリーズ名	国宝高松塚古墳壁画恒久保存対策事業報告書						
シリーズ番号	1						
編著者名	廣瀬 覚・松村恵司・岡林孝作・相原嘉之・建石 徹・水野敏典・青柳泰介・青木 敬・若杉智宏・石田由紀子・高妻洋成・降幡順子・玉田芳英・枡谷健太・北田奈緒子・三村 衛・寒川 旭・杉山真二・佐々木由香・伊藤 茂・鈴木 茂・米田恭子・小林克也・バンダリ スダルシャン						
編集機関	独立行政法人 国立文化財機構 奈良文化財研究所、文化庁						
所在地	〒630-8577　奈良県奈良市佐紀町247番1号　Tel. 0742-30-6753 〒100-8959　東京都千代田区霞が関3丁目2番2号　Tel. 03-5253-4111						
発行者	文化庁、奈良文化財研究所、奈良県立橿原考古学研究所、明日香村教育委員会						
所在地	〒100-8959　東京都千代田区霞が関3丁目2番2号　Tel. 03-5253-4111 〒630-8577　奈良県奈良市佐紀町247番1号　Tel. 0742-30-6753 〒634-0065　奈良県橿原市畝傍町1番地　Tel. 0744-24-1101 〒634-0141　奈良県高市郡明日香村大字川原91-3　Tel. 0744-54-5600						
発行年月日	2017年5月31日						

ふりがな所収遺跡名	ふりがな所在地	コード	遺跡番号	北緯	東経	調査期間	調査面積	調査原因
特別史跡 高松塚古墳	奈良県 高市郡 明日香村 大字平田 字高松	29402	17-A-16	34° 27′ 44″ (世界測地系) 34° 27′ 32″ (日本測地系)	135° 48′ 22″ (世界測地系) 135° 48′ 32″ (日本測地系)	2006.10.2 〜 2007.9.7 2008.2.13 〜 2008.2.20 2008.7.1 〜 2009.6.11	493㎡	国宝高松塚古墳壁画恒久保存対策事業(石室解体および仮整備事業)

所収遺跡名	種別	主な時代	主な遺構	主な遺物	特記事項
特別史跡 高松塚古墳	古墳	飛鳥時代 〜 中世	石室、墳丘、周溝、暗渠、水準杭、溝、小穴など	ガラス玉、須恵器、土師器、瓦、瓦器など	国宝壁画の恒久保存対策事業にともない、石室および墳丘の細部構造を調査・記録した。終末期古墳の構造や構築過程の詳細があきらかとなり、古代の土木・石工技術の理解においても重要な所見が得られた。また、地震による石室・墳丘の損傷状況、石室や保存施設周辺の汚損状況もあきらかとなり、壁画の劣化原因の解明につながる手がかりが得られた。

国宝高松塚古墳壁画恒久保存対策事業報告書1
特別史跡
高松塚古墳発掘調査報告

2017年9月25日発行

編者　文化庁
　　　独立行政法人 国立文化財機構
　　　奈良文化財研究所
　　　奈良県立橿原考古学研究所
　　　明日香村教育委員会
発行者　山脇由紀子
印刷　岡村印刷工業㈱
製本　協栄製本㈱
発行所　東京都千代田区飯田橋4-4-8
　　　　（〒102-0072）東京中央ビル内　㈱同成社
　　　　TEL 03-3239-1467　振替 00140-0-20618

©Bunkacho 2017. Printed Japan
ISBN 978-4-88621-773-8 C3321